KB080124

자연의 역사성

Text Copyright©2023 by Wolfhart Pannenberg

All rights reserved

Korean language edition©2023 by Jongmunhwasa

Korean translation rights arranged with Hilke und Wolfhard Pannenberg Stiftung

이 책의 한국어판 저작권은 판넨베르크 재단과 독점 계약으로 종문화사가 소유합니다.

저작권법에 의하여 한국 내에서 보호를 받는 저작물이므로 무단전재와 무단복제를 금합니다.

* 본문에 제시된 성서구절은 대한성서공회 개역개정 4판의 번역본이다.

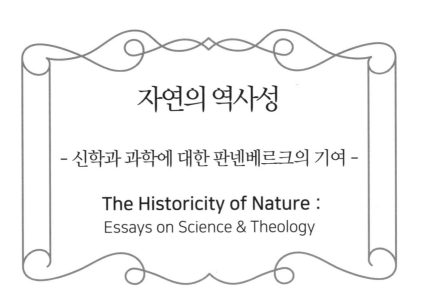

자연의 역사성

- 신학과 과학에 대한 판넨베르크의 기여 -

The Historicity of Nature :
Essays on Science & Theology

볼프하르트 판넨베르크 지음 / 전경보 옮김
Wolfhart Pannenberg

종문화사

contents

신학과 과학에 대한 판넨베르크의 기여

Niels Henrik Gregersen

이 논문 선집의 제목인『자연의 역사성』(*The Historicity of Nature*)은 볼프하르트 판넨베르크가 서술한 자연의 역사적 특성을 함축적으로 드러내준다. 판넨베르크는 인간 존재만 역사적인 결정과 문화적 전환점에 의해 구성되는 것이 아니라 자연 역시 역사성을 지닌다고 말한다. 바로 그 비(非)가역적인 역사 안에서 모든 사건은 유일무이하며 새롭고도 복잡한 구조가 끊임없이 생성된다는 것이다.

자연의 역사성 그리고 자연법칙

많은 이들이 자연의 역사성에 대한 연구결과를 수용할 수 있다. 적어도 20세기 과학의 영역에서는 자연의 역사성을 지지해주는 여러 발견이 있었다. 거시적 영역에서 빅뱅 이론은 최초 에너지의 폭발로 생겨난 우주가 고유한 역사를 지녔다는 증거를 제공해주었다. 그리고 미시적 영역에서 양자역학은 자연이 새로운 양자 사건들을 임의적으로 생산해내는 선택-생성(decision-making) 체계라는 점을 보여준다. 즉, 양자역학은 통계적으로는 양자 사건들의 집단적인 면을 슈뢰딩거의 방정식 범주 안에 포함시키지만, 각각의 고유한 사건은 우연하게(contingent) 발생한다는 점을 제시해주었다. 이처럼 자연의 역사성은 우리가 살아가는 이 세계를 특징짓는 개념이다. 1865년도에 창안된 열역학 제2법칙은 동일한 에너지가 동일한 작업에 두 번 사용될 수 없다는 점을 보여주었다. 통계상으로는 에너지 밀도와 온도의 차이들은 점차 같아지고 전체적인 엔트로피는 증가한다. 그러나 국소적 영역에서 생물계(living systems)는 에너지 유입으로부터 남아있는 에너지 차이들을 여전히 사용할 수 있고, 그 자체의 구조를 만들어낼 수 있다. 이와 관련해서, 독일의 물리학자이자 철학자인 바이체커(Carl Friedrich von Weizsäcker)는 저명한 그의 저서, 『자연의 역사』(*Die Geschichte der Natur*, 1948)에서 열역학 제2법칙이 자연의 역사성에 관한 원리를 잘 보여준다고 주장했다. "그 어떤 사건도 정확히 똑같이 반복되지 않는다. 자연은 비가역적인 과정이다."[1] 바이체커의 이 책은 과학과 종교에 관한 판넨베르크의 초기 연구에 상당한 영향을 주었다. 이후에, 자연의 역사성에 관한 열역학 제2법칙의 중요성은 벨기에의 화학자 프리고진(Ilya Prigogine)과 그의 동료들의 연구로 확증되었다. 그들은 제2법칙이 열역학적 평형과 거리가 먼 화학적이고 생물학적 체계 내 분기 과정(bifurcation processes)을 용이하게 해주며, 일정 부분 긴 범위의 진화적 결과를 가져온다고 밝혀주었다. 마침내, 현재의 진화 이론은 우연(chance) 혹은 우연성(contingency)이 진화를 물리법칙이나 "설계" 추론으로 환원할 수 없는 다양한 방향으로 이끌어간다는 점을 제시했다.

그러나 판넨베르크가 제시하는 자연의 역사성에 관한 연구는 지금까지 설명한 것보다 더 급진적이다. 그는 자연현상뿐만 아니라 자연법칙 또한 역사적이라고 주장한다. 우리는 일반적으로 구체적인 현상은 유동적이라고 상상하면서도, 자연법칙은 안정적이며 자연적 사건의 미래적 진로를 결정할 수 있다고 본다. 이때 자연현상의 놀라운 새로움(novelty)은 외형에만 국한되어 있다. 인식론적 예측불가능성이 존재론적 비결정성을 담보해주지 못하기 때문에, 자연에 대한 결정론적 관점은 여전히 이론적으로 가능한 것으로 여겨진다. 그러나 결정론적 관점은 과학적 지식(우리가 실제로 아는 것)이 아니라 무지(우리가 모른다는 것)에 기초해 있을 뿐이다.

판넨베르크는 법칙이 고정되어 있고 모든 것을 결정짓는다는 입장에 분명히 반대한다. 자연법칙의 적용은 항상 사안에 대한 분명한 상태를 전제한다. 예를 들어, 유전에 관한 멘델의 법칙은 생식적 번식을 할 수 있는 생명체의 발생을 전제한다. 종(species)과 같이, 자연법칙은 역사 내에서 출현하고 폐기될 수도 있다. 심지어 매우 근본적인 (중력이나 전자기학과 같은) 물리학 법칙 역시 공간상 구분되는 물질의 존재를 필요로 한다.

따라서 우주의 역사성에 대한 판넨베르크의 연구의 급진적인 특성은 자연법칙에 관한 관점에서 드러난다. 1960년대, 그는 자연법칙이 지니는 규칙성(regularity view)에 대한 자신의 생각을 밝혔다. 판넨베르크는 자연법칙을 물질 세계보다 선재하거나 미래에 일어날 것을 상세하게 지시하는 플라톤적 실체로 보지 않았다. 대신에 그는 자연법칙은 인과적 방식(post-hoc manner)으로 관찰된 규칙성을 기술한 것으로 보았다. 바로 그러한 점에서, 자연법칙은 앞으로 일어날 것을 가설로 세운다. 여기에는 모든 다른 요소들이 동등하다는(ceteris paribus) 전제가 깔려 있다고 판넨베르크는 밝힌다. 그러나 물질들이 항상 동일한 것은 아니기 때문에, 어떠한 법칙이나 법칙들의 총체도 실재를 완벽하게 기술할 수 없다. 판넨베르크는 끊임없는 변수들 내에서 개별적인 사건들은 개별적인 것들 사이의 상호작용으로부터 나오는 일상적인 연결들(대개 자연법칙 안에서 규칙화될 수 있는 것들)보다 선재적이라고 주장한다.

판넨베르크는 규칙성(regularity view)을 신학적으로 해석하고자 한다. 성서적 관점에 의하면, 창조는 완료된 사안이 아니라 계속되고 있는 것이다. 하나님은 창조주로서 계속해서 일하시는 분이시다. 그러나 단순 반복이 아니라 다양성이 창조성의 특성이다. 하나님은 개체성의 창조적 근원이자 전체적으로 우주를 발생시키는 규칙성의 신실한 수여자이시다. 판넨베르크에게, 통합된 전체로서의 우주 이해는 개체에 대한 인식을 소거하는 것이 아니라 포함한다.

다음과 같은 진술은 진화론적 사고와 지적 설계 운동 사이의 현재 논쟁에 대해 정통한 독자들의 눈길을 끌 것이다. "자연에 대한 신학적 해석에서, 우연(chance) 혹은 우연성(contingency)의 요소는 설계보다 중요하다. 왜냐하면 우연성과 새로움(novelty)의 창발은 역사 과정과 자연 세계에서 행해지는 하나님의 계속적인 창조 행위에 대한 성서의 관점에 상응하기 때문이다." 사실, 판넨베르크는 신학에서 목적과 설계라는 은유를 과도하게 사용하는 것을 경계한다. 그가 보기에, 그러한 은유들은 너무 쉽게 신인동형론(anthropomorphism)을 초래한다. 하나님은 목적을 위한 수단이 있는 곳에서 계획을 세우고 그 계획이 실행되도록 하는 인간의 계산기와 같은 분으로 상정된다는 것이다. 그러나 영원한 하나님은 모든 피조물들에게, 그리고 모든 순간인 과거와 현재 그리고 미래에도 동일하게 가까이 있어야 한다.

이러한 맥락에서, 판넨베르크는 하나님을 "미래의 능력"으로서 세계 내에서 행하시는 분이라 진술한다. 과거에 계획을 세우시고, 현재에 그것을 현실화하시는 하나님이 그저 강제적인 결정론자처럼 여겨질 수 있다. 그러나 아직 실현되지 않은 것으로부터 현재적 순간으로 오시는 하나님은 피조물의 자유를 가능하게 해주고 진작시킨다. 그런 점에서 판넨베르크는 하나님이 자연적 과정과 인간적 자유의 넘쳐남(superabundance)을 기초로 하는 "자발적 자기 조직화"가 일어나도록 하신다고 설명한다. 그는 그와 같은 방식으로 진화를 신학적으로 이해한다. 미래의 하나님은 모든 피조물에게 동일하게 임해야 한다. 영원한 미래인 하나님은 과거와 현재 그리고 미래 세대의 생명의 근원이 되어 왔고, 지금도 그러하고, 앞으로도 그러할 것이다.

그러한 점에서, 판넨베르크는 창조세계가 시작으로부터 종말에 이르며 시간적 차원을 갖는 역사성을 지닌다고 주장한다. 데카르트(1596-1650)와 칸트(1724-1804) 이래로 이어져 온 계몽주의 전통에 기초한 자연과 문화 사이, 인간의 자유와 자연법칙 사이의 절대적 분리는 있을 수 없다. 그러한 분리는 자기 반복으로 영원히 규정되는 질서화된 자연과 자유와 변화(flux)라는 특징을 지닌 인간 문화 사이에서 유지될 수 없다. 우리가 앞으로 살펴보겠지만, 판넨베르크는 그러한 자연-문화 분리를 일찍부터 극복하고자 했다.

역사의 신학으로부터 자연의 신학으로

1950년대, 판넨베르크는 이미 "보편 역사의 신학"을 토대로 연구하고 있었다. 그리고 그는 이후에 보편사 신학을 자연의 신학으로 확장했다. 1953년과 55년에 발표한 논문은 많은 주목을 받기도 했지만, 동료 신학자들로부터 의심을 받기도 했다. 1950-60년대의 독일 개신교 신학의 분위기를 돌아보면, 젊은 판넨베르크(그는 루터교인)는 여러 흐름에 반향을 일으켰다. 자유주의 개신교인들이 형이상학과 도그마의 세기가 끝나가고 있다고 주장하는 그때, 판넨베르크는 중세 사상사들(그의 논문의 소재)을 연구했다. 실존주의가 쇠퇴할 때, 판넨베르크는 종합적인 지적인 야망을 품고 있었다. 그 야망은 보통 형이상학적으로 가장 잘 표현되었다. 신정통주의 신학자들이 성서와 교회의 메시지가 모든 다른 종교와 세계관과 다르다고 주장할 때, 판넨베르크는 다른 전통과 기독교 전통을 분리하는 것을 반대했다. 또한 많은 이들이 기독교의 중요한 점은 종교가 아니라 세속화하는 힘이라고 할 때, 판넨베르크는 다른 종교들 중의 하나로서 기독교를 보았다. (북유럽과 북아메리카에서 지배적이던 개신교주의에 의해 지원받은) 청교도사상(minimalist cleaness)이 주류를 형성하고 있을 때, 판넨베르크는 기독교를 가장 통합적인(syncretistic) 종교로 이해했다.

여러 신학자들이 유대주의와 다른 종교들을 "율법의 종교들"이라고 간주하던 때, 판넨베르크는 기독교는 유대적 요소에 깊이 토대를 두고 있다고 주장했다. 실제로 판넨베르크에 의하면, 기독교의 범주는 모든 세계 종교들을 포괄하는 신학의 빛 안에서만 평가될 수 있다.

일찍이 1961년에, 판넨베르크와 하이델베르크 내 신학 서클은 『역사로서 계시』(Revelation as History)를 출간했다. 판넨베르크의 요약된 서술에 따르면, 그 그룹은 "신학적인 혁명을 일으키고자 한 것이 아니라 단지 계시 개념이라는 신학적으로 중요한 개념에 대한 보다 견고한 성서적 기초를 제시하고자 했다."[2] 그 책은 실제로도 차분한 어조로 기록되었고 객관적으로 서술되었다. 그러나 그 내용은 루돌프 불트만(Rudolf Bultmann, 1884-1976)으로 대표되는 실존주의와 칼 바르트(Karl Barth, 1886-1968)로 대표되는 신정통주의의 기본적 전제에 대해 도전을 가하는 선언이었다. 영국의 맥밀란(Macmillan) 출판사의 편집본은 표지에 큼지막한 활자로 다음과 같이 명기했다. "중요한 신학적 개념에 대한 보다 개방적이면서 탈권위주의적 관점을 위한 하나의 제안."

독일 신학자들 사이에서 두 거장인 불트만과 바르트는 신학에 있어 적합한 주제는 "하나님의 말씀"이라는 공통된 생각을 가지고 있었다. 그들에게 있어서, 하나님의 자기 계시는 성서 혹은 설교에서 일어나는 것이지, 자연이나 역사의 공적 영역에서 발생하지 않는다. 그들은 외적 세계의 경험적 특징으로서의 예수의 역사적 모습은 부적절하며, 중요한 것은 청자들에게 신앙을 고취하는 "그리스도 사건"으로서 선포되는 말씀(preached Word)임을 주장했다.

그러나 판넨베르크에게 그러한 주장들은 피상적일 뿐이다. 그는 성서 전통에서 하나님을 계시하는 것으로 여겨진 것은 하나님의 말씀들이 아니라 일상적인 역사 내에서 하나님이 행하신 것들이라고 주장했다. 계시는 "비밀이나 신비로운 일"과 같은 것이 아니며, 신현(theophany)같은 신적으로 휘황찬란한 어떠한 것도 아니다. 하나님의 계시는 역사적 사건 내에서 간접적으로 발생한다. "역사적 계시는 볼 수 있는 눈을 가진 그 모든 사람에게 다 열려져 있다. 계시는 보편적 성격을 지닌다."[3] 그러나 사건으로서의 계시 행위들은 해석적인 관점을 필요로 한다. 그 관점을 통해서 신적인 행위자의 동시적인(concurrent) 패턴들을 분간할 수 있기 때문이다. 자연과 문화가 대비되어서는 안되듯이, 객관성과 주관성 역시 계시 개념 안에서 서로 충돌해서는 안된다. 역사 안에서 발생하는 것은 의미를 가지고 있으며, 신학적 해석 작업은 그 발생의 의미와 현상들을 명확하게 밝혀주는 것이다.

판넨베르크는 종합적인 신학적 틀 안에서 이러한 기획을 추진했다. 그러한 노력은 기독론에 관한 저술인 『예수- 신과 인간』(Jesus-God and Man)으로 1964년에 출간되었다. 이후에, 그는 여러 저작을 냈는데, 마침내 1988년부터 1993년까지 세 권으로 된 조직신학(Systematic Theology)을 출간했다.

서문에서 판넨베르크의 신학적 기획을 다 소개할 수는 없다. 그러나 왜 판넨베르크가 고대, 중세 그리고 근대 자료들에 대한 치밀한 신학적 작업을 하면서 과학에 대해 관심을 기울이고 있는지 사람들은 궁금해 할 것이다. 판넨베르크 자신의 대답은 간결하고도 명확하다. 그는 주관적인 선호와 참여에 대한 이야기보다는 신앙의 내적 논리를 말하길 선호한다. 그리스도인이 유대인이나 무슬림과 같이 하나님을 모든 존재하는 것들의 창조주라 고백한다면, 과학적으로 설명되는 부분과 신학과 인문과학으로 규명되는 별개의 부분이 있다는 식의 주장은 성립될 수 없다.

무엇보다, 판넨베르크는 인간 본성을 철학적 인간학과 생물학과 동물행동학과 같은 여타 학문과 관련지어 이해하고자 하는 일에 힘썼다. 이와 같은 작업은 1962년에 『인간이란 무엇인가』(*What is Man?*)라는 얇은 책으로 출간되었다.[4] 그리고 1983년에 주요한 저작인 『신학적 관점에서 본 인간론』(*Anthropology in Theological Perspective*)이 나왔다. 이 책에서 판넨베르크는 인간성에 대한 세속적인 진술을 기본적이지만, 인간 존재의 실재에 대한 잠정적인 설명으로 수용한다.[5] 특히 비종교적인 영역을 다루는 철학과 과학 내에서 인간에 대한 기술은 완전하지 않을 수 있다고 판넨베르크는 지적한다. 그러나 인간에 대해 신학적으로 중요한 측면은 사회학, 심리학 혹은 문화인류학에서 때때로 방법론적 이유로 아니면 학문적 편견으로 인해 자주 무시되곤 했다. 그런 점에서 인간 이해에 있어서 특별한 신학적 기여의 필요와 여지가 남아있다고 볼 수 있다. 『신학적 관점에서 본 인간론』의 독자들은 과학자들과 상호작용하는 판넨베르크의 작업이 종종 공명뿐만 아니라 논쟁을 가져온다는 것을 발견할 것이다. 판넨베르크는 대화를 위한 신학적 작업이 외적이고 변증법적인 적용에 도달하는 것으로 보지 않는다. 신학자들은 신학의 고유한 자원으로부터 새로운 해석을 발전시키는 데 몰두해야 한다고 그는 생각한다. 신학자는 들고 말하는 작업을 그리고 받고 주는 작업을 한다. 이러한 변증법적 접근은 이 책에 수록된 논문들 안에서도 발견할 수 있다.

1962년 초기에 판넨베르크는 칼스루에(Karlsruhe)에서 당시에는 생소했던 자연의 신학의 가능성을 제시하는 과학자들과 신학자들이 함께 있는 소모임에 참여했다. 그는 이후에 하이델베르크와 뮌헨에서 물리학, 기초 존재론과 신학 사이의 상호소통(interface)에 관한 토론을 계속 전개했다. 그리고 1970년, 그는 신학과 자연과학에 관한 첫 번째 책을 물리학자 뮐러(A. M. Klaus Müller)와 함께 저술했다. 이 책에서 판넨베르크는 자연법칙의 역사성에 대한 자신의 입장을 제시했다. 그에 의하면, 자연법칙은 우연적 사건에 기초해 있지, 우연적 사건이 법과 분리되어 있지 않다.[6] 2장에 있는 논문들은 물리학과 신학의 관계에 관한 내용을 제공한다.

판넨베르크는 물리학의 기초 이론에 대해 새로운 관심을 기울이면서 과학철학에 대한 이슈들에 대해 심도 깊은 연구를 진행해가기 시작했다. 그의 주요 저서인 『신학과 과학철학』[7](*Theology and the Philosophy of Science*, 1973)은 판넨베르크가 인문과학뿐만 아니라 신학에서도 자기 비평적인 방법론을 적절하게 발전시켰음을 보여준다. 처음 두 개의 논문은 어려운 물음들에 대한 그의 가장 기본적인 확신을 제공해준다. 이 장들을 읽으면서, 미국의 독자들은 독일어 *Wissenschaft*(과학)가 영어보다 일반적으로 사용되고 있다는 사실에 유의해야 한다. *Wissenschaft*(과학)의 개념은 자연과학뿐만 아니라 인문 사회과학까지 포괄한다. 또한 종교학(religious studies)이라는 용어는 독일 단어 Religionswissenschaften, 즉 "종교학" 내에 포함된다.

　이러한 특징들을 염두에 둔 판넨베르크는 인간성과 자연 사이를 양분하던 칸트적 사고와 더불어 자연과학과 인문과학 사이에 상당한 대립이 있다는 관점까지 거부했다. 데카르트가 제시한 정신 영역과 육체 영역 사이의 존재론적 대립은 19세기에 물리적 과학과 도덕적 과학 사이에 인식론적 구분으로 이어졌다.(J. S. Mill) 독일에서는 딜타이(Wilhelm Dilthey, 1833-1911)가 자연과학(*Naturwissenschaft*)과 정신과학(Geistewissenschaft) 사이 구분을 심화하여 학문적 설명(*Erklären*, scientific explanation)과 해석학적 이해(hermeneutical understanding)라는 각각의 방법론을 제시했다. 오늘날, 특별히 신학과 인문과학에서 소수의 학자들만이 이러한 이분법을 받아들인다. 판넨베르크는 이러한 구분을 넘어서고자 했다. 그는 신학적 해석 역시 내용에 관해서 분석적으로 이해가능한 것이 되어야 하며, 진리 주장에 관해서도 입증 가능한 것이어야 한다고 주장했다. 신학은 더 이상 합리적 사유를 피할 수 없으며, 학문적 비평으로부터 탈피해서도 안된다는 것이었다.

　그러나 분명히 알아야 할 것이 있다. 판넨베르크는 정반대의 주장도 했다는 것이다. 그는 자연과학이 사실에 대한 객관적 지식을 제시한다고 보지 않았다. 모든 과학적 이론들은 "데이터만으로 결정되지 않는(underdetermined) 것"으로, 그 이론들은 순수한 경험적 사실 이상의 것을 포함한다는 것이다. 그뿐 아니라 어떤 과학적 이론도 철학적 해석을 수반하지 않고 스스로 표현할 수는 없다고 판넨베르크는 주장했다. 순수 신학이 없듯, 순수 과학도 있을 수 없다는 것이다.

16

이 책의 목적과 논문들

이 논문집은 세 가지 서로 관련된 목적들을 갖고 있다. 첫 번째, 영어권 독자들이 판넨베르크가 제시하고 있는 기독교 신학과 자연과학 사이의 밀접한 관계에 대해 보다 쉽게 접근할 수 있도록 이 책은 만들어졌다. 이 논문들 중 몇 개는 이미 다양한 영어권 저널과 저서를 통해 소개되었지만, 다른 것들은 처음으로 영어로 번역되었다. 그리고 그것들은 전에 출간되지 않은 것들이기도 하다. 그러한 점에서 이 책은 『자연의 신학을 향하여』(1993)에 실린 초기 논문을 포함하고 있다. 두 번째 이 저서의 목적은 판넨베르크가 물리학이나 생물학뿐만 아니라 문화인류학, 사회학 그리고 심리학과 끊임없는 대화를 어떻게 해왔는지를 보여주는 것이다. 물론 이 학문들은 긍정적 요소와 파괴적 요소와 관련한 인간 본성의 특징을 이해하는데 있어서 본질적(quintessential)이다. 세 번째 목적은 미국의 철학과 신학, 특히 틸리히(Paul Tillich), 랭던 길키(Langdon Gilkey)와 화이트헤드(Alfred North Whitehead) 그리고 과정신학자 존 캅(John B. Cobb Jr.)의 제안들에 대한 판넨베르크의 지적인 토론을 제공해주는 것이다.

1부는 신학의 방법론적 입장(status)에 대한 판넨베르크의 관점을 요약해주는 신학의 방법론에 관한 두 개의 논문을 제공한다. 이 장에서 판넨베르크는 하나님만이 신학의 궁극적 대상이라는 것을 명확하게 제시한다. 대부분의 종교가 신적 경험을 성찰하고자 하기 때문에, 종교들은 신학이 인간의 종교적 경험과 궁극적인 진리 주장에 대한 철학적 설명을 제공해주지 않으면 진지하게 다뤄지지 않는다. "살아있는" 종교 안에 있는 것은 생활–실험(life-experiment)이며, 그것들은 일차적인 경험에 의해 일상적으로 행해지는 것들이기도 하다. 그리고 과학적 지식과 철학적 반성에 직면하여 가설적 합리화에 의해 시험받는 사고 실험(thought-experiment)으로서 다뤄질 때 그 경험은 신학적 주제가 될 수 있다. "특정한 신에 대한 종교적 선언은 세계가 어떻게 신으로부터 나오는지에 대해 이해가능하게 설명할 때 비로소 수용가능한 것이 된다"고 판넨베르크는 말한다. 따라서 판넨베르크는 신학을 세상과 분리시키는 것을 경계한다. 또한 그는 신학자가 되는 근거를 자신에게 두지도 않는다. 기독교 신학적 작업은 보편적 지평 안에서 기독교 전통을 성찰하는 것으로 여기기 때문이다. 다시 말해서, 성서적 전통들에 따라 하나님은 역사와 자연의 공적 영역에서 스스로 드러내셨기 때문에, 신학은 성서 텍스트나 교회의 교리나 경건의 안식처 뒤에 숨어있을 수 없다. 성서, 교회 그리고 기독교 신앙은 세계 안에 홀로 존재하지 않는다. 그것들은 과학자들이 진술하는 동일한 세계에 관해 말하고 있다. 그런 점에서, 기독교 신학은 과학적 사고의 맥락과 세계 종교들의 신학적 맥락에서 자신을 설명할 수 있어야 한다.

그렇다면 학문을 연구하는 것과 종교적 행위 사이에 차이점은 무엇인가? 한 가지 중대한 차이는 과학은 이론적 통합을 통해서 경험적 현상을 설명하는 반면에, 종교는 의미를 주는 지대한 패턴에 자신을 맞추어가는 것에 관한 그리고 삶에 관한 질문들과 같은 실재의 궁극적 지평과 관련이 있다는 점이다. 이러한 종교의 초경험적인

(transemoirical) 지향성은 하나님에 대한 사유를 전면에 내세운다. 일신론적 전통에서 신은 (세계 내 혹은 세계 너머에 있는) 여타의 것들 중 하나와 같은 경험적 대상으로 간주되지 않는다. 그보다, 하나님은 존재하는 모든 것을 둘러싸고, 침투하고 알리는 창조적 원천으로서 실제적이고 효력있는 존재이다. "아무도 신을 본 적 없다"는 것은 기독교 전통에서 인정하는 바이다.(요일 4:12) 그 이유는 하나님이 부재한 실재이기 때문이 아니라, 포괄하는(encompassing) 실재이기 때문이다. "하나님 안에서 우리는 살고 움직이고 존재를 이룬다."(행 17:28)

판넨베르크에 의하면, 신학은 종교적 인간에 대해 홀로 설명할 수 있다는 순수한 경험적 연구 프로그램이어서는 안된다. 신학은 종교적 전통들(경험, 텍스트, 행위 등)의 의미의 보편성에 대한 해석학적 탐구에서 시작한다. 종교 텍스트와 종교적 삶의 목적이 적절하게 해석되고 진리를 위한 종교적 요소들이 상응되게 분석될 때 하나님에 대한 개념들도 입증될 수 있다. 하나님에 대한 직접적인 실험이 존재하는 것은 아니지만, 널리 알려져 있는 하나님 실재에 대한 가설은 세속적 실재를 위한 종교적 진리 주장의 암시를 통해서 간접적으로 입증될 수 있다.

2부의 논문들은 우선적으로 현대 물리학과 철학적 신학의 문제, 특히 하나님과 세계의 관계를 다룬다. 판넨베르크는 과학과 신학은 직접적으로 만나지 않는다고 말한다. 그 둘의 언어가 다르기 때문이라는 것이다. 그러나 그 둘은 세계관과 종교적 관심에 대한 철학적 성찰의 중재에서는 서로 조우한다. 과학자들이 공적으로 활동하고 그들의 발견과 연구방법에 관해 공적으로 알릴 때, 그들은 단순하게 수학적 언어를 사용하지 않는다. 그보다는 세계관에 관한 문제에 있어서 과학적 결과가 암시하는 것과 의미에 관한 보다 확장된 철학적 성찰을 가지고 참여한다. 신학자들 역시 그러하다. 그들은 단순히 예식의 형식이나 성서 텍스트를 인용하지 않는다. 신학자들은 종교적 사유에 대한 관심을 표현하되 대체적으로 실재에 대해 진술한다. 그런데 이러한 담론은 철학적인 자기 반성을 항상 포함하고 있다. 또한 과학의 역사는 과학자들과 신학자들 사이의 상호 작용을 위한 여지를 제공한다. 판넨베르크는 우리에게 심지어 "원자", "에너지", "장"과 "자연법칙"과 같은 핵심적인 과학적 개념조차도 종교적이고 철학적인 기원을 갖고 있으며, 그것들은 고의든 그렇지 않든 과학자들의 자의적 해석(self-interpretation)을 끊임없이 초래했다고 주장한다.[8] 과학이 신학에 도전이 되어왔다는 점을 지성사에서 확인할 수 있다. 중세 신학에서, 물체의 운동은 항상 무언가에 의해 진행된다는 가정이 있었다. 그러나 관성의 원리가 데카르트에 의해 소개된 이래, 계속적인 운동은 외적인 작용이 필요 없는 물질의 고유한 것으로 여겨졌다. 판넨베르크가 관찰한 바와 같이, "섭리에 관한 기독교 교리는 그러한 충격으로부터 벗어나지 못했고, 매우 드물게 그 문제를 마주해왔다."

2장에서의 물리학과 신학에서의 논의들은 판넨베르크가 혁신적으로 작업한 세 가지 주제들로 집약된다. 첫 번째는 이미 위에서 언급한 주제인 자연법칙과 역사적 우연성들 사이의 관계이다. 두 번째는 하나님의 영원과 편재를 시공(time-space)의 상대성과 관련하여 재해석하는 것이다. 그리고 세 번째는 신학에서만큼이나 물리학에서도 근본적 개념인 장 개념에 관한 것이다.

영으로서의 하나님 개념(요 4:24)은 영과 물질 사이의 근본적 대립을 제안하는 것처럼 보인다. 그러나 판넨베르크는 히브리 성서와 초기 기독교에서 영 개념(그리스에서는 프뉴마)이 플라톤적인 영향 안에서 기원한 이성이나 정신(그리스에서는 누스)과 같은 것이 아니라고 주장한다. 창세기(1:2)와 요한복음(3:8)에서, 성령은 피조물 사이에서와 너머에서 작용하는 창조적 장으로서 묘사된다. 이러한 견해는 플라톤적 사고인 이원론보다는 스토아적 일신론적 철학에서의 토노스(tónos)개념, 즉 창조적 힘(tension)에 가깝다. 과학사가 막스 얌머(Max Jammer)에 따르면, 영적인 장에 대한 스토아적 개념은 장 개념에 대한 현대 과학적 용례의 전신(forerunner)이었다. 물리학에서 근본적 개념으로서의 "역장(field of force)" 개념을 전자적 현상에 대한 성찰로부터 재도입한 인물은 마이클 패러데이(Michael Faraday, 1791-1867)였다. 가장 기본적인 물리적 실재는 관성 운동 중에 떨어져 있는 물체 개념이 아니라, 별개의 물체들 안에서 단지 가끔 나타나는 장이다. 이러한 관점은 이후에 아인슈타인의 상대성 이론의 작업으로 구체화 되었다. 상대성 이론에 따르면, 물질은 에너지의 속성(property)을 갖는다. 그러나 대부분의 에너지는 미립자의 형태가 아니라 장의 형태로 출현한다. 『물리학의 진화』(The Evolution of Physics)에서 아인슈타인과 레오폴드 인펠트(Leopold Infeld)는 그들의 입장을 다음과 같이 진술했다. "물질은 에너지의 결집이 집중된 장소이며, 장은 에너지의 결집이 느슨한 장소이다."[9]

판넨베르크는 자신에 대한 비평에 응답하며, 물질 세계 내에서 하나님의 영으로 작용하는 현존을 표현하기 위하여 사용한 장 개념이 형이상학적이라는 점을 인정한다. 그러나 장 개념은 신학에서와 마찬가지로 물리학에서도 개념적 입장을 획득한 은유라는 점을 밝힌다. 판넨베르크는 창조세계에서의 신의 현존이 어떤 식으로든 물리학에서의 장 개념과 충돌한다고 주장하지 않는다. 물리학적으로 그것이 고전적이든, 상대론적이든 아니면 양자이든 말이다. 그러나 신학적 전제에서, 하나님은 "자연의 힘들로 표현되는 것에 국한되지 않으시면서 자연의 힘들 내에서 그리고 너머에서" 일하고 계신다. 하나님의 영이라는 신학적 개념은 물리학에서의 역장 개념과 관련되어 있으면서 구별된다.

편재와 영원의 신적 속성을 재고하는 판넨베르크의 제안에서도 동일한 주장의 형태가 발견된다. 판넨베르크의 철학적 신학은 무한 개념에 근거해 있다. 여기서 하나님은 다른 실체들과 나란히 존재하는 하나의 실재가 아니다. 하나님은 모든 창조된 실재 내에 있으면서 그 너머에 있는 궁극적인 실재이다. 즉, 하나님은 피조물에게 상대적인 자유를 주시는 만물을 포괄하는 장(all-encompassing field)이시다. 따라서 편재하는 하나님은 공간과 동일한 것이 아니라 공간을 구성하는 분이시다. 물론 고전 유클리드적 공간이나 상대론적 시공의 기하학의 의미에서 그런 것은 아니다. 뉴턴(Issac Newton, 1642-1727)과 마찬가지로, 판넨베르크는 측량가능한 공간에 우선하는 하나님의 방대함(immensity)을 언급한다. 마찬가지로, 영원은 개별적 순간들의 독특성을 제거하지 않으면서 시간을 품고 있어야 한다. 오랜 전통을 따라, 판넨베르크는 영원을 모든 시간, 즉 과거와 현재, 미래에 동시에 현존하는 것으로 이해한다. 여기서 영원 개념은 미래성(futurity)으로 재인식된다. "영원은 미래로서 시간 속으로 진입한다."

3부는 인간학과 종교에 관한 주제를 제시하고 영어권 독자들에게 덜 알려진 논문들을 모아놓았다. 짧은 글(8장)은 창조와 다윈 진화론의 개념을 둘러싼 논의들에 대한 판넨베르크의 관점을 소개한다. 다윈의 이론에 대한 중요성은 그의 『조직신학 2권』(Systematic Theology, volume 2)에서 확인된다.[10) 여기서는 진화에 관한 상세하고 심화된 논의들을 볼 수 있다. 판넨베르크는 진화 생물학의 자료를 창조의 역사 안에서 높은 질서의(higher-order) 복잡성을 향한 전체적인 추동(drive)과 환원할 수 없는 새로움(novelty) 사이의 상호성을 강조하기 위해 사용한다. 또한 그는 실재의 보편적인 특징과 개별성을 적절하게 서술하고 있다.

판넨베르크는 문화인류학과 심리학과의 대화를 통해 인간 종교, 인간 정신, 그리고 파괴적이고 자학적인 행위를 나타내는 인간의 성향을 설명한다. 그는 문화인류학과 사회학과 같은 학문의 연구에서 인간 종교에 대한 연구가 배제되어왔음을 지적한다. 혹자는 인간 존재에 있어서 종교의 문제를 가볍게 보기도 한다. 어떤 이들은 종교는 단지 망상일 뿐이라고 말하고, 또 다른 이들은 종교란 세속적인 역할을 수행하는 인간 발전에 있어서 매개적(intermediary) 단계라고 본다. 그러나 판넨베르크는 이러한 종교에 대한 양측의 주장은 근거가 없다고 지적한다. 인간 본성은 항상 욕구에 기초한 자기 중심성과 초인간적 작용인(agencies)을 포함한 궁극적 실재의 지평을 향한 자기 초월적 개방성 사이에서 수행되어져 왔다는 것이다.

판넨베르크는 역사에서 그 증거를 찾는다. 고고학자들은 동쪽을 향해 머리를 두고 있는 매장된 시신을 멸종된 인류의 인간성의 증거로 본다. 게다가, 피아제(Jean Piaget)와 카시러(Ernst Cassirer)와의 논쟁을 통해서 판넨베르크는 제의가 언어의 발전과 습득의 기원이라고 진술한다. 의례적 행위, 소리의 표현, 움직임의 조화, 의미의 상징적 패턴에 대한 조율(attunement)은 명령 언어로부터 추상적 단어 속 상징적 실재에 대한 의미를 담고 있는 서술적 언어로 변화를 일으켰다는 것이다. 언어는 그러한 의례적 행위 안에 있는 종교적 감정들로부터 출현한다. 따라서 인간 역사는 안정된 자아로부터 출발하지 않는다. "나"(I)는 항상 "우리"(we)를 전제하고, 실재와의 상징적인 연합에 대한 감각은 근본적인 신뢰를 알려준다. 이 근본적 신뢰없이, 어른들은 새로운 집단과 환경에 자신을 전혀 개방시키지 못한다. 그러한 무한한 신뢰는 사랑하는 하나님이라는 에워싸고 있는 실재 안에서만 존재할 수 있다.

판넨베르크는 하나님의 실재를 증명하고자 하지 않는다. 그러나 그는 인간성은 종교적 뿌리와 무관하지 않다고 주장한다. 자아의 안정과 사회적 형식의 합법성 모두 개인적 자아의 욕구를 초월하는 종교적 측면을 필요로 한다는 것이다. 이는 또한 인간의 존엄 개념에도 적용된다. 유아기, 심각한 장애 혹은 치매의 경우에, 인간 인격의 무한한 가치는 오직 인간 존재가 하나님의 성스러움을 경험할 때만 유지될 수 있다. "하나님의 형상과 모양"(창 1:26-27)으로 창조되었다는 성서의 인간 개념은 인간 인격의 존엄이 내적인 특성이 아니라 하나님과의 계속된 관계로부터 나온다는 것을 분명히 드러내 준다.

따라서 인간의 영은 의식이나 자의식 이상의 어떤 것이다. "장" 개념은 또한 동떨어진 영혼이 아닌 영적 존재로서의 인간을 이해하는 것과 관련된다. 언어가 의례적 행위의 영적인 장에서 출현한 것과 같이, 인간 영의 장 또한 인간의 주체성과 자의식의 출현에 바탕이 된다. 선험적 자아를 스스로 구성해간다는 칸트적인 출발점은 철학적으로 보증될 수 없을뿐더러 과학적으로 입증될 수도 없다. 우리는 안정된 자아로부터 출발하지 않는다. 자아는 시간에 걸쳐서 변화해가는 것이다. 이러한 맥락에서 인격은 인간의 미래적 운명 안에 있는 각 개인의 진정한 자아의 현재적 순간 안에서 잠정적으로 실현된 것으로 볼 수 있다.

11장은 자기파괴의 근원적 이유를 분석한다. 이 논문은 욕구와 불만, 두려움과 불안, 우울과 공격성과 같은 현상과 관련된 인간의 죄에 대해 신학적으로 논증한다. 나는 특별히 이 논문을 추천하는데, 판넨베르크는 이 논문에서 자기파괴를 향한 인간의 욕구에 대해 다른 논문과 비교할 수 없을 정도로 독창적으로 분석하고 있기 때문이다. 인간의 감정적 삶이 본능적 욕구로 설명하는 기계적 모델에 비해서 보다 심층적이고 변화한다는 점을 저자는 밝힌다. 또한 파괴를 향한 욕구는 외부적으로 부과된 사회적 불만으로부터 기원하지도 않는다. 아우구스티누스(353-430)는 인간의 자아 구성 안에는 불가해하고 연약한 무언가가 있다고 말한 점에서 옳았다. 인간의 태생적인 자기 중심성과 개방성 사이의 위태롭고 사실상 불가능한 균형이

타자에 대한 공격성을 일으키고, 자신에 대해서는 우울감을 가져온다. 이러한 문제들은 아우구스티누스, 키르케고르(Kierkegaard), 니체(Nietzsche), 프로이트(Freud)와 공격에 대한 최근의 과학 이론들과 함께 상세하게 다뤄진다. 이 논문은 또한 신학자들이 자기 공격이나 타자에 대한 공격 중 하나만을 말해 온 기독교 전통(특히 원죄에 대한 아우구스티누스의 이론)을 수정하기를 제안한다.

4부는 틸리히(Paul Tillich)와 화이트헤드(Alfred North Whitehead) 그리고 그들의 동시대적 해석자들의 형이상학적 접근에 대한 판넨베르크의 비판적 대화와 의미의 이론을 제시하는 논문들을 싣고 있다.[11] 과학자들이 실재를 구성하는 것이 아니라 발견하려고 하는 것처럼, 판넨베르크는 우리 역시 주의를 기울이기 전부터 이미 선재하고 있는 의미를 발견한다고 주장한다. 확실히 텍스트나 사건들의 의미론적 의미(semantic meaning)에 대한 우리의 지각은 우리의 모든 관심을 포괄하지만, 의미를 발견하는 과정은 우리의 독자적인 행위만으로 적절하게 이뤄진다고 볼 수 없다. 수용력(receptivity)이 행위를 앞선다고 볼 수 있다. 특히 정서적 영역에서, 우리는 분절된 정보만 경험하지 않는다. 확장된 전체 실재가 부분적으로는 기억과 기대 속에서 우리에게 현재해 있다. 종교란 우리가 특정한 사건들을 무한한 전체로부터 일어난 것으로 경험하는 것을 가리킨다. 그 무한한 전체는 우리가 아우를 수 있는 것이 아니다. 그저 우리는 그것을 경험의 조각들에 기초하여 광범위한 차원에서 직감할 뿐이다. 판넨베르크는 이런 점에서 삶의 의미는 항상 우리의 미래성(futurity)속에,

즉 우리보다 앞서 있다고 주장한다.

이러한 문제들은 화이트헤드의 과정철학에 관한 상세한 비평으로 재론된다. 판넨베르크는 화이트헤드 철학에 대해 적어도 네 가지 진지한 비판을 제시한다. 처음 세 가지는 철학적인 것이고, 나머지 하나는 신학적인 것이다. 첫째, 화이트헤드의 원자론적 철학(atomistic philosophy)은 개체적 사건들과 물리학에서의 장들, 생물학에서의 유기체들, 인간 경험 안에서의 의미 지각과 같은 실재의 넓은 형태들에 동일한 입장을 부여하지 않기 때문에 일방적이다. 판넨베르크가 보기에, 실재의 광범위한 형태들은 화이트헤드가 말한 "현실적 계기들"(actual occasions)의 사건들로부터 파생될 수 없다. 둘째, 화이트헤드는 주체성이 신으로부터 원자적 사건까지 실재의 모든 단계들에서 존재한다고 전제함으로써 윌리엄 제임스(William James)의 일시적 경험(momentary experience)에 관한 이론을 지나치게 일반화했다는 것이다. 셋째, 화이트헤드가 현실적 계기들 안에서의 예기적 감정들에 관해 가끔씩 언급했다 하더라도, 그는 모든 사건이 현재라는 순간에 스스로 구성하며, 예기는 주로 미래 상황에서 일어나는 현재적 결정에 대한 객관적 영향으로 보았다는 점에서(화이트헤드는 이것을 "객관적 불멸성"이라 부른다) 예기 개념을 심각하게 제한했다고 판넨베르크는 지적한다. 넷째, 판넨베르크는 화이트헤드의 형이상학이 기독교 신학을 위한 틀(matrix)로서 기능하기 위해서 보다 광범위한 수정이 이뤄져야 한다고 주장한다. 그 수정은 길키가 제안한 것이나 캅(Cobb)이 인정한 것보다 더 급진적이다. 화이트헤드는 하나님보다 물질 자체에 창조성의 원천을 정초시킨다. 그럼으로써 하나님은 자기 결정적인 피조물이 나아가는 길을 제안하고 이상적인 형태를 주최하는 하나의 개체로서 진화과정 속에서 수반하는 이차적인 역할에 제한되어 버린다. 하나님은 태초에 무로부터 창조한 분이 아니기에, 종말에 새로운 생명을 창조할 수도 없는 것으로 묘사된다. 그런 점에서 화이트헤드는 창조의 종말론적 완성에 대한 여지를 남겨두지 않는다. 그러므로 과정신학은 생명에 대해 비극적인 관점으로 끝이 나거나, 존 캅의 초기 신학에서와 마찬가지로 이상적인 유토피아적 희망으로 종결된다.

캅의 인간주의적 관점이나 프랭크 티플러(Frank Tipler)의 디지털화된 미래인 유토피아니즘은 미래에 대한 기대가 인간적 상상에 대한 불가피한 부분이라는 점을 보여준다. 따라서 이 책은 비록 정교한 대답을 제공하지는 않더라도, 종말론적 본성에 대한 문제로 끝을 맺는다. 관심있는 독자들은 판넨베르크의 『조직신학 제3권』(Systematic Theology, vol. 3)에서 이를 확인할 수 있다.[12]

감사의 글

나는 이 책에 실린 논문을 편집할 수 있도록 허락해준 판넨베르크 교수에게 감사한다. 또한 나는 독일어 논문을 번역해준 멜로니(Linda Maloney)에게도 감사한다. 마지막으로 이 논문집 출간을 지원해준 템플턴 재단 출판사와 세심하게 편집을 해 준 실버(Natalie Silver)에게도 감사를 표한다. 열정적으로 이 작업에 참여해준 부 출판인 바렛(Laura Barrett)에게도 많은 빚을 지고 있다.

1) C. F. von Weizsächer, *Die Geschichte der Natur. Zwölf Vorlesungen* (Göttingen: Vandenhoeck & Ruprecht, 1979), 37.

2) Wolfhart Pannenberg, "An Inteelectual Pilgrimage," Dialog: A Journal of Theology 45, no. 2 (2006); 188.

3) Wolfhart Pannenber ed., *Revelation as History*, trans. David Granskou (London: Macmillan, 1968), 135. German original: Offenbarung als Seschichte (Göttingen: Vandenloeck & Ruprecht, 1961).

4) Wolfhart Pannenberg, What Is Man?, trans. Duane Priebe (Philadelphia: Fortress Press, 1972). German original: Was ist der Mensh? Die Anthropoligie der Gegenwart im Lichte der Theologie (Göttingen: Vandenhoeck & Ruprecht, 1962).

5) Wolfhart Pannenberg, *Anthropology in Theological Perspective,* trans. Matthew J. O'Connell (Phildelphia: Westminster Press, 1985), 59. German original: *Die Anthropologie in theologischer Perspektive* (Göttingen: Vandenhoeck & Ruprecht, 1983).

6) A. M. Klaus Müller and Wolfhart Pannenberg, *Erwägungen zu einer Theologie der Natur* (Gütersloh: Gütersloher Verlagshaus, 1970), 6. Pannenberg's article in this volume, "Kontingenz und Naturgesetz" has been translated into English in *Toward a Theology of Nature, Essays on Science and Faith*, ed. Ted Peters (Louisville: Westminster/John Knox Press, 1993), 72-122.

7) Wolfhart Pannenberg, *Theology and the Philosophy of Science*, thrans. F. McDonagh (Philadelphia: Westminster Press, 1976); German original: *Wissenschaftstheorie und Theologie* (Frankfurt am Main: Suhrkamp Verlag, 1973).

8) See Wolfhart Pannenberg, "Contributions from Systematic Theology," in *The Oxford Handbook of Religion and Science*, eds. Philip Clayton and Zachary Simpson (Oxford: Oxford University Press, 2006), 359-71.

9) Albert Einstein and Leopold Infeld, *The Evolution of Physics* (New York: Simon and Shuster, 1938), 242.

10) Wolfhart Pannenberg, *Systematic Theology*, vol. 2, trans. Geoffrey W. Bromiley (Grand Rapids, MI: William B. Eerdmans, 1994), 115-35. German original: *Systematische Theologie Band II* (Göttingen: Vandenhoeck & Ruprecht, 1991).

11) 5장에서는 틸리히와 화이트헤드를 길키(Langdon Gilkey)의 연구와 관련지어 다루고 있다.

12) Wolfhart Pannenberg, *Systematic Theology*, vol. 3, trans. Geoffrey W. Bromiley (Grand Rapids, MI: William B. Eerdmans, 1998), chap. 15. German original: *Systematische Theologie Band II* (Göttingen: Vandenhoeck & Ruprecht, 1993).

Methodology

철학적 유일신론을 따른다는 것은
기독교의 하나님이 모든 인간과 관계하는 유일한 하나님이라는 것을 가리킨다.
그럴 때 성서는 유일한 하나님으로부터 비롯된 것으로 인정받을 수 있다.

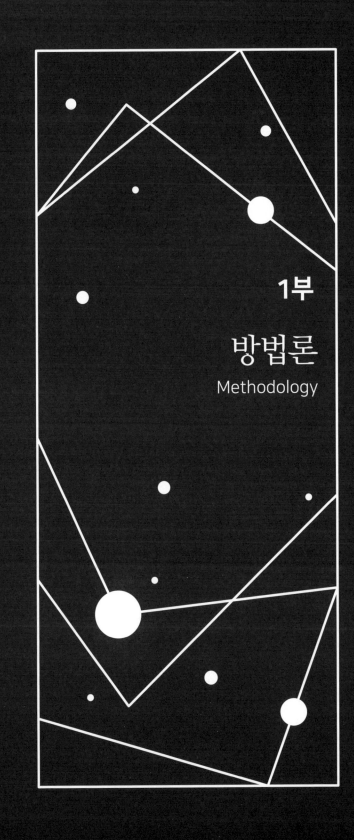

1부

방법론
Methodology

1장

신학은 자신의 입장과 방법론을 검토한다
Theology Examines Its Status and Methodology

유럽 대학의 초기 역사에서 기독교 신학은 신적 지혜(*sapientia*)와 더불어 학문적 관점에서 자리매김했다. 13세기에 접어들면서 신학은 아리스토텔레스가 표방한 학문 개념을 계승한 과목들에 비해 체계적 논증을 갖추었다. 그러나 신학적 원리는 본성적인 인간 지성이 아니라 오직 계시를 통해서만 알려진다는 특이성을 지니고 있었다. 그에 반해 원리로부터 엄격하게 논증되는 학문은 추론을 통해서 전개되었다. 그러나 소수의 신학자들만이 그러한 방법으로 연구했다. 가령 『신학대전』(*Summa Theologica*)에서 토마스 아퀴나스(Thomas Aquinas)는 계시의 원리로부터 직접적으로 논증하지 않고, 일치(congruence)에 의한 논증으로서 자신의 방식으로 기술하는 체계적 논증을 수립해 갔다. 그러한 논증은 원리들로부터 곧바로 결론을 가져옴으로써 전개되는 것이 아니라, 원리와 일치하는 데이터로부터 결론을 도출하는 식으로 전개된다. 이런 식으로 아퀴나스는 처음으로 세계 내 신적 행위의 결과로부터 하나님의 존재에 대한 논증을 시도했고, 이 출발점으로부터 그는 기독교 교리를 단계적으로 확증하며 재구성했다. 초기 개신교 교리학도 그와 유사한 과정을 따랐고, 개신교는 원리의 대체물로서 성서를 가지고 있었다.

18세기에 들어, 출발점으로서의 자연신학은 하나님에 관한 일반적 지식의 원천으로 간주되는 종교 개념으로 대체되었다. 비록 이러한 지식이 여전히 계시 종교에 의해 규명되어야 하는 것으로 여겨졌지만 말이다. 슐라이어마허(Friedrich Schleiermacher)가 이러한 입장을 대표하였다. 그러나 종교를 신학을 위한 출발점으로 삼는다는 것은 종교가 인간의 경험과 행위라는 관점에서 인간학을 신학의 기초로 삼는 것을 암시했다. 그러나 이러한 경우에, 누가 신학의 주제인 하나님 개념을 다른 것보다 우선적인 것으로 주장하며 전개할 수 있겠는가? 이에 대한 반응으로, 20세기 초에 신 중심적 전환이 일어났다. 처음에는 에리히 셰더(Erich Schaeder)로부터, 그리고 이후에 칼 바르트(Karl Barth)로부터 그와 같은 변화가 전개되었다. 사실, 그들의 논증은 꽤 설득력이 있었다. 진지한 신학적 작업이라면 그것은 신 중심적이어야지 인간 중심적일 수는 없다. 그런데 문제는 바르트가 처음 제안한 바와 같이 신 중심적 입장이 오직 개인적인 결정을 통해서 도달될 수 있는가 하는 것이다. 그러한 경우, 신학은 여전히 인간 중심적이다. 왜냐하면 그것은 주관적 결정에 기초하고 있기 때문이다. 출발점이 신학자의 개인적 결정이 아니라 바르트의 교의학에서와 같이 교회의 하나님 말씀 선포로 간주될 때, 문제는 복잡해진다. 성서에 정초한 교회의 권위가 신학적 논증의 가정을 또 한 번 대체하기 때문이다. 그러나 그러한 가정을 수용하는 것은 개인적 결정의 문제로 남아있다. 따라서 논증을 통해서 신 중심적인 입장에 도달하는 것이 선호된다. 이러한 맥락에서 인간적 현상으로서의 종교와 함께 근대가 남겨둔 논증의 방법을 취하는 것이 불가피하다. 이러한 입장은 또한 근대 상황에서 철학적 신학의 방법론을 어느 정도 가지고 있다고도 볼 수 있다. 이는 고대 철학 이전에 실재했던 종교가 신적 실재의 본성에 대한 철학자들의 비판적 탐구의 기원에 전제되어 있다는 점과도 상응한다. 그러나 종교를 인간적 현상으로 간주하며 논증한다 해도 종교가 단지 인간적 현상이라는 것을 의미하는 것만은 아니다. 그러한 신념은 종교 자체의 진리 주장과 목적과는 대치된다. 종교들은 대개 가르침의 기원을 하나님이나 신들에게 둔다. 그럴 때 종교를 진지하게 다룬다는 것은 인간적 경험과 제도의 기초 위에 있는 종교 현상학뿐만 아니라 신적 실재에 관한 담론에서 진리 주장들에 대한 연구까지 요청한다. 바로 그런 점에서 종교에 대한 비평적 신학이 요청된다.

그렇다면 어떻게 그와 같은 작업이 가능한가? 이에 관한 적절한 답변을 얻기 위해서는 종교의 진리 주장을 보다 합리적으로 재구성하는 일이 필요하다. 어느 정도까지 특정 종교의 하나님이 역사와 인간 사회뿐 아니라 자연 세계와 관련한 인간 경험의 의미 구조에 대해 빛을 비추어줄 수 있을까? 하나님이 실제로 세계와 인간 생명의 창조적 기원이자 인간이 경험하는 악으로부터 구원해주는 존재라는 주장은 얼마나 이해가능한 것인가? 이러한 물음에 대해 응답하기 위해서 기독교 신학은 자연 세계와 인간 역사를 모두 망라한 세계의 창조주와 구원자로서의 삼위일체 하나님에 관한 기독교 선포의 진리 주장을 살펴봐야 한다.

이를 위해서 우선, 기독교 메시지의 성서적 뿌리에 관한 해석학적 연구가 필요하다. 삼위일체 하나님은 히브리 성서의 창조주 하나님, 즉 이스라엘과 계약을 맺으신 분이시며 그분의 나라는 예수님이 선포한 왕국과 동일한가? 이러한 연구는 보다 전통적인 신학적 작업이라 할 수 있다. 이에 대한 긍정적인 답변은 스스로 예수의 아버지이며 모든 피조물들의 아버지, 즉 모든 인간 존재들과 하나님의 관계까지도 포괄하는 하나님과 예수의 관계에 관한 탐구에 기초한다. 여기서 요청되는 방법은 하나님 개념에 초점을 맞춘 역사적이고 해석학적인 연구이다. 그에 비해 성서 텍스트가 기독교 신앙과 이스라엘의 신에 대한 관계로부터 추상화하는 의미가 무엇이냐는 것은 중요하지 않다. 하나님에 대한 이스라엘의 증언과 예수의 행위와 가르침 안에 암시된 것들은 보다 명시적이어야 한다. 성서에서도 삼위일체적인 가르침이 명백하게 드러나는 것은 아니기 때문이다. 예수가 그 자신의 인격과 십자가, 부활의 의미를 이스라엘의 하나님과 관련지어 선포했다는 것은 이 논의에서 매우 중요하다.

둘째로 요구되는 신학적 작업은 진리 개념을 명확히 하는 것이다. 혹자는 신학적 작업은 예수의 선재와 신적인 아들 됨을 긍정하는 교회의 삼위일체 교리가 형성되었을 때 이미 이뤄졌다고 생각할 것이다. 그러한 관점은 성서의 신적 권위와 성서의 증언과 일치하는 기독교 교리의 진리를 전제한다. 물론 이점은 기독교 진리 주장에 있어서 중요한 측면이다. 그러나 그것만으로 충분하지 않다. 성서의 신적 권위는 전제되는 것만으로는 확립될 수 없다. 그것은 논증되어야 한다. 그 논증은 성서가 증언하는 하나님이 진리의 하나님일 때만 타당하다. 이때 진리의 하나님이란 신앙에 관한 특정한 관점뿐 아니라 모든 부분에 있어서 이해되는, 적어도 원리적으로 충분히 합리적으로 논증되고 주장될 수 있는 타당성을 담보한 모든 인간과 하늘, 땅의 창조주로서의 하나님을 말한다. 따라서 기독교 신학자들은 일찍부터 하나님에 관한 가르침을 철학적 유일신론(philosophical monotheism)과 일치시키는 데 관심을 기울여 왔다. 비록 이러한 방식이 몇몇 철학자들의 비판을 피할 수 없었다 해도 말이다. 철학적 유일신론을 따른다는 것은 기독교의 하나님이 모든 인간과 관계하는 유일한 하나님이라는 것을 가리킨다. 그럴 때 성서는 유일한 하나님으로부터 비롯된 것으로 인정받을 수 있다.

유일신에 관한 철학적 가르침은 기원전 16세기, 그리스에서 행해진 신화적 전통에 대한 비판적 연구로부터 출현했다. 이러한 연구는 우주의 신적 기원에 관한 물음에 의해 전개되었는데, 우주의 신적 기원은 인간 경험 안에서 이뤄진 것에 따라 인식되었다. 특정한 신에 대한 종교적 선언은 오직 그 신이 인간 사회를 포함한 우리가 아는 세계를 얼마나 타당하게 설명해줄 수 있는지에 따라서 수용될 수 있다. 하나님의 본성은 하나님으로부터 우주가 나왔다는 것을 이해 가능하게 전개하는 방식으로 인식될 수 있다.

종교 신화적 전통에 대한 비평적 연구의 가장 중요한 성과 중 하나는 우주의 신적 기원이 하나여야 한다는 것이다. 그러할 때 우주의 연합이 설명될 수 있기 때문이다. 하나님의 진리 개념에 대한 기준으로서 우주 경험을 전개해갈 때, 그리스 철학자들은 신화적 전통과 이질적인 기준을 설정하지 않았다. 왜냐하면 신화적 전통 자체가 신들이야말로 모든 것의 기원이거나 적어도 실재의 특정한 영역의 기원이라고 주장했기 때문이다. 그러나 철학자들은 우리에게 익숙한 방식으로 신을 세계의 기원으로 이해할 수 있는가에 대한 물음을 제기했고, 이에 대한 대답은 신들에 대한 신화적 개념들이 급진적으로 수정되어야만 한다는 것이었다. 따라서 모든 종교적 전통에서의 진리 주장들은 외부의 표준이 아니라 종교 자체의 가르침이 함의하는 것을 통해 판단된다고 볼 수 있다.

기독교 신학자들이 하나님과 삼위일체 교리에 관한 성서적 가르침의 보편적 진리를 위한 논증을 전개하면서, 철학적 유일신론을 활용할 때, 그들은 이러한 신념들이 모든 면에서 세계 지식과 공명해야 한다는 점을 수용했고, 그 결과 하나님이 우주의 창조주라는 주장은 설득력을 갖게 되었다.

그런 점에서 우주의 창조주이자 유일한 진리이신 하나님에 대한 기독교적 가르침의 진리 주장은 진리의 기준으로서의 일관성(coherence)을 수용한다. 그러나 어떻게 신학은 이러한 기준을 만족시키고자 하는가? 세계에 대한 모든 인간 경험에 대한 일관성은 어떤 식으로 확인되거나 확증되는가? 나의 대답은 구원사의 관점에서 인간 역사와 창조세계에 관한 하나님 교리를 체계적으로 제시함을 통해서 그것이 가능하다는 것이다. 그러한 체계적인 설명은 그 자체 안에서 일관성을 갖추고 성서적 증언과 공명해야 할 뿐 아니라 모든 문제들과 관련해서도 정합성을 지녀야 한다. 각각의 측면은 하나님과의 관계를 감안하여 재해석되어야 한다. 왜냐하면 일반적으로 자연과 인간 본성에 대한 세속적인 진술은 창조주 하나님과의 관계로부터 추상화되기 때문이다.

이러한 재해석의 필요성은 자연과학에서 나오는 정보뿐 아니라 인문과학과 역사로부터 나오는 정보에도 적용된다. 그러한 재해석은 물론 그러한 정보에 손상을 가해선 안되고 적절해야 한다. 신학적 재해석은 합리적이고 타당하게 이뤄져야 하며, 하나님의 창조세계로 주장되는 모든 것에 대한 체계적인 재해석을 제공해야 한다. 제시되는 체계적 형식은 진리 기준으로서의 정합성을 갖춰야 하며, 우주의 창조주이신 삼위일체 하나님과 관련이 있는 모든 것들에 대한 정합성을 포함하는 한 시험을 통과할 수 있다. 그러한 체계적인 설명을 제공함으로써, 기독교 신학은 삼위일체 하나님이 실제로 창조주이자 세계와 모든 인간의 구원자가 되신다는 진리를 제시한다.

물론 그러한 연구 발표가 삼위일체 하나님에 관한 기독교 신앙의 진리를 언제나 확실하게 보여주는 것은 아니다. 성서 주석, 인문과학 그리고 자연과학으로부터의 정보를 재해석하는 것은 의문시 될 수 있고, 그러한 재해석의 적절성은 수용되지 않을 수도 있다. 따라서 기독교 교리의 체계화는 창조주에 관한 신학적 주장과 관련된 하나님의 창조 현상의 보편적인 정합성에 대해 가설적인 재구성으로 남아있다. 그러나 신학적 확증의 가설적인 형태가 반드시 진리 주장을 약화시키는 것은 아니다. 가설적 형태는 대개 확증의 논리 안에 속해 있다. 확증은 성찰 안에서 스스로 가설적임을 나타낸다. 각각의 확신을 버리지 않은 채 실제로 그러한가에 대한 질문이 제기될 수 있다. 이러한 질문이나 의심의 가능성이 없다면, 우리는 확신이나 긍정 또한 할 수 없다. 따라서 비판적 반응이나 성찰의 가설적 단계와 진술들의 확신에 찬 의도는 서로 충돌하지 않는다. 확신하는 주장이 실재와 일치하는가에 관한 문제를 제기하는 것이 가능한가 하는 점은 도리어 확신을 보다 진지하게 살펴보는 요건으로 작용한다. 모든 학문에 있어 겸허함이 요구된다. 확신은 그 자체로 합당하게 여겨질 수 없다. 그것은 질문되어야 한다. 신학 역시 그러하다. 바로 그 사실이 신앙의 확실성, 즉 우리의 확신의 가설적 입장을 넘어서는 확실성을 약화시키지 않는다. 다만 시험해줄 뿐이다. 종교적이고 신학적인 진술들이 논리적 형태 안에서 가설적이라는 것을 인정하는 것은, 종교적이고 신학적인 진리 주장을 보다 진지하게 다룰 수 있는 조건이다.

신학적 방법의 측면에서 지금까지 언급한 것은 주로 조직신학이나 교의학에서 다뤄진다. 다른 신학 분과 중에서, 성서 주석과 교회사 연구는 역사적 연구와 해석학의 일반적으로 통용되는 규칙들을 적용한다. 이러한 분과들은 그러한 규칙들의 사용과 세속적인 공식을 비판적으로 성찰하고 연구해야 한다. 그것들 역시 하나님과 역사의 관계를 재해석하는 것을 필요로 한다. 대개 이러한 작업은 조직신학자에게 해당된다. 목회신학의 경우, 적절한 인간학적 학문의 정보에 대한 비판적 재해석은 필요하고 교의학적 맥락 안에서 인간론의 체계적 연구와 조화를 이룰 수 있다. 그러므로 신학적 방법에 있어서 반성의 초점은 조직신학이어야 한다. 조직신학은 좁은 의미에서 삼위일체론, 기독론, 창조론과 같은 신론과 관계될 뿐 아니라 인간의 죄, 구원, 교회와 성례의 기초와 실재 그리고 신자의 삶까지 고려한다. 또한 기독교적인 종말론적 기대의 기초와 내용도 조직신학의 영역이 된다. 이러한 주제들은 예수 그리스도 안에서 하나님과 계시에 관한 중심적인 교리들과 관계있다. 따라서 어떤 면에서 그 주제들은 설명에 속하며, 적절한 과정 역시 유사하다. 성서적 기초에 대한 연구와 기독교적 가르침에 대한 물음과 그에 대한 포괄적인 이해가능성 연구가 기독교 사상사 속에서 다루어져 왔고, 그러한 연구는 지금도 계속되어야 한다.

결론을 맺으면서, 나는 신학적 진술들이 다른 학문들과 어떠한 차이가 있는지에 대해서도 덧붙이고자 한다. 자연과학과의 차이 중 하나는 신학적 진술들은 실험에 의해서 검증되지 않는다는 점이다. 왜냐하면 신학적 진술들은 반복되어 발생하는 사건들의 과정에 관한 규칙을 확증하지 않기 때문이다. 오직 법칙적인 가설만이 그런 식으로 검증될 수 있다. 신학적 확증의 검증은 해석학적 엄밀함과 체계적인 제시를 통해 이뤄진다. 이는 특정한 확언이 여타의 정보와 공명하는지에 관한 것을 보여준다. 이와 관련하여 신학적 진술과 그 진술에 대한 비판적 연구는 사건의 추이가 모든 사용가능한 증거들로 재구성된다고 여기는 역사 연구와 같은 해석학적 학문과 유사하다. 때때로 해석적 학문이나 인문과학은 자연과학과 그 방법에 대해 원리적으로는 대척점을 이루어 왔다. 그러나 나는 이러한 주장들에 동의하지 않는다. 왜냐하면 자연과학 역시 이론을 정립할 때, 체계적인 기술(description)과 해석을 목표로 하고 있기 때문이다. 자연과학은 그러한 목표를 달성하기 위해 다른 방법을 사용하고 있을 뿐이다. 왜냐하면 자연과학은 반복되어 발생하는 과정들을 말해주는 반복된 패턴들과 법칙들에 관심을 갖는 반면에, 역사적인 학문들은 독특하고 반복되지 않는 과정들과 현상에 관심을 갖고 있기 때문이다. 비록 역사적 과정들 또한 반복되는 패턴들을 구성한다 해도 말이다. 신학의 경우, 처음 창조부터 우주의 마지막 완성까지의 구원 역사는 유일무이하며 반복되지 않는 과정이다. 물론 구원 역사가 자연법칙이라는 용어로 진술될 만한 규칙성들의 출현을 구성하는 것도 분명한 사실이긴 하더라도 말이다.

하나님 담론에 있어 진리는 있는가?
과학철학의 관점에서 본 신학적 진술들의 문제
Is There Any Truth in God-Talk?:
The Problem of Theological Statements from the
Perspective of Philosophy of Science

　1936년 칼 바르트의 50번째 생일을 기념하며 출판된 신학 논문집에서 하인리히 숄츠(Heinrich Scholz)는 "신학적 진술이란 무엇인가?"라는 물음을 제기했다. 이에 대한 그의 답변들은 몇 년 전 바르트와 숄츠 사이에서 있었던 개신교 신학의 학문으로서의 가능성에 대한 논의를 떠올려주었다. 1931년, 바르트가 강의한 본(Bonn)대학에서[1] 숄츠는 오늘날 여전히 유익한 방식으로 모든 학문과 학문적 훈련이 수행해야 하는 최소한의 조건들을 마련했다. 그는 학문이라면 갖춰야 할 경쟁적 요소와 비경쟁적 요소를 구분했다. 그러나 바르트는 이에 대해 『교회 교의학』(1932) 1권에서 단호하게 반대하는

---

1) Later published as "Wie ist eine evangelische Theologie als Wissenschaft möglich" [How Is It Possible for an Evangelical Theology to Be a Science?], *Zwischen den Zeiten* 9 (1931): 8-35.

입장을 나타냈다. 모든 학문적 진술은 모순적이지 않다고 보는 숄츠의 첫 번째 요구사항은 신학에서 그대로 적용될 수 없다고 바르트는 생각했다. 그는 진술들의 증명 가능성, 다른 학문들과의 일치, 선험적 판단의 의존성과 같은 객관적인 영역의 통합에 관한 더 많은 요구사항들을 "수용가능하지 않은 것"으로 여기며 거부했다. "신학을 제쳐둔 채 그 어떤 것이라도 수용될 수 없다. 왜냐하면 그러한 인정은 신학적 주제까지 넘겨주는 것을 가리키기 때문이다."[2] 신학적 진술에 관한 그의 논문에서, 숄츠는 이전 토론과는 별개로 바르트와 대화를 재개했다. 그러나 숄츠는 논리 없이는 신학이 전개될 수 없다는 점을 보여주고자 했다. 이 논문에서 그는 전제가 잘못되었거나 옳을 수도 있다는 점을 고려한다. 신학적 성격을 지닌 진술 역시 특별히 신학적이라고 고려되는 것을 세워가거나 동의하는 것에 의존한다고 그는 진술한다. 숄츠는 신학적 진술은 하나님에 관한 진술로서 기독교 신학의 역사를 통틀어 지배적인 견해로 자리잡고 있었다는 바르트의 견해에 동의한다. 그러나 이러한 주장의 약점은 하나님에 관한 모든 진술이 칼 바르트의 관점에 입각한 신학적 서술은 아니라는 점이다. 숄츠에 의하면, 바르트는 하나님에 관한 진술을 신학적이라 보지만, 오로지 그 진술들이 이성적 신학(rational theology)의 부분이 아닐 때 그러하다. 그러나 이러한 관점은 이성적 신학이 자연적 인간, 즉 바르트의 관점에서 신학적으로 계몽되지 않은 인간

---

2) Karl Barth, *Church Dogmatics*, trans. G. T. Thompson et al., ed. G. W. Bromily and T. F. Torrance (Edinburgh: T & T Clark, 1936-1977), I/1, 8.

의 신학이라는 것이 규명되지 않으면 타당하다고 볼 수 없다. 숄츠는 이런 식으로 신학적 진술이 신에 관한 비이성적 진술이라는 견해를 논박한다. 다른 학문과 마찬가지로 신학적 진술 역시 논리적인 함축을 배제해선 안된다는 것이다. "그 누구도 신학적 진술도 일종의 논리적인 결과를 도출해낸다는 것을 금해서는 안된다." 그런 점에서 숄츠는 "논증가능한 진술은 신학적이지 않다는 견해에 반대하는 제안"을 수용하고자 했다.

칼 바르트는 다시 숄츠의 주장에 직접적으로 언급하지 않았다. 바르트에게 있어서 비이성적인 참여로서의 신앙이란 그 자신이 하나님의 말씀에 대한 "완전히 안정적이지 않은 순종"이라고 부른 "감행"이었다. 하나님 말씀은 오로지 순종을 통해서만 분간 가능한 것이라고 그는 보았다.[3] 바르트는 모든 신학적 논증이 순종을 전제한다고 보았다. 그리고 그것은 바르트에게만 해당되는 것이 아니라, 루돌프 불트만(Rudolf Bultmann)을 비롯한 그 시대 여러 신학자들에게도 그러했다. 그래서 윌리엄 바틀리(William Bartley)는 현재의 개신교 신학의 특징을 "헌신으로의 후퇴"(retreat to commitment)라고 명명했다. 신앙적 헌신에 호소함으로써 결국 신학적 사고는 이성적 비판으로부터 멀어졌다는 것이다. 신앙적 헌신을 강조하는 입장은 모든 사고가 궁극적으로 증명되지 않는 가정들에 기초해있다는 주장으로 정당화되었다. 바틀리는 이성적 사고의 여러 형태가 궁극적인

---

3) Karl Barth, "Die Theologie und der heutige Mensh" [Theology and the Modern Man], *Zwischen den Zeiten* 8 (1930): 384.

확실성에 기초하고자 하는 한에서 그러한 주장이 진실하다고 보았다. 그러나 궁극적 확실성에 호소하지 않는 가설적이고 추정적인 사고는 언제든 반대에 직면할 수 있고, 바로 그러한 점이 현대 과학과 과학의 합리성을 특징짓는 것이라고 그는 주장했다.

모든 명제의 논리적 구조는 가설적 특징을 지니고 있다. 명제가 진리인지 그렇지 않은지에 대한 결정이 나올 때까지는 모든 명제는 실재에 대한 가설적 특성을 갖는다. 그러나 그러한 가설적 특징은 진리인지 그렇지 않은지에 대해 질문하게 하고, 따라서 그것들을 판별할 수 있는 여지를 제공한다. 원리적으로 명제는 맞는지 틀린지에 대한 검증을 통과하지 않고서는 성립될 수 없다. 이 경우에도, 논리실증주의는 옳다. 그러나 논리실증주의는 불합리하게 검증을 제한해왔다. 명제들이 특정한 검증, 즉 감각적 관찰로 통제될 수 있다고 본 것이다. 그러나 다른 검증들도 있다는 걸 감안해야 한다. 그럼에도 검증될 수 없는 명제는 합당한 명제가 될 수 없다.

그러므로 신학적 명제들과 합리적 검증에 대한 진리 주장의 민감성을 신학적으로 거부하는 입장에서 신학적 진술들은 결코 제안이나 인식론적 진술도 아니며, 실천적인 발화라고 보는 것은 놀랍지 않다. 이러한 신학적 진술들은 독립적으로 존재하는 문제에 대한 것을 주장하지 않고 진술 자체의 발화 안에서 발생하는 것을 표현한다. 그 명제를 수용할 때 나는 "내가 그것을 받아들인다"고 말하며, 그렇게 말함으로써 나는 그 명제를 수용한다. 가령, 목회자가 "나는 당신에게 세례를 준다"고 말하는 바로 그 선언(그리고 그 선언을 수반하는 행위)을 통해서 사람들은 세례를 받는다. "나는 창조주이

신 전능하신 하나님 아버지를 믿습니다"와 같은 진술도 마찬가지이다. 그와 같은 경우, 이러한 진술은 하나님의 존재나 하나님의 속성에 대한 그 어떤 명제도 포함하고 있지 않고, 오직 신앙적 헌신에 대한 내용만을 포함한다. 그러나 유심히 살펴보면, 그러한 진술의 의미가 헌신과 관련된 명제적인 요소를 지니고 있다는 것은 명백하다. 만일 신이 없다면, "나는 창조주 전능하신 하나님 아버지를 믿습니다"와 같은 진술은 성립될 수가 없는 것과 마찬가지이다. 얼마나 확실하든 헌신 자체가 사실 자체를 소거할 수는 없다. 그러므로 모든 신앙적 진술은 실천적 발화만 아니라 인지적 진술의 핵심 역시 포함한다. 그것이야말로 명제의 속성인 것이다. 명제로서의 하나님에 관한 신학적 진술은 합리적 검토가 가능해야 한다. 합리적 검토 자체가 명제의 구조를 구성하기 때문이다. 숄츠가 밝혔듯이, 발화된 것의 논리적 중요성을 배제해서는 안된다.

따라서 숄츠가 모든 과학에 적용되는 최소한의 요구조건으로서 형식화한 과학철학으로부터의 전제들은 명제의 논리적 구조에 기초하고 있다. 비모순성(noncontradiction)이라는 요구조건은 모든 명제가 무언가를 진실이라 주장하며, 따라서 거짓은 배제한다는 사실로부터 나온다. 검증에 대한 개방성(openness to being tested) 요구는 모든 명제가 대상에 관한 가설일 뿐이며, 가설은 대상에 상응할 수도 혹은 그렇지 않을 수도 있다는 진리에 기초하고 있다. 이러한 두 가지 요구조건들은 세 번째 요건, 즉 과학은 전체 대상 영역(unified object)에 대해 진술해야 한다는 것과 관련된다. 이때 전체 대상 영역은 그에 관한 진술과는 구별된다. 전체 대상에 대해 진술된 것과 그 대상을 구별한다는 것은 명제의 가설적 성격과 관련된다. 언어의 가장 중요한 기능 중 하나는 단 한 번의 행위로 언어적 표현 형식으로부터 언어로만 포착할 수 있는 대상을 구별하는 것이다. 따라서 많은 명제들이 동일한 대상에 적용된 것으로 이해될 수 있다. 그러므로 대상 전체나 과학의 대상 영역은 대상에 관한 진술들 안에서 비모순성을 위한 요구사항을 충족해 줄 객관적인 상관성과 요건을 구성한다. 그런 점에서 숄츠가 제안한 최소한의 세 가지 과학적 요구사항은 명제의 논리적 구조 내에 포함되어 있는 것을 분명히 한 것일 뿐이다. 이러한 이유로, 숄츠는 학문적 신학의 가능성에 관한 바르트와의 두 번째 만남에서 신학적 진술의 논리적 구조의 문제에 초점을 맞출 수 있었다.

과학철학으로부터 제기되는 지적인 진술이나 명제의 논리적 형식이 필요하다는 견해는 신학의 입장에서는 간단하지 않다. 이러한 점은 숄츠의 제안에 대해 "수용할 수 없다"고 한 바르트의 반응에서도 분명히 나타난다. 그러나 누군가 말한 것을 이해하길 거부하고서라도 그 안에 암시되어 있는 것까지 인정하길 거부할 수 있다. 신학이 자신을 아는 것과 관련한 자기 비판을 거부하지 않는다면, 신학은 숄츠의 도전을 받아들여야 한다. 그럼으로써 신학자들이 명제를 제시했다는 사실만으로 인정되어 온 것들이 보다 분명해질 수 있기 때문이다. 비모순이라는 요구사항은 가장 쉽게 충족될 수 있다. 비모순이라는 요구사항이 신적 실재 그 자체가 모순없이 제시될 수 있다는 것을 의미하지는 않는다. 다만 신학적 진술 자체가 비모순의 원리에 입각해서 제시될 수 있다는 점을 가리킨다.

말해진 것과 구별될 수 있는 전체 대상 영역이라는 두 번째 요구 사항은 신학에 있어서 상당히 어려운 과제이다. 신학에서의 일반적인 자기 규정이 하나님의 말씀을 신학의 적당한 대상으로 취한다면, 그 대상과 대상에 관한 진술은 분명하게 구별될 수 없기 때문이다. 비록 신학이 하나님의 말씀은 설교나 교회의 권위를 통해서 전해진다고 전제하더라도, 신앙인으로서의 신학자들은 설교 혹은 교회의 가르침 혹은 성경에서 발견된 것들이 인간의 말이 아니라 하나님의 말씀이라는 것을 항상 염두에 두어야만 한다. 하나님의 말씀이 아니라 하나님 자신이 신학의 대상으로 간주될 때에도, 어떻게 하나님이 신학자들의 명제들로부터 구별가능한 실재로서 접근될 수 있는가 하는 어려움이 남아있다. 하나님의 실재가 신자들과 신학자들의 명제로부터 구별될 수 없어 보이는 것과 더불어 그러한 명제의 형태 내에서 이 명제들이 진지하게 다뤄지지 않고 신앙인들과 신학자들에 의해 구성된 허구로 보인다는 사실은 우리 시대 하나님 담론이 직면하고 있는 위기이다.

그러한 맥락에서 신학의 대상 문제 혹은 신학이 대상을 가질 수 있는가 하는 점은 신학적 명제들을 검증하는 가능성에 대한 문제와 관련된다. 특히 신학적 명제들의 증명가능성 혹은 진리 주장에 대한 검토 가능성에 대해서 말이다.

이것은 신학에 대한 가장 난해한 도전이지만, 신적 진리는 증명할 수 없다는 특성을 주장하는 식으로 피할 수 있는 문제가 아니다. 그러한 대응은 비판에 대해서 방어가 될 수는 있겠지만, 결국 신학적 논증을 불합리한 것으로 만들고 말 것이다. 왜냐하면 진리 주장에 대한 비판적 물음에 닫혀있는 명제는 처음부터 명제로서 진지하게 다뤄질 수 없기 때문이다.

그렇다면 어떻게 신학적 진술들을 검증하는 것이 가능할까? 분명히, 하나님이나 하나님의 행동 혹은 하나님의 말씀이나 계시에 관한 명제들은 즉각적으로 검증될 수는 없다. 무엇보다 하나님 실재 자체가 논쟁적이며, 둘째로 하나님 실재를 언제든지 마음대로 묘사할 수 있는 유한한 실재로서 인간에게 그 자신을 나타낸다고 생각한다면 모든 것을 결정하는 실재로서의 하나님의 신성과 모순될 수도 있다. 이러한 이유로 하나님에 관한 인간적인 진술들은 언제나 불충분하다. 실재로서의 하나님은 그런 식으로 접근 가능하지 않다. 따라서 하나님과 하나님의 행동, 계시에 관한 진술은 직접적으로 검증되지 않는다. 결국 우리는 그 진술들을 암시적으로만 검증할 수 있을 뿐이다. 신적 실재나 신적 행위에 관한 명제들은 유한한 실재에 대한 우리의 부분적인 이해에 따라서 검증될 수 있다. 하나님이 모든 것을 결정하는 실재(the all-determining reality)라는 주장에 있어서도 그러하다.

물론 모든 것을 결정하는 실재라는 개념이 성서적 신인지 아니면 다른 종교나 철학에서 말하는 신인지에 관한 철저한 사유를 제공해주는 것은 아니다. 그러나 그 개념은 하나님에 관한 담론의 성서적이면서도 철학적인 전통의 근본적인 조건을 나타내준다. 그리고 그 개념은 성서와 철학적 전통에서의 유일신론적 특징을 지닌다. 적어도 전통의 영역에서, 신에 관한 모든 다른 진술들은 신이라는 단어가 모든 것을 결정하는 실재를 의미한다는 가정에 기초하고 있다. 그때 신에 관한 여러 진술은 그 내용이 진실로 모든 유한한 실재에 대해 결정적인지에 대해 검토될 수 있다. 유한한 실재가 우리 경험을 통해 접근 가능하다면 말이다. 그러한 경우, 실제적인 것은 진술된 하나님에 대한 발화 없이 그 독특함 속에서 완전하게 이해될 수 없다. 그리고 우리는 모든 실재에 대한 보다 깊은 이해는 신적 실재를 말함 속에서만 가능하다고 기대해야 한다. 이 두 가지 점이 용인될 때, 우리는 신학적 진술의 타당성에 관해 말할 수 있다.

이러한 점은 신학적 진술들과 개인적이고 직접적인 신앙적 진술들 사이에 차이점을 드러내준다. 신학적 진술들은 나름의 논리적 암시들에 대한 제안들로서 시험될 수 있기 때문에, 그리고 나름의 학문적 특징 때문에, 신앙적 진술들과 달리 신이라는 주제를 직접적으로가 아니라 간접적으로 다룬다. 그러나 신학적 진술들은 직접적인 신앙적 진술들 안에서의 지식적 요소를 명시적으로 드러낸다. 우리가 이미 언급했듯이 신학적 진술 그 자체는 단순히 실천적 화법이 아니라 항상 명제적인 요소도 포함하고 있다. 신학적 성찰은 신앙 진술 안에 포함된 인지적이거나 명제적 요소를 주제화한다. 신학적 진술이 본래 그러하다. 신학적 진술이란 직접적인 경건과 다르게 하나님에 관한 간접적 진술이다.

물론 하나님 개념 안에 포함된 유한한 실재의 총합이 신학적 진술들을 검토하는가에 관한 실제적인 기준을 어떻게 설정할 것인가에 대한 문제가 제기될 수 있다. 만일 절대적으로 모든 것이 기준으로 수용될 수 있다면, 어디서 검증은 시작되며, 어디서 끝나야 하는가? 무엇이 하나님에 의해 결정되는 것으로 여겨지고 바로 그러한 점에서 검증되는 전체 실재를 위한 세부사항의 상대적 가치를 결정하는가?

고대 철학은 비판적 신학(critical theology)에서 비롯되었다. 비판적 신학은 유한한 실재로부터 이 총합의 기초, 즉 아르케까지 결론을 내기 위해서 우주와 같은 모든 유한한 실재의 총합을 이해하고자 했다. 그러나 우리의 현대적 경험 안에서 전체로서의 실재는 여전히 완벽하게 파악되지 않는다. 그것은 여전히 불완전한 되어감의 과정 안에 있다. 우리가 알고 있는 모든 실재의 총합은 비록 그것이 어떤 사람들에게 이해가 된다 하더라도 결코 진정한 전부라 볼 수는 없다. 실재가 완전한 전체로서 아직 완결되지 않았다면, 그리고 완결되지 않았기 때문에, 지금 존재하는 것의 체계는 실제적이지 않은 전체(Theodor W. Adorno)이다.

그럼에도 사람들은 궁극적이고 모든 것을 포괄하는 전체에 대한 개념 없이는 살아갈 수 없다. 우리가 경험하는 모든 개별적인 것은 그것을 품고 있는 전체의 맥락 안에서만 특정한 의미를 갖기 때문이다. 마찬가지로, 모든 제한된 전체는 더 큰 전체의 일원으로서만 의미를 갖는다. 따라서 특정한 개별적인 것에 대한 모든 경험은 표현되지는 않아도 이미 모든 실재를 포괄하는 전체라는 개념을 함축하고 있다. 하지만 모든 것을 포괄하는 전체라는 개념은 이미 현재하고 있는 모든 것에 제한받지 않는다. 그 범주는 존재하는 우주의 총합이 아니라 완성을 가능하게 해주는 힘과 모든 실재의 완성에 대한 아직 드러나지 않은 완성이라는 의미의 전체로서 기대되는 것이다.

이것은 아직 완성되지 않았기 때문에 실재의 전체 의미가 모든 개별적 경험 안에서 드러나지 않게 작용하는 것으로 기대될 뿐이다. 그러한 이해 속에서 우리는 개별적으로 주어진 것을 제각각 결정된 무언가로 경험하고 그것이 특정한 의미를 지닌 것으로 경험한다. 그러나 비록 경험의 과정이 개방되어 있고 포괄적이라 하더라도 모든 경험을 조명해주는 전체적 의미가 종교적 경험 안에서는 명시적으로 표현된다. 슐라이어마허가 말한대로 종교적 경험 속에서 사람이 존재의 전체성, 즉 우주(universum)와의 종교적 대면을 갖는 곳이라면, 그 경험의 유한한 내용 안에서 접촉되는 것은 계시라 말할 수도 있다. 그러한 경험적 의미의 전체성은 종교들 안에서 명시적으로 표현될 수 있다. 그리고 종교와 관련하여 철학과 세계관들 안에서, 그리고 모든 실재를 결정하는 힘과 관련하여 말이다. 심지어 종교적 의식의 변화들은 실재 경험의 변화들 속에서 발견된다. 이 실재는 새로운 형식 안에서 실재의 전체 의미를 드러내주고, 따라서 모든 실재를 결정하는 신적인 힘을 드러낸다.

그러므로 신학적 진술들의 검증은 종교들과 그 변화하는 역사를 고려해야 한다. 왜냐하면 신학적 진술들이 검증 받아야 하는 진리와 깊은 관계 안에 있는 실재의 전체적 의미가 이미 종교들 안에 명시되어 있기 때문이다. 종교 역사의 과정 속에서 종교에 의해 경험된 변화들은 사실, 신학적 진술의 검증 속에서 표현적 · 방법론적으로 성취한 것을 성취해왔다. 종교적 전통의 진술은 경험적 실재가 전통의 신들에 의해 통합될 수 있는지, 혹은 본래의 전통이 쇠약해진 후에 다른 힘들이 경험 속에서 드러나는가에 의해 평가된다. 만일 전통이 그 경험을 설명하지 못하는 것으로 드러나면, 전혀 새로운 방법으로 혹은 전통의 수정이나 다른 전통을 수용하는 식으로 설명되기 마련이다.

어떻게 하나님에 관한 진술이 검증될 수 있는가?

종교에 관한 학문적 연구는[4] 역사에서 모든 것을 결정하는 실재에 관한 종교적 진술까지도 역사 과정 안에 있다는 점에 초점을 맞춘다. 이러한 종교적 진술들은 경험된 실재와 관련하여 검증된다. 모든 것을 결정하는 실재가 경험의 영역에서도 드러나야 하기 때문이다. 따라서 종교에 대한 학문적 접근은 종교들 안에서 특별히 종교적인 것, 즉 신적 실재를 연구하는 것을 가리킨다. 이 신적 실재는 종교들 안에서 그 자신을 드러내고 동시에 종교의 역사 과정 속에서 논쟁의 주제이기도 하다. 그래서 종교에 대한 학문적 연구는 곧 종교들의 신학으로 봐야지, 심리학, 사회학, 종교 현상학으로 이해해서는 안된다. 그래서 신학은 종교들의 신학의 맥락과 그 역사 속에서만 성립될 수 있다. 신학적 진술들이 검증받아야 하는 실재의 의미의 전체성은 종교들 안에서 명시적으로 주제화되기 때문이다. 그 뿐 아니라 실재의 불완전함과 역사성으로 인해서, 실재의 의미의 전체성은 종교적 기대의 형태로만 현존하기 때문이기도 하다. 전체 실재에 대한 경험 안에서의 변화의 역사로서 종교들의 역

---

4) * 이에 관한 독일어 단어는 Religionswissenschaft이다. 독일어 단어 "Wissen-schaft"는 영어의 "science"보다 포괄적인 의미를 가지고 있다. "Wissenschaft"는 인문과학과 사회과학을 모두 포괄하며, 따라서 "종교학"도 포함한다.

사에 관한 비판적 연구는 또한 여타 종교들의 맥락 안에서의 종교적 전통의 특별한 특징에 기초하고 있다. 마찬가지로, 우리는 실재에 대한 경험 속에서 변화들에 의해 영향을 받은 정도와 변화하는 경험들 안에서 계속적으로 통합되는 실재의 의미의 전체성에 대한 기대를 알기 위해서 기독교의 역사와 같은 특정한 종교적 전통 안에서의 변화를 살펴볼 수 있다.

이러한 과정을 통해서 종교적 경험과 관련된 주제는 접근가능하게 되고, 신학적 명제들 역시 검증될 수 있다. 따라서 우리는 한편으로는 종교적 창조 신앙의 관점에서 전승되어 온 실재에 대한 경험으로서 창조주 하나님에 관한 진술들을 살펴봐야 하며, 또 다른 한편으로는 현대의 자연과학과 과학적 세계관에 의해 창조 신앙에 제기되는 주제들을 설명해야 한다. 과학적 세계관은 명시적이지는 않아도 실재의 의미의 전체성을 함축하고 있다.

우리는 신과 신의 행동과 말에 관한 진술은 신의 실재로서 직접적으로 파악할 수 없다는 것을 살펴보았다. 하나님 실재에 관한 담론은 언제나 논쟁적일 수밖에 없다. 하나님에 관한 진술은 오직 하나님이 모든 결정하는 실재라는 하나님 관념(idea)의 의미로 간주될 때 검증될 수 있다. 그러나 신학자들에 의해 제시되는 신적인 능력에 의해 결정되는 것이 증명될 수 있는지 여부를 보기 위해 조사되는 전체 실재는 고대의 철학자들이 우주론적 신 논증을 전개해나간 것과 같은 방식으로 완성된 전체로서 이해될 수는 없다. 우리는 단지 경험적 실재의 의미의 전체성을 예상할 수 있을 뿐이다. 이러한 관점은 모든 개별적 경험의 확정적인 내용을 구성하는 중요한 요소이다. 그러나 실재는 종교적 전통들의 기초와 전통들의 대화 속에서 역사적으로 발생한 철학자들과 세계관들을 포함하여 역사적인 종교들 안에서 영구적이고 위대한 형식들을 발견해 온 종교적 경험 안에서 단지 주제화되면서 접근된다.

그러므로 입증되어야 하는 하나님에 관해 진술하는 실재의 전체성은 실제적인 모든 것의 통전된 의미의 주관적 예측들의 형식 안에서만 활용 가능하다. 이 실재의 전체성은 비록 표현되지 않아도 종교들 안에서 분명하게 드러나는 모든 경험을 결정한다. 따라서 종교들은 신학의 직접적인 대상을 구성한다. 반면에 하나님에 관한 학문으로서 신학은 직접적으로가 아니라 간접적으로 가능할 뿐이다. 우리는 종교적 전통들을 시험해야 한다. 전통 안에 우리가 암시적으로 경험하는 것들이 명시적으로 드러나기 때문이다. 따라서 신학은 시초부터 현재까지의 종교 전통의 진술들의 범주를 가설화하고, 다른 경험들 안에서 암묵적으로 의미를 보여주는 것을 명시화한다.

그러한 신학적 작업은 여기서 자세히 논할 수 없는 신학적 방법론의 기초적인 것들을 포함한다. 그러나 그만큼 명확히 해둘 필요가 있다. 가설을 설정하는 개별적인 신학자들을 동기 부여하는 "발견의 맥락"이 기독교 전통에 의해 만들어진다해도 게하르트 자우터(Gehard Sauter)가 말한 바와 같이 기독교적인 신앙적 확신을 "근본적인 맥락"(foundational context)으로 가정해서는 안된다. 칼 바르트의 예는 발견의 맥락과 근본적 맥락을 혼동하는 것이 신학적 진술의 명제적 의미를 훼손한다는 점을 보여준다. 신학의 근본적 맥락 내에서 기독교와 진리 의식의 독특한 특징은 일단 문제가 되는 것으로 간주해야 한다. 아무리 많은 신학자들이 주관적으로 기독교 신앙의 진리와 우위성이 전체로서의 경험과 종교들의 세계 모두에서 신학적 연구과정에 의해 유지된다는 입장을 갖고 있다 하더라도 말이다.

그러므로 우리는 모든 것이 고백적인 특정한 신앙적 입장에 의해 결정된다고 여기며 공적인 논증에는 닫혀있는 고백적 신학의 기초를 경계한다. 오늘날 본래 있던 명제를 합리화하기 만하는 신학은 더 이상 지적인 엄밀함과 학문적 정당성을 주장할 수 없다. 신학은 그 주장하는 바가 실재에 대하여 검증되어야 한다는 것을 수용할 때 진지하게 다뤄질 수 있다. 즉, 가설로서의 진술들이 적절한 방식으로 검증되고 진리가 미리 정해진 것으로 보지 않을 때 그러하다. 이 같은 겸허한 자기 평가에 의해서 신학은 학문적으로 정당성을 갖출 뿐만 아니라 주체성을 잃지 않고서 주제화하는 영역을 개방시키고 확장해갈 수 있다. 그러한 자기 비판적 평가는 현대 사회의 다원성과 공적인 교육적 제도와 타 종교들과의 공정한 대화의 요구에 대하여 적절하다.

결론적으로, 나는 신학이 그 가설들을 어떻게 시험하거나 평가하는 것을 말할 수 있는가하는 문제에 관해 한 가지 언급하려고 한다. 논리실증주의적 관점과 감각적 관찰(sense observations)을 통해서 신학적 진술들을 철저하게 입증한다는 것은 분명 불가능하다. 사실 그러한 엄격한 입증은 심지어 물리학의 법칙에서도 가능하지 않다. 왜냐하면 그 어떤 일반적 규칙도 적용되는 유한한 수의 경우에 대해 충분하게 적용될 수 없기 때문이다. 다른 한편으로 법칙에 관한 명제들은 예측한 것과 상이한 결과가 나올 때 오류가 될 수 있다. 절대적인 보편적 합리성을 표방하는 법칙 역시 단 하나의 예외로 인해 반박될 수 있는 것이다. 그러나 칼 포퍼(Karl Popper)가 전개한 반증의 원리(principle of falsification)는 신학(혹은 역사와 같은 다른 학문들)에 적용될 수 없다. 왜냐하면 신학적 명제들은 보편적 법칙에 관한 일반적 진술들과 다르기 때문이다.

그러나 왜 학문 개념이 일반적 규칙에 관한 지식에 제한되어야 하는지에 대해서는 명확하지 않다. 개별적이고 독자적인 것에 관한 지식은 왜 안되는가? 그와 비슷하게 진리 개념과 그와 관련된 검증 개념이 관찰로 환원되어야 하는 마땅한 이유도 찾을 수 없다. 특히 경험과 실재 전체에 관한 연구에서는 더욱 그러하다. 따라서 우리는 모든 관계된 현상들에 대해서도 보다 광범위한 범주에서 검증을 통해 가설을 입증해야 한다.

보다 광범위한 입증 개념은 비록 충분하지는 않았지만 신학에서도 채택되어 왔다. 존 힉(John Hick)이 종말론적 입증 안에서 믿음의 약속들이 하나님의 나라가 영광 중에 도래하는 마지막 때에 진리로 드러날 거라고 밝힐 때, 어떤 면에서는 옳았다. 그러나 비록 현재의 종교적 명제들의 진리 내용이 잠정적이라 하더라도 판별하길 원하는 사람들에게는 그리 수용할 만한 견해는 아니다. 다른 한편으로 게하르트 에벨링(Gerhark Ebeling)은 하나님이 인간을 진리로 이끌어 감으로써 인간을 판단한다는 입증에 관한 새로운 해석을 제시했다. 그러나 이러한 주장 역시 하나님의 진리가 무엇이냐는 신앙의 진리 기준에 관한 문제를 제기한다. 또한 이러한 주장은 신앙의 주관성이라는 장애물을 극복하지 못한다. 신학적 명제의 가능성 및 입증은 실존론적 입증으로 간단히 해결되지 않는다. 분명히 신학적 명제의 궁극적인 증명이란 달성될 수 없다. 그것은 다른 질서 체계인 신앙적 확실성과는 다르다. 다만 신학적 가설의 예비적인 평가는 분명히 가능하며 종교적 전통의 주제와 현재적 경험의 의미에 관한 설명을 제공해줄 수 있다.

Creation and Nature's Historicity

공간과 시간에 대한 하나님의 관계에 대해 명시함으로써
우리는 공간과 시간 안에 계신 하나님과 피조된 실재의 관계에서
피조된 실재의 존재와 운동을 보다 잘 이해할 수 있을 것이다.

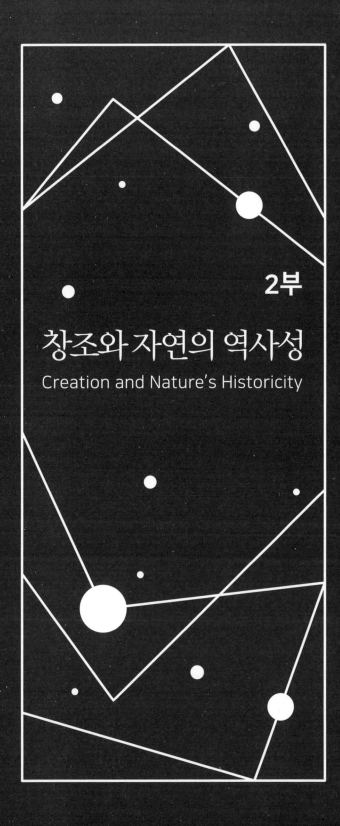

2부

창조와 자연의 역사성
Creation and Nature's Historicity

창조신학과 자연과학
The Theology of Creation and the Natural Sciences

　　반세기 전에 칼 바르트는 창조신학에 관한 서문에서 "성서와 교회가 하나님의 창조 활동에 대한 이해와 관련하여 과학적인 문제나 의문이나 반대나 목적은 있을 수 없다"라고 썼다.[1] 창조신학을 성서의 진술에 대한 "반복"으로 간주하는 것은 오늘날 현대 자연과학에 의해 기술되는 세계에 성서적 창조 신앙을 적용하기 어려운 문제를 초래한다. 세계가 성서의 하나님에 의해 창조되었다는 그 명제는 공허한 표현이 되어 버리고, 성서의 하나님 자신 역시 무능한 유령(specter)이 되어 버린다. 왜냐하면 하나님이 우리가 경험하는 세계의 기원이나 완성자로 더 이상 이해될 수 없기 때문이다. 그보다

---

1) Karl Barth, *Church Dogmatics*, trans, G. T. Thompson et al., ed. G. W. Bromily and T. F. Torrance (Edinburgh: T. & T. Clark, 1936-1977), III/1, ix.

는 칼 하임(Karl Heim)의 견해를 따르는 것이 좀더 적절하다. 하임은 오늘날의 자연과학의 개념들을 염두에 두면서 세계의 창조와 세계의 종말에 관해 신학적으로 전개해가고자 한다.[2] 일찍이 1889년에 영미권 신학에서는 찰스 고어(Charles Gore)가 편집한 『세상의 빛』(*Lux Mundi*) 선집에서 진화를 성육신에서 절정에 달하는 구원 역사라는 성서적 개념과 관련시켰으며[3], 이러한 관점은 샤르뎅(Pierre Teilhard de Chardin)의 연구에까지 상당한 자극을 주면서 현재까지 영향을 미치고 있다.

창조신학과 자연과학 사이의 공명

여러 어려움에도 불구하고 기독교 신학이 자연과학의 연구 대상인 세계가 하나님의 창조세계임을 주장하는 것과 더불어 그와 같은 주장을 이해가능하게 하는 일을 포기해서는 안된다. 이러한 사실은 신학이 과학적 기술과 이론적 구조의 단계에 대한 자연과학자들의 토론에 직접적으로 간섭할 수 있거나 그러해야 한다는 것을 의미하는 것은 아니다. 또한 자연세계를 창조세계라고 신학적으로 해석하는 것이 곧 물리학이나 다른 모든 자연과학과 경쟁 관계를 가진다는 것도 아니다. 자연법칙과 자연과학의 경험적 증거에 관한 가설보다는 다른 방법론적 단계에 따라 신학적 주장이 발전한다는 맥락에서

---

2) Karl Heim, *Chrisitian Faith and Natural Science* (London: SCM Press, 1953).
3) Charles Gore, ed., *Lux Mundi: A Series of Studies in the Religion of the Incarnation* (London: J. Murray, 1889).

신학적 논증은 과학적 진술과 구분된다. 신학적 관점에서, 세계 내 사건은 신적인 행동의 표현으로서의 유일회적이고 비가역적인 역사이다. 비록 역사 과정에서 사건의 동일성과 질서가 자연과학 법칙의 개념과 상응할 수 있다 하더라도 말이다. 창세기에서는 홍수 이후에 벌어진 일에 대해서 다음과 같이 기록되어 있다. "땅이 있을 동안에는 심음과 거둠과 추위와 더위와 여름과 겨울과 낮과 밤이 쉬지 아니하리라."(창 8:22) 그러나 그러한 사건의 규칙성들은 유일회적인 신적인 결정의 결과물로 봐야지, 자연법칙에 따른 자연 사건을 무시간적 질서의 표현으로 간주해서는 안된다. 역사적으로 특수한 것과 역사의 유일회성 그리고 비가역적 과정에 대한 신학적 관심은 시간과 공간을 기하학적으로 인식가능하고 수치화가 가능하고 측량가능한 공간적 시간적 단위로서 획일적으로 배열하지 않는다. 자연 과정이라는 개념의 수학적 형식과 법칙의 자연과학적 개념은 서로 밀접하다. 그러나 신학이 수학적 모델을 사용하지 않는다는 사실은 신학자들이 수학적 모델과 경쟁을 하지 않는다는 것뿐만 아니라 (여타 학문의) 다른 관점이 각각의 학문 영역마다 적절하다는 점을 암시한다.

근대 자연과학의 역사에서 질적인 평가가 양적인 (따라서 수학적인) 진술로 설명된 경우가 있었는가? 사실 자연적 형태의 과정적 외양에 관한 성서에서의 창조세계에 대한 개념들이 근대 자연과학 안에서 특정한 법칙을 따르는 자연 과정에 대한 양적인 기술 안에서 발견된 개념들로 대체되어 왔다. 그렇다면 그러한 측량적 진술이 신학과 자연과학 사이의 전체적인 관계에 있어서 근본적인 의미를 갖는가? 미국의 물리학자 티플러(Frank Tipler)는 신학은 궁극적으로 물리학에 의해 대체되어야 한다고 주장해 왔다. 그의 저서『불멸의 물리학』(*The Physics of Immortality*)에서 티플러는 우주 역사가 신학적 전통에서 보면 신적 특징을 지닌 오메가 포인트를 향해 전개되고 있다고 진술했다. 또한 그는 이 오메가 포인트는 종말의 시점일 뿐 아니라 영원의 측면에서 모든 지적 생명체가 동일한 복제를 하며 우주가 운동하는 창조적 출발점이 된다고도 보았다.[4] 티플러는 이러한 제안들을 수학적인 물리학적 우주론으로 진술한다. 지난 수십 년간 고안된 과학적 우주론에서의 다양한 모델들은 인상적이다. 과학적 우주론은 상당히 추론적인 학문처럼 여겨진다. 그러나 그러한 논증 형태의 가능성에 대한 신학적 관점은 어떠해야 하는가?

신학을 물리학으로 변형하고자 하는 시도에 대해서는 관심과 더불어 회의적 태도를 견지해야 한다. 그래야만 신학과 물리학적 개념들이 상호작용 없이 그저 평행선을 달린다는 팽배한 입장에 대해 대응할 수 있다. 이 널리 퍼진 입장은 일종의 편견으로써, 신학은 우리가 사는 현실과 관련 없다는 잘못된 인식에 기초해 있다. 그러나 우리는 회의적 시각도 견지해야 하는데, 왜냐하면 법칙에 대한 자연과학적 지식과 세계에 대한 신학적 접근을 단순하게 비교할 수 없는 지점(incommensurability)이 명백하게 실재하기 때문이다. 세계의 기원에 관한 하나님의 행동과 미래에 관한 기독교 종말론적 희망을 비롯하여 유일회적이며 끊임없이 새롭고 환원할 수 없는 사건들의

---

4) Frank Tipler, *The Physics of Immortality: Modern Cosmology, God, and the Resurrection of the Dead* (New York: Doubleday, 1994).

비가역적인 역사로서의 세계 개념을 전부 자연과학의 개념들에 기초한 진술로 설명할 수 있을까? 나는 그럴 수 없다고 본다. 물론 아리스토텔레스 당시 물리학에서는 다분히 그러한 유사점이 강조되었다. 그러나 죽은 자의 미래 부활과 같은 주제는 과학적으로 진술할 수 없다. 확실히 자연적 우주의 기원이라는 부적절한 신 개념은 하나님을 우주적 과정을 이끌어가는 분이라기보다는 하나님 안의 기원으로서 세계의 창조를 이해하고자 하는 시도에서 나온 개념이었다. 그러나 기독교 신학은 창조된 실재의 모든 면들을 포괄하는 창조에 관한 지식을 종말의 때에 복을 주시길 기뻐하시는 하나님의 비전과 관련지어 이해하고자 한다. 시간성 안에서 세계에 대한 인간의 지각은 유한한 지식에 의해 조건 지어지며, 따라서 추정과 검증과 수정을 통해서만 그러한 지각들은 효용성을 획득한다. 이와 달리 기독교 신학은 하나님을 예수 그리스도 안에 있는 하나님 계시의 기초 위에서 세계의 창조주로서 말하고자 한다. 그러나 그러한 진술이 곧 세계의 사건들을 세세하게 다 설명할 수 있다는 것을 뜻하지는 않는다.

그러므로 창조신학과 자연과학의 관계에 관한 재접근은 세계를 인식하는 두 가지 방식의 공명(consonance)으로서 진술되어야 하지, 다른 것에 대한 한 개념을 기초로 놓는 접근으로 이해해서는 곤란하다. 공명은 모순이 없다는 것을 전제하지만, 그 이상을 필요로 한다. 비모순이란 상호 관계없이 그저 평행선을 이루는 개념 사이에서도 성립하기 때문이다. 하지만 공명은 긍정적 관계로서의 조화 개념을 포괄한다. 그러한 공명은 상당히 다른 방법론적 단계에 의존하는 제안들에 있어서도 가능할까? 특히 그러한 방법론적 단계들이 다른 것에 직접적으로 연결될 수 없을 때에도 말이다. 그러한 경우, 두 개의 서로 다른 영역이 모두 관계가 있는 세 번째 단계를 찾는 것이 필요하다. 자연과학과 신학 사이의 대화에 있어서 그러한 세 번째 단계는 항상 철학 안에서 찾을 수 있다.

자연과학자들이 우리의 현실 이해를 위한 이론적 형식과 그들의 발견들의 관계를 말할 때, 그들은 이미 과학의 결과와 과정 안에서 철학적 사고의 영역 안에 있지, 엄격히 말해서 더 이상 과학적 논증의 단계 안에 있지 않다. 자연법칙과 사건의 우연성, 자유와 인과율, 물질과 에너지, 시간과 공간 개념 혹은 불가피한 발전 사이의 관계에 관한 그러한 사고들은 철학적 역사와 언어의 매개를 통해서 전해지기 때문이다. 게다가 자연과학의 근본적 개념들은 대체로 철학 용어로부터 나왔으며, 과학적 용법의 필요에 맞게 수정된 것들이었다. 공간, 시간, 질량, 힘, 장과 같은 과학적 개념의 역사를 보면, 이러한 용어들의 철학적 의미와 그것들의 과학적 사용 사이에 분명한 관련이 있음을 알 수 있다. 따라서 자연과학이라는 용어의 역사, 과학의 역사에 관한 지식은 신학과 자연과학 사이의 의미있는 대화를 위한 선결 조건이라 할 수 있다.

기독교 신학과 철학이 역사적으로 긴장과 복잡성을 유지했다 하더라도 긴밀한 관계를 맺어 온 것은 사실이다. 자연과학의 경우와는 달리, 이 관계는 신학적 용어의 철학적 기원에 우선적으로 관계가 있었던 것이 아니라 신, 세계와 인간에 관한 철학적 담론의 통합과 관련이 있다. 신학에서는 이러한 담론을 세계와 인간의 창조주이자 완성자로서의 신의 계시에 관한 설명으로 전개한다. 기독교 신학에서 그러한 철학적 진술과 물음의 통합은 다소간 역사 과정 속에서 급진적인 변화를 동반했는데, 이는 신학과 철학 사이의 긴장을 가져오기도 했다. 그러나 신학은 성서적 하나님과 그의 계시의 진리를 주장하기 위해 철학을 의존한다. 그리고 신학은 하나님에 관한 철학적 가르침뿐만 아니라 세계와 인간에 관한 주장을 전개하기도 한다. 바로 그 점에서 자연과학과 기독교의 대화를 위한 기초를 성립시키는 것은 철학, 즉 세계에 대한 철학적 해석에 대한 신학의 관계가 어떠하냐에 관한 것이다. 인간 상황과 세계의 실재 개념에 대한 사고와 과학적 관찰 기술의 통합은 신학적 창조 교리의 주제일 뿐 아니라 세계와 철학적 세계 개념의 발전에 관한 철학적 접근이기도 하다. 신학이 세계에 관한 철학적인 시각을 채택하고 비판적으로 숙고하는 일에 참여할 때, 그것은 곧 그와 같은 식으로 통합되어 있는 자연에 대한 지식에 관한 일이 되며, 세계에 대한 철학적 개념들을 신학적으로 변형하는 것은 철학에서와 마찬가지로 자연과학의 결과와 관찰 방법을 바르게 포괄할 수 있는 능력을 갖고 있느냐에 의해 판단되어야 한다.

　그러나 오늘날 대부분의 철학자들은 자연현상에 대한 과학적 기술(description)에 대한 요약적 사고로서의 자연철학에 참여하는 그들의 의무를 불행하게도 소홀히 여긴다. 그 틈을 자연과학자들이 메우고 있는데, 그들은 자신의 특정 관점으로 세계 실재에 관한 철학적인 사고의 틀을 제공하고자 한다. 그러나 각각의 주제에 관한 철학적 문제의 지평을 충분히 고려하지 않는 일이 발생하곤 한다. 그

때 신학적 과제는 자연과학과의 대화 속에서 의문을 제기하면서 주제들에 관한 철학적 문제 지평을 숙고하고 그러한 주제들에 대한 신학적 일치를 이뤄가는 것이다.

창조신학과 자연과학 사이의 대화를 위한 주제들

앞으로 신학과 자연과학 사이의 대화에 관한 일반적 관점에서 내가 말해왔던 것의 예시를 제공할 것이다. 내가 생각하기에 이 예시들은 대화를 위해 특별히 중요한데, 왜냐하면 그것들은 세계에 관한 이해에 있어서 근본적인 것들이기 때문이다. 첫째로, 나는 우연적 사건들에 대한 개념과는 대조적인 자연법칙 개념을 짧게 살펴볼 것이다. 자연 사건에 관한 묘사에 있어서 이 두 가지 측면의 상호적 관계는 자연법칙 자체의 개념을 통해 나타낼 수 있지만, 그 관계는 또한 실재에 대한 성서적 개념을 자연법칙을 통한 자연적 실재를 묘사하는 것에도 적용할 수 있는 가능성을 암시해주기도 한다. 둘째로, 나는 공간과 시간 개념에 대해 논의할 것이다. 이 개념들은 자연에 관한 과학적 기술에 있어서 기초적일 뿐 아니라, 하나님과 세계 사이 관계에 관한 신학적 진술에 있어서도 그러하다. 셋째로, 나는 물질의 운동, 물질의 기원과 소멸과 관련한 하나님에 대한 주제를 진술하고자 한다. 그것들은 공간과 시간 개념의 틀 안에서 자연에 대한 과학적 기술의 고전적 주제이기도 하다. 그러므로 공간과 시간에 대한 하나님의 관계에 대해 명시함으로써 우리는 공간과 시간 안에 계신 하나님과 피조된 실재의 관계에서 피조된 실재의 존재와 운동을 보다 잘 이해할 수 있을 것이다. 따라서 우리는 그와 관련하여, 생명의 진화뿐 아니라 우주 역사에서의 생명 현상과 관련한 진화와 창조신학의 관계를 이해하는 몇 가지 방식을 제시할 것이다.

자연법칙과 우연성 (Natural Law and Contingency)

1970년에 나는 "자연법칙과 우연성"이라는 주제에 관한 논문을 발표했는데, 그 해에 물리학자들과 신학자들 사이에서 격렬한 논쟁이 벌어졌다. 그리고 그 논쟁은 상당한 수정을 거쳐서 논문에 실렸다.[5] 이 주제에 관한 신학적 관심은 역사 내 하나님 행위에 대한 성서적 진술들이 신적 행위 안에서 새롭고 예상하지 못했던 것을 강조한다는 사실에 기초해 있다. 이러한 특징은 하나님의 창조 행위에도 적용될 수 있다. 신적 행위의 역사는 유일회적이고 우연적 행위들의 비가역적 연속이다. 역사 속 신적 행위에 적용되는 우연성 개념은 사실 철학에서 시작되었다. 그것은 필연적인 것과는 다르게 가능성이나 우연적인 진술을 가리키는 것이다. 그러나 아리스토텔레스에게 있어서 우연성 개념은 물질과 관련되어 있었다. 특히 중세의 기독교 아리스토텔레스주의자이기도 한 둔스 스코투스(Duns Scotus)는 그 개념을 의지와 행위에 대한 하나님의 자유에 적용했다. 자연

---

5) Wolfhart Pannenberg, "Kontingenz und Naturgesetz," in A. M. Klaus Müller and Wolfhart Pannenberg, *Erwägungen zu einer Theologie der Natur* (Gütersloh: Gerd Mohn, 1970), 33-80, translated as "Contingency and Natural Law" in Wolfhart Pannenberg, *Toward a Theology of Nature: Essays on Science and Faith*, ed. Ted Peters (Louisville, Ky.: Westminster/John Knox Press, 1993), 72-122.

법칙 개념은 무엇보다 적용의 조건으로 논리적으로 적용되며, 그와 같은 적용은 법칙에 의해 기술되는 과정의 시초적이고 경계적인 조건에 대해 우연적인 것들이다. 법칙 형식의 적용에 관한 시초적이고 경계적인 조건들은 자연법칙에 의해 재진술되는 것들의 결과일 수 있지만, 그러한 법칙 자체는 모든 진술이 여전히 그 적용의 우연적 요건들을 전제하고 있다는 사실을 폐기할 수는 없다. 그러므로 자연법칙을 우연적으로 주어진 것들에 나타나는 일정한 형식의 구조와 과정에 대한 묘사로 이해하는 것이 적절하다. 다시 말해서 모든 발생하는 것들은 근본적으로 우연적이다. 심지어 사건들의 연속 속에서 일정한 규칙을 발견한다 해도 말이다. 자연과학자들이 1960년대 이러한 점을 발견했을 때 그것은 문제가 있는 것으로 여겨졌다. 비록 그러한 발견이 시간의 비가역성에 의해 제안되었다 해도 말이다. 그러나 점차 사건의 우연성은 대개 널리 인정되고 있다. 특별히 무질서하게(chaotically) 전개되는 자연적 과정들과 비결정성에 대한 양자역학의 영역에서는 더욱 인정받고 있다. 우연성은 모든 최초 사건의 근본적 특성이다. 그래서 자연법칙에 따른 기술(description)의 가능성은 개별적 사건들이 지닌 근본적인 우연성을 배제하지 않는다. 도리어 가설적인 법칙에 따라 기술가능한 사건들의 연속 안에서의 식별가능한 동일성들은 우연적 요소로서 드러나는 것이라 할 수 있다. 그러나 창조세계 내에서의 하나님의 행동과 피조된 실재에 관한 신학적 진술들이 이러한 사건들의 우연적 측면에 주로 관심을 기울이는 반면에, 자연과학자들이 기술하는 것은 법칙에 따라서 과정들을 나타내는 데 주로 초점이 맞춰져 있다. 그러나 우연적 요소와의 관련성 자체가 없다면 법칙 또한 성립될 수 없다.

1960년대 하이델베르크에서의 담화에 참여한 이들은 모호한 유비와 개념의 은유적인 변화를 넘어서 신학과 자연과학 사이의 대화를 위한 공통된 기초를 찾은 것 같았다. 하지만 자연법칙과 우연성에 관한 일치된 견해는 신학적 관점에서 자연적 실재에 대한 보다 구체적인 이해를 끌어내지는 못했다. 그런 점에서 힘과 운동에 대한 물리학적 개념과 더불어 시간과 공간이라는 보다 근본적 개념에 대해서도 신학적으로 접근할 필요가 있다.

공간과 시간

18세기 초, 공간 개념에 대해서 자연철학자들 간에 논쟁이 있었다. 그 논쟁의 중심에는 신학적 함의가 있었다. 뉴턴이 1706년에 출간한 『광학』(Optics)에서 하나님의 감각(sensorium Dei)으로서의 공간 개념을 제시한 것에 대한 라이프니츠(Gottfried Wilhelm Leibniz)와 사무엘 클라크(Samuel Clarke) 사이에 일치된 견해는 단순한 역사적 흥미 이상의 의미를 지닌다. 비록 아인슈타인(Albert Einstein)의 상대성 이론이 뉴턴의 절대적 공간 개념을 구시대적인 것으로 만들긴 했어도, 공간과 그에 대한 하나님의 관계에 관한 뉴턴의 사상은 그저 단순한 것만은 아니었다. 그래서 그의 사상 안에 어떤 것이 낡은 것이고 어떤 것이 유효한 것인지 자세히 살펴보는 것은 의미가 있다. 공간 안에서 움직이는 물체를 고려하지 않는 공간 내 질량의 절대적인 방향과 관계 개념은 분명히 낡은 것이었다. 그러나 하나님과 공간의 관계에 관한 뉴턴과 클라크의 사유에는 오늘날에도 여전히 적절하게 여겨지는 부분이 있다. 클라크는 라이프니츠에 반대하며 하나님 개념과 공간의 개념을 관련지은 뉴턴의 입장을 옹호했다. 라이프니츠는 뉴턴이 하나님을 부분으로 구성되어 있으며 분할가능한 존재로 간주하고 있다고 보았다. 클라크가 내세운 주장의 핵심은 무한하고 분할되지 않는 공간이 공간 내 모든 분할성(divisibility)에 선재해 있다는 것이고 그 무한하고 분할되지 않는 공간은 기하학적인 공간이 아니라 신적인 측량불가능성(immeasurability)으로 알수 있다는 것인데, 바로 이를 통해서 하나님은 특정 장소에서 각 피조물들에 현재할 수 있다는 것이었다. 이러한 논증은 순수이성비판(*Critique of Pure Reason*(1781))에서 칸트(Immanuel Kant)가 취한 것이기도 했다. 칸트는 특정한 공간 개념은 무한한 전체로서의 공간 개념을 전제한다고 보았다.(A 24-25) 그러나 칸트는 이러한 개념을 가지고 신학적 논증을 전개하지 않았는데, 그는 공간을 인간적 직관의 순수한 주관적 형식으로 이해했기 때문이다. 하지만 20세기의 사무엘 알렉산더(Samuel Alexander)와 같이 주관주의를 회의적으로 여기는 사람이라면 무한의 선재와 유한한 공간 개념에 대한 비분할적 공간이라는 신학적 개념을 수용하기 어렵다. 핵심은 공간의 모든 분할에 전제되어 있는 무한한 공간 그 자체는 측정 단위의 기초로 구성되는 모든 기하학적 공간 개념과 달리 비분할적이라는 것이다. 모든 기학학적 측정 단위는 그 자체로 일정량의 공간이다. 즉, 모든 측정 단위는 무한한 공간의 분할되지 않는 전체를 전제한다. 그러나 후자는 사실 측정 단위의 무제한적인 합산과 같이 기하학적으로는 지각될 수 없고, 모든 분할에 선재하고, 따라서 모든 측정에 선재해 있는 무한(an infinity)이다. 공간을 신적 실체의 속성으로 간주하는 스피노자(Benedictus de Spinoza)는 모든 기하학에 전제되어 있는 신적인 측량불가능성이라 볼 수 있는 분할되지 않는 공간과 무한(the infinity)을 무한한 기하학적 공간과 구별하지 않는 실수를 범했다. 그러한 구별이 분명하다면, 라이프니츠가 뉴턴에게서 의심한 것으로 보이는 범신론적 결과는 있을 수 없다. 부분들과 장소들로 구별되는 공간으로의 변이는 공간 내 유한한 실체의 외관과 그 실체들이 서로 맺고 있는 관계와 더불어 발생한다. 그러한 맥락에서 공간적 관계들의 상대성은 공간 내 변하는 질량에 대해 해명할 수 있다. 그러나 칸트가 강조하듯, 부분들로 구성되고 나뉘어지는 모든 공간은 항상 나뉘어지지 않는 전체 공간을 상정하고 있다. 왜냐하면 부분들은 주어진 공간, 즉 모든 기하학적 공간 개념보다 우선해 있는 공간 안에서만 성립될 수 있기 때문이다. 피조세계에 관한 편재성과 신적인 측량불가능성이라는 개념은 스피노자가 제시한 개념과 대조적으로, 뉴턴과 클라크의 경우와 같이 세계에 대한 신적인 초월성이 침해됨 없이 분할되지 않는 공간으로 적용될 수 있다. 아인슈타인 역시 이에 긍정적인 반응을 나타내긴 했지만, 그는 기하학적 공간과 신적 편재의 무한하고 나뉘어지지 않는 공간 사이를 구별하지 않았다.

공간과 하나님의 측량불가능성 사이의 관계는 시간과 하나님의 영원 사이의 관계와 유사하다. 칸트는 자신의 선험적 감성론에서 시간에 대해 다루었다. 그는 시간의 끝이 없고 나뉘어지지 않는 특성은 시간의 모든 분할과 그러한 분할에 관한 모든 사유를 위한 선결 조건이라고 보았다. "서로 다른 시간들은 단지 하나의 동일한 시간의 부분들일 뿐이다."(A 31) 분할되지 않는 전체 시간 혹은 전체 삶은 시간의 연속 안에서 분리된 순간들로 보이는데, 그것은 시간에 대한 플로티누스의 연구 이래로 신학적 전통과 철학적 전통 안에서 영원으로 불리어 왔다. 플로티누스가 말하길 영원은 시간의 연속 안에서 나뉘어지는 것처럼 보이는 것의 "분할되지 않는 완전함"(Enneads Ⅱ, 7, 11)이다. 그러한 생각을 후대에 전해준 보에티우스(Boethius)는 영원은 모든 생명체에 동시적이면서도 완벽하게 현재한다고 보았다.(interminabilis vitae tota simul et perfecta possessio [De cons. Phil. V, 6, 4]) 따라서 영원은 영원과 시간이 상호 간 동시적 공통성이 없다는 의미에서 무시간적인 것이 아니다. 도리어 플로티누스에게서, 시간은 영원에 기초해 있는데, 한 순간으로부터 또 다른 순간으로의 시간적 변화는 시간으로 나뉘어진 것의 전체, 즉 여전히 시간의 순간들의 연속과 분리 안에 실재하고 있는 영원 안에서만 이해될 수 있기 때문이다. 그와 동일하게 칸트 역시 개별적 시간들은 단지 하나의 동일한 시간의 부분일 뿐이라고 생각했다. 하지만 칸트는 더 이상 시간을 영원의 연합 안에 기초한 것으로 보지 않고, 공간의 경우와 유사하게 인간의 주체성 안에, 즉 모든 경험의 연합을 위한 기초가 되는 "지속하고 있는 나"라는 특정한 주체 안에 뿌리를 둔다고 보았다. 그러나 우리가 "나"의 시간성(temporality)을 염두에 둔다면, "나"의 연합 안에 시간이 뿌리를 두고 있다고 본 칸트의 견해는 플로티누스가 영원 개념 안에 시간을 근거 지은 것보다 더 심각한 문제를 갖고 있는 것으로 볼 수 있다.

자연에 관한 신학적 관점에 따르면, 하나님의 영원은 모든 시간적 사물들과 시간의 근원이자 완성으로서 시간 안에 현재한다. 하나님은 시간 속에서 나뉘어질 수 있는 것의 지속을 위한 조건이 된다는 점에서 근원(origin)이시며, 모든 시간적인 것들이 그 전체성을 실현하기 위한 미래를 향하고 있다는 점에서 완성(perfection)이시다. 그 미래를 통해 영원은 시간 속으로 들어온다.

그래서 공간과 시간 개념을 시간과 공간에 대한 측정을 통해서는 파악할 수 없다. 바로 이 점이 신학과 자연과학 사이 대화를 위해서 중요한 문제인데, 왜냐하면 시간과 공간의 관계에 대한 자연과학의 관심은 항상 측정가능성과 관련되어 있기 때문이다. 그러나 공간과 시간 개념은 측정 행위보다 더 근본적이다. 이 점을 간과하면, 신학과 과학 사이의 대화는 결렬되고 만다. 측정을 위한 모든 단위 그 자체는 시간적이고 공간적인 한계를 지닌 부분적인 것으로서 이미 시간과 공간을 전제하고 있다.

자연의 행위 안에 현존하는 하나님의 행위

공간과 시간이 신적 측량불가능성과 영원과 관련되어 있다는 주제보다 더 설명하기 어려운 문제는 자연 사건 속에서의 힘의 작용과 하나님의 관계에 관한 것이다. 이 주제는 성서에 토대를 둔 창조 신학에 있어서 중요하다. 왜냐하면 그것은 시초뿐 아니라 전체 역사 과정 내에서 행동하시는 하나님에 관한 주제와 관련되기 때문이다.

이 주제는 17-18세기, 세계에 관한 기독교 신학적 진술과 자연과학적 기술이 서로 큰 차이를 보인 지점이기도 하다. 주목할 점은 자연적 과정에 관한 기계주의적 해석이었는데, 이러한 관점은 18세기에 데카르트에 의해 제시되고 성취되었다. 이러한 관점은 뉴턴의 의도와 달리 모든 힘의 증거들을 물체와 다른 물체에 미치는 영향들에서 찾고자 했다. 이러한 시도는 근본적 차원에서 신을 배제하고 자연적 사건을 해석하는 결과를 초래했다. 왜냐하면 현대의 철학적 신학이 신에 관한 스콜라적 교리를 따르는 한 지점이 있다면, 그것은 신은 물질이 될 수 없다는 것이었기 때문이다. 결국 신으로부터 나오는 힘의 결과라는 개념과 자연 사건 안의 신적 행동이라는 개념은 처음부터 배제될 수밖에 없었다. 마침내 신은 자연 세계로부터 무참히 퇴장 당하고 말았다.

자연적 사건에 대한 무신론적 관점이 가져올 결과에 경각심을 갖고 있다면, 우리는 자연적 과정을 진술함에 있어서 장 개념을 통해서 잠재된 함의를 설명할 수 있다. 이러한 시도는 패러데이(Michael Faraday)의 연구에 영향을 받은 바가 크다. 그렇다고 전자장이야말로 자연 안에서 행동하시는 하나님을 이해하는 유용한 모델이 된다는 것을 의미하는 것은 아니다. 그러나 장의 영향력이 상당 부분에 이르기까지 질량에 있어서 상호적이라 하더라도, 패러데이 이후로 초점은 모든 물리적 현상을 장의 현현으로 해석하는 것이었다. 이러한 관점은 운동력이 궁극적으로 자연 안의 물질이 아니며, 물체로부터 발생한 것도 아니라는 점을 나타내고자 하는 뉴턴의 의도와 일치했다. 따라서 뉴턴은 우주에서의 하나님 행위에 대해서 우리의 정신이 몸의 부분들을 움직인다는 식의 비유와 같이 이해했다.

하지만 신학에서 장 개념의 적용은 자연 내 하나님 행위의 문제보다는, 신론의 내적인 문제로 다루어졌다. 요한복음(4:24)에서 "영"으로 묘사되는 하나님은 오리게네스(Origen) 이래 이성(Nus)으로, 즉 육체없이 존재하는 이성적 실재로 간주되어 왔다. 그러나 이러한 플라톤적 해석은 성서에 기록된 단어 프뉴마(*pneuma*)나 히브리 단어 루아흐(*ruah*) 개념에 대한 적절한 해석이 아니다. 이 두 단어는 기본적으로 공기, 숨 혹은 바람이란 의미를 지닌다. "영"으로 번역되는 프뉴마는 그리스 사상에서 아낙시메네스(Anaximenes)의 영향을 받은 후기 스콜라 철학과 스토아학파에 의해 발산(exhalation)이라는 의미로 사용되곤 했다. 스토아 교리에 따르면, 모든 물질 중 가장 미세한 것으로 간주되는 공기는 장력을 통해 모든 것에 스며있다. 오리게네스보다 일찍이 기독교 신학자들도 신약성서에서의 하나님 진술을 그와 같은 의미로 이해했다. 오늘날 가장 저명한 과학자 중 한 명인 막스 얌머(Max Jammer)는 물리학에 사용되는 기본적 개념의 역사를 연구한 학자로서, 현대 물리학에서의 장 개념의 선구적 개념이 고대 프뉴마 교리에 있음을 밝혔다. 사실, 가시적 측면에서 역장(force field)은 장력이 충만한 공기라 할 수 있다. 그러나 현대적 장 개념들은 고대의 프뉴마 개념과 차이가 있다. 가령, 장의 작용은 심지어 19세기에 처음 상정되었듯이 "에테르"나 공기와 같은 물질적 매개를 필요로 하지 않는다. 장의 작용은 그러한 매개 없이도 확장될 수 있다. 하지만 스토아 교리에서 공기와 같이 모든 것에 침투해 있는 프뉴마를 생각하는 물질주의는 오리게네스에게 요한

이 하나님을 영으로 기술한 것에 대한 해석으로서의 개념과 충돌하는 것으로 간주되었다. 하나님을 몸으로 인식함으로써 분할되고 부분들로 하나님이 구성되어 있다는 불합리한 사상은 결국 프뉴마를 정신으로 해석하는 단초가 되었고, 따라서 하나님을 육체와는 동떨어진 이성적인 존재로 여기는 발단이 되었다. 그러나 그러한 해석은 프뉴마라는 단어를 오해한 것이다. 그런 점에서, 고대 프뉴마 교리의 대체물로서의 장 개념은 신학에 도움이 된다. 왜냐하면 그것은 프뉴마를 물질적 매개 개념과 구분해 줄 수 있기 때문이다. 신적 존재가 아버지, 아들, 성령의 세 인격들 안에 현현하는 장으로 이해된다면, 우리는 오리게네스가 반대한 육체로서의 하나님 개념에 정당성을 부여할 수 있고, 프뉴마라는 단어의 의미도 여전히 고수할 수 있다.

그와 같은 장 개념을 신학적으로 사용하는 것은 단지 은유에 해당할까? 그럴 수도 있을 것이다. 그럼에도 장 개념의 적용을 위한 하나의 근본적 요구사항은 신학에 의해, 즉 공간과 시간의 관계에 의해 갖춰질 수 있다. 비록 공간에 대한 모든 기하학적 묘사와 신적인 영원 안에서 분할되지 않는 시간의 단위로 전제된 분할되지 않는 신적인 측량불가능성의 무한한 공간에 관한 담론이 모든 시간적 결과의 가능성을 위한 요건일지라도 말이다. 장으로서의 하나님의 신성이라는 프뉴마적 본질에 대한 해석은 모든 기하학적 기술보다 선재하는 공간과 시간의 분할되지 않는 연합에 적용될 수 있다. 그러한 해석은 물리학의 개념과 구별되지만, 공간과 시간에 관한 개념과 마찬가지로 물리학적 개념들의 선재 조건으로 여겨져야 한다. 따라서 신적인 전능성의 장은 물리학에서 말하는 실재로서의 장과 충돌하지 않으며, 자연의 힘들로 완벽하게 표현되지 않는다 해도 자연의 힘과 관련되며, 또한 그것을 넘어서서 작용한다고 볼 수 있다. 신적인 편재는 빛의 속도에 구속되지 않기 때문에, 신적인 전능의 장 효과 역시 파동을 통한 중재를 필요로 하지 않는다. 파동의 형식 안에서의 팽창 개념은 특히 고전물리학에서 장 효과의 양적인 기술에 있어서 매우 중요한데, 그것은 그 자체로 장 개념의 구성요소가 되지는 않는다. 반면에 공간과 시간의 관계를 고려하지 않는 장 개념은 공허하다. 우리가 파동을 통한 장 영향의 재생산 없이도 장 개념을 인식한다면, 우리는 또한 장 효과로서 현상들 사이의 비국지적이고 즉각적인 소통도 인식할 수 있다.

창조와 진화

이 논문에서 지금까지 언급한 것을 우주 역사에서 출현하는 피조물에 대한 신학적 해석에 적용하기란 가능하지 않다. 나는 창조교리에 대한 진술을 통해 조직신학적인 해석을 제시했다. 오늘날 신학과 자연과학이 그러한 해석을 위한 기초에 관한 이해에 도달할 수 있도록 대화하는 것은 보다 중요해졌다. 여기서 내가 제안하고 싶은 바는 다음과 같다. 영원과 시간 사이의 관련성에 대한 핵심은 존재하는 것의 의미를 밝혀주는 미래에 달려있다. 미래를 통해서 영원은 시간으로 들어온다. 미래로부터 새롭고 우연적인 사건들이 창발하며, 존재하는 모든 것들은 미래로부터 존재의 가능한 통전성을 기대하고 수여받을 수 있다. 모든 것들은 하나님의 통치를 향해 전진한다. 그러나 하나님의 통치는 하나님의 미래로부터 피조물의 현재 안에서 이미 작용하고 있다. 피조물의 관점에서 이 관계는 역전된 것처럼 보인다. 미래는 과거로 알려진 것과 현재의 것의 추론으로 간주되기 때문이다. 우주 역사에 있어서도 사실 그러하다. 신화적 세계에서 사람들은 우주의 질서를 우주의 시작에 기초하여 파악하고자 했다. 이러한 점은 또한 성서의 창조에 관한 진술에서도 명백하게 드러난다. 물론 성서에서 문학 양식과 신화는 다르긴 해도 말이다. 그러나 최초의 7일에 모든 피조물이 기원하고 있다는 관점은 성서적 관점과 충돌한다. 성서에서 하나님은 창조세계의 미래의 완성을 향해 역사 안에서 전혀 새로운 일들을 행하고 계시는 분으로 묘사되고 있기 때문이다. 처음부터 모두 완성되기 때문에 이후에 변화는 없다고 보는 창조에 관한 관점은 오랜 기간 신학자들과 자연과학자들 사이에 특별히 진화론에 관한 논란의 시기에 상당한 문제를 가져왔다.

하지만 창조신학과 자연과학의 공명을 위해 매우 중요한 점은 생명의 진화가 새롭고 우연적인 사건들이 계속적으로 발생하는 되돌릴 수 없는 과정을 드러내 준다는 점이다. 우주의 역사에서도 그러하다. 생명의 기원, 진화와 우주론의 영역에 관하여, 세계에 대한 자연과학자들의 이해와 기독교 신학의 이해 사이의 걸림돌들은 점차 사라지고 있다. 교황 비오 12세가 우주 팽창 모델을 들어 신의 존재 증거라고 주장한 것처럼 과학적 증거를 들어서 하나님의 존재를 설명하려는 방식은 그리 적절하지 않다. 창조와 같은 세계의 사건들에 대한 신학적 해석은 자연과학 안에서 실제적인 발전들과 더불어 공명하며 발전해갈 수 있을 뿐이다. 그래서 창조교리는 기꺼이 새로운 것을 배우는 일에 열려 있어야 한다. 그저 우주에 관한 과학적 전망이라는 변화에 대해 경계하며 변증하는 차원이 아니라, 우리의 변화하는 경험적 지식에 관해 진리를 찾고자 하는 신학적 해석의 발전을 이루는 차원에서 말이다. 그러할 때 신학은 여러 지식을 성서적 하나님의 창조세계라는 기독교적 이해로 통합시켜 갈 수 있다.

근대사의 과정 중 벌어진 과학과 신학의 갈등들
Problems between Science and Theology
in the Courses of Their Modern History

19세기는 과학과 기독교 신학 사이에 "전쟁기"라고 부른 시기이기도 하다. 이는 앤드류 화이트(Andrew White)가 1896년에 처음 출간한 책의 제목이기도 하다.[1] 그 당시는 고전물리학이 지배하던 시기로, 근대 자연과학은 승승장구했다. 갈등은 코페르니쿠스(Copernicus)와 갈릴레오(Galileo)로부터 시작되었다. 지동설의 세계관과 성서의 권위 사이에 긴장이 있는 동안, 둘 사이에 전쟁이라는 관념이 지배적으로 형성되었다. 그러나 코페르니쿠스도 갈릴레오도 그러한 충돌을 의도한 것은 아니었다. 로마에서의 갈릴레오에 대한 부정적 반응과 그 불운한 결과들은 막대한 손해를 가져다 주었지만, 기독교 신앙

---

1) Andrew Dickson White, *A History of the Warfare of Science with Theology in Christendom* (New York: D. Appleton, 1896).

에 대한 과학자들의 긍정적인 태도를 약화시킨 것은 아니었다. 또한 로마에서의 결정 역시 갈릴레오에 대한 과학적 대응이라기보다는 교회의 권위에 관한 문제 때문이었다. 개신교의 입장인 루터(Martin Luther)는 1539년 탁상담화에서 자신은 여호수아가 지구가 아니라 태양을 멈추도록 명령한 것(수 10:12-13)을 믿으며, 자연의 질서에 따르면 태양이 지구 주변을 도는 것이지, 그 반대는 아니라고 말했다. 성서적 문자주의는 오랫동안 지속되었고, 이는 개신교 신학자들이 코페르니쿠스의 관점을 수용하는 데 어려움을 가져다주었다. 요하네스 케플러(Johannes Kepler)가 일찍이 1596년에 여호수아서 내용의 초점은 여호수아가 아모리 족속과의 전쟁이 끝날 때까지 오랫동안 기도한 것에 있다고 언급하긴 했어도 말이다. 그 당시만 해도 자연의 책과 여호수아서 사이에 실질적인 충돌은 없었다.

그러나 과학과 기독교 신학 사이에 보다 심각한 문제들은 데카르트의 자연철학에서의 관성의 원리(*principle of inertia*)가 소개되면서 발생했다. 관성의 원리의 요점은 데카르트가 제시한 운동 개념에서 알 수 있다. 그것은 물질적 실재에 대한 그 자신의 사상과 밀접한 관련이 있다. 데카르트는 운동을(휴지와 같이) 운동하고 있는 물질의 속성으로 이해했다.(*Principia* II, 31-32) 태초에 하나님은 물체를 운동과 함께 창조했고, 모든 피조물에 운동을 부여하셨다는 것이다. 데카르트는 하나님의 불변성으로 인해, 하나님은 피조물의 상호작용 안에 간섭하지 않고 운동과 휴지(rest)의 양을 태초의 때와 동일하게 보존한다고 보았다.(II, 36) 갈릴레오의 사상에 기초하여, 에드윈 버트(Edwin A. Burtt)가 1924년에 데카르트의 자연 철학에 관해 설명했듯이[2], 데카르트는 하나님을 우주의 최종적 원인으로 보는 입장에 반대했고, 하나님과 세계의 관계를 단지 하나님이 "운동의 최초 원인으로, 즉 거대한 수학적 기계의 규칙적인 공전(revolution) 안에서 영원히 계속되는 우주의 발생 사건에 관여한" 것으로 이해했다. "자연적 과정을 주로 목적론적으로" 여기던 세계에 대한 "플라톤-아리스토텔레스적 기독교적 세계관과 근본적으로 다른 것"이라고 했던 버트의 생각은 옳다.[3] 그러나 결정적인 점은 최종적 원인들의 폐지에 있는 것이 아니라 하나님을 단지 우주에 효과적으로 작용하는 원인에 상응하는 존재로 강조했다는 점이다. 결정적인 변화는 데카르트가 신적 불변성을 구실로 창조주가 자신의 피조물에 간섭하는 것을 부인했다는 점이었다. 데카르트는 창조세계가 창조주에 의한 지속적인 보존이 필요하다는 점을 부인하지 않았으며, 하나님의 불변성 때문에 하나님은 태초에 알려진 상태로 정확하게 창조세계를 보존하신다고 보았다. 그러므로 하나님은 그의 창조세계 내에서 변화의 원인이 될 수 없다. 모든 변화는 피조물들 사이에서 이뤄지는 운동을 통한 기계적 상호작용의 결과로 이해되었다.

자연의 발전과정에 대한 기계론적 관점의 첫 번째 원리는 데카르트가 자연의 첫 번째 법칙이라고 본 관성의 원리였다.(Ⅱ, 37) 관성의 원리는 모든 것이 운동하든 정지하고 있든 본래의 상태를 유지하는 경향을 지닌다는 것을 가리킨다. 이 원리는 모든 운동은 정지

---

2) Edwin A. Burtt, *The Metaphysical Foundations of Modern Science*, 2nd ed. (New York: Doubleday anchor Books, 1932), 113.
3) 위의 책.

하려고 하는 경향을 지닌다고 본 아리스토텔레스-스콜라 운동이론
에 변화를 가져왔다. 이 전통적인 관점은 운동을 발생시키는 외부적
인 요소를 필요로 했다. 토마스 아퀴나스(Thomas Aquinas)가 『신학
대전』(*Summa theologia*) 1, 2, 3장에서 밝힌 것처럼 움직이는 것은 다
른 것의 작용으로부터 움직인다.(Omne quod movetur, ab alio movetur)
데카르트는 그러한 외부적 요인을 필수적인 것으로 보지 않았다. 왜
냐하면 현재의 운동을 휴지기(rest)와 같은 물체의 "상태"로 간주했
기 때문이다. 상태 개념은 운동과 휴지기를 포함하는 포괄적인 용어
로서 통용되었다. 따라서 하나님이 자신의 피조물을 보존하는 활동
은 태초에 창조세계가 수여받은 운동의 상태를 유지하는 것으로 이
해되었다. 그 결과 하나님의 불변성에 따라서, 자연 세계의 모든 변
화들은 피조물의 상호 반응에 의한 것으로 일어난 것이지, 어떤 신
적인 간섭으로 발생한 것이 아닌 것으로 받아들여졌다. 그래서 관
성의 원리는 신적 활동과는 독립된 자연 세계라는 세계관을 가져왔
다고 볼 수 있다. 그 결론은 이신론(deism)이었다. 즉, 하나님이 태초
에 행하신 것에 기초하여 자연의 과정은 그 자체의 기제에 따라 전
개된다는 것이다.

　이와 같이 데카르트의 세계관이 무신론적 결과를 가져온 것에 대
해 뉴턴(Isaac Newton)은 회의를 품었다.[4] 뉴턴은 운동의 원인으로
서 힘 개념을 제시했다. 그는 자신의 저서 『자연철학의 수학적 원
리들』(*Mathematical Principles of Natural Philosophy*, 1687)에서 관성

---

4) See A. Koyré, *Newtonian Studies* (London: Chapman and Hall, 1965), 93-94, 109.

의 원리를 물체 내재적인 것(*vis insita*)으로서의 힘 개념으로 재구성했다. 뉴턴은 이 힘과 바깥에서 주어지는(*vis impressa*) 힘을 구분했다. 그는 외부적인 힘들 중에는 기계적으로 이해될 수 없는 것들이 있음을 인정했다. 『수학적 원리』 서문에서 그는 자신의 관점이 자연을 기계와 같이 파악한다고 읽힐 수 있음을 언급한다. 그러나 『광학』(*Opticks*, 1706)에서 뉴턴은 최초의 원인은 기계적이지 않으며, 중력과 같은 비물질적인 힘들이 있다고 강조했다.[5] 그런 이유로 에드윈 버트(Edwin Burtt)는 "어떻게 뉴턴이 물리 영역에서 엄격한 기계주의 입장을 옹호한 사람으로 여겨지는지 의아하다"고 말했다.[6] 데카르트와 달리, 뉴턴은 1713년 프린키피아 2판의 부록인 『일반 주해』(*General Scholium*)에서 하나님은 모든 것을 창조했을 뿐 아니라 "통치하며", 하나님 안에서 모든 것들은 "운행한다"고 밝혔다. 그는 『광학』에서 우리 인간이 자신의 의지로 "몸의 각 지체"를 움직이듯 하나님이 모든 것을 움직인다고 설명했다. 버트는 뉴턴의 입장을 다음과 같이 요약했다. 하나님은 "운동의 궁극적인 창시자(originator)이며, 언제든지 본체에 운동을 가할 수 있다."[7]

18세기에 물리학의 발전은 자연철학과 종교사상을 결합한 뉴턴의 방식을 따르지 않았다. 임마누엘 칸트가 태양계의 동역학적 기원에 관한 자신의 사상을 제시했을 때, 그는 우주의 작용인(efficient cause)으로서 창조주 하나님을 제시한 바 있다. 피에르 시몽 라플라

---

5) Ibid., 109.
6) Burtt, *The Metaphysical Foundations*, 243.
7) Ibid., 261.

스(Pierre Simon Laplace)는 우주의 창조주로서의 하나님 가설은 더 이상 필요 없다고 주장하며 칸트의 이론에 힘을 실어주었다. 원리의 문제로서 힘 개념이 또 다른 물체에 가해지는 물체의 발현하는 힘으로 간주될 때, 다시 데카르트적인 기계론적 세계관이 도래했다.[8] 그 세계관은 무신론적 사상을 함축하고 있으며, 뉴턴이 경계했던 부분이기도 했다. 18세기에 이러한 경향은 강력했다. 관성의 원리는 더 이상 신적인 불변함이라는 가정에 기초를 둘 필요가 없었다. 뉴턴 자신은 운동 혹은 휴지의 "상태"를 지속하는 물체의 경향성을 선천적 힘(vis insita)으로 규정함으로써 관성의 원리와 신의 불변성을 분리시켰다. 얼마 지나지 않아 이러한 맥락에서의 힘 개념은 단순하게 물체의 속성으로서의 관성 개념으로 대체되었다. 자연에 관한 진술에서 신적 간섭이나 도움(succor)의 필요를 제거하는 이러한 움직임은 힘은 전적으로 물체에서 나온다는 생각으로 점차 자리 잡았다. 이러한 변화는 물체와 전혀 다른 것으로 여겨지던 하나님이 하신 일로 간주되던 자연의 과정 안에서 신의 간섭을 탈각시켰다.

자연 과정에 관한 기계론적 해석은 결정적으로 신학과 자연과학 사이에 소외를 가져왔다. 흄(David Hume)이 그의 『인간 오성에 관한 탐구』(*Inquiry Concerning Human Understanding*, 1748, chap. 10)에서 기적을 거부한 유명한 일은 그 자신이 원칙적으로 자연에서 신의 간섭을 배제한 것으로 볼 수 있다. 그리고 이러한 흐름은 그 당시 기계론

---

8) See Max Jammer, *Concepts of Forces: A Study in the Foundations of Dynamics* (Cambridge, Mass.: Harvard University Press, 1957), 188ff., 200ff.

적 자연철학 안에서 흔히 있던 일이었다. 특별한 사건을 가리켜 아우구스티누스의 생각에 경도되어 기적이라 여기는 것에 대해서, 흄이 "자연법칙을 교란"한다고 비판한 점은 옳았다. 그는 "일상적인 경험과 전혀 다른" 것에 대한 모든 개념을 부정했는데, 이는 뉴턴뿐 아니라 로크(John Locke)와도 상당히 다른 점이기도 했다.

신학과의 갈등 속에서 물체에 힘의 근원을 두는 문제를 논하면서, 사람들은 패러데이(Michael Faraday)가 제시한 힘의 장 개념이 반대의 국면을 가져다 줄 거라 기대했다. 물질적 현상을 장의 현현으로 이해한 패러데이의 관점은 과학과 신학의 관계에 변화를 가져왔다.[9] 하나님이 자연 사건 과정에 영향을 끼치는 육체로서 사유되지 않는 반면, 신적 영은 장으로 쉽게 개념화될 수 있었기 때문이다. 특히 얌머에 따르면, 우주적 원리로서 프뉴마(pneuma)에 대한 고대 스토아 학파의 개념은 현대 물리학의 장 개념에 "즉각적인" 개념적 단초를 제공했으며, 바로 이러한 점은 바람이나 숨과 같은 "운동 중에 있는 공기"라는 의미로서의 영에 관한 성서적 개념의 뿌리가 되었다고 할 수 있었다.[10] 그러나 맥스웰(James Clerk Maxwell)의 장 이론에서 장은 물체 혹은 질량과 상호 관련성이 있는 것으로 이해되었다. 그리고 아인슈타인이 물체의 현상과 관련하여 장의 우선성에 관한 패러데이의 개념을 재구성했을 때, 그는 시공의 우주적 장을 기

---

9) See May B. Hesse, *Forces and Fields: The Concept of Action at a Distance in the History of Physics* (London: Nelson, 1961), 201ff.
10) See Max Jammer, "Field," in *Historisches Wörterbuch der Philosophie* 2 (1972): 924.

하학적으로 기술했지, 역장에 대한 패러데이의 개념에 입각하지는 않았다.[11] 따라서 과학과 신학의 대화를 위한 장 개념의 가능성은 최근의 몇몇 신학자들[가령, 토마스 토렌스(Thomas Torrance)와 나 자신]에게 와서야 주목받았다.

자연세계에 대한 기계론적 서술의 절정 시기, 하나님 존재에 관한 합리적 논증이라는 진지한 주제가 신학적 관심사로 자리 잡았다. 특히 유기적인 세계에서 설계 진술이나 목적론적인 질서가 피조물을 창조한 설계 정신(designing mind)이 실존한다는 사실을 드러내고자 했다. 이러한 점은 찰스 다윈(Charles Darwin)이 "적응은 임의적 변이와 자연선택으로 설명가능하다는 걸 보여줬을 때"[12] 다윈과 그의 진화론에 관한 논쟁에 있어서 첨예한 갈등이 일어난 배경이기도 하다. 비록 찰스 고어(Charles Gore)에 의해 1889년에 편집된 『세상의 빛』(*Lux Mundi*)과 같이 매우 일찍부터 다윈의 이론에 대한 신학자들의 긍정적인 반응들이 있었다 하더라도, 유기체들의 자연적 진화에 대한 사상을 적대시하는 신학자들은 여전히 남아있었다. 성서의 창조 이야기 자체가 하나님이 땅(*the earth*)에 명령하여 식물과 심지어 동물을 비롯한 피조물을 내도록 한 것으로 서술되어 있는데도 말이다. 하나님은 그 자신 홀로 창조사역을 행하셔야 할 필요가 없으셨다. 하나님은 피조물의 도움을 활용하셨다. 땅이 원시 생물뿐 아니

---

11) See William Berkson, *Fields of Force: The Development of a World View from Faraday to Einstein* (New York: Wiley, 1974), esp. 50ff., 148ff., and 317-318.
12) Ian Barbour, *When Science Meets Religion* (New York and London: 네츠, 2000), 28-29.

라 고등 동물까지 내는 걸 수용하고 있는 것을 보면 성경은 다윈보다 더 대담하다 할 수 있다. 그래서 신학자들이 낮은 층위로부터 고등의 종으로 진화한 것은 말할 것도 없고 무기(inorganic) 생물로부터 유기 생물이 출현했다는 것에 반대하는 성서적 이유들은 발견하기 어렵다. 물론 성서의 기록이 진화사상을 염두에 둔 것은 아니며, 최초에 발견된 것을 유지하고자 하는 창조 질서 개념의 결과로서 종의 지속성을 확신했다. 그럼에도 하나님의 창조 행위의 중개자로서의 "땅"은 중요하다, 특히 계속되는 하나님의 창조 행위의 사상과 관련지어서, 다른 성서 본문들에 의해 뒷받침되듯 말이다.

자연선택을 제시하는 다윈 이론에 대한 비평가들에게, 다윈 이론은 자연 과정에 대한 기계론적 기술의 또 다른 승리처럼 보였다. 가령 독일의 에른스트 헤켈(Ernst Haeckel)과 같은 물리주의 과학자들은 다윈 이론에 대해 열렬한 지지를 보냈다. 그러나 "창발적 진화"와 "유기적 진화"의 관점에서의 진화 개념의 발전은 진화 이론이 생물학적 결정론을 주장하는 것이 아니라 진화과정 속에서 새로운 것의 창발을 허용한다는 것을 분명히 보여 주었다. 1970년대 후반, 자크 모노(Jaque Monod)는 그의 『우연과 필연』(Chance and Necessity)에서 진화과정에 대한 신학적 해석으로서 우연(chance)과 우연성(contingency)의 긍정적 가치를 주목하지 않았다.[13] 우연은 단지 설계 논증을 파괴하는 것으로만 언급되었다. 그러나 자연에 관한 신학적 해석의 차원에서, 우연 혹은 우연성이라는 요소는 설계보다 훨

---

13) Jaque Monod, *Chance and Necessity* (New York: Knopf, 1972).

씬 더 중요하다. 왜냐하면 우연성과 새로움의 창발은 자연세계와 역사 과정 속에서의 하나님의 계속적 창조 행위에 관한 성서의 관점에 상응하기 때문이다.

자연적 과정에서의 우연성과 새로움은 신학적으로는 하나님의 계속적인 창조 활동이라 말할 수 있다. 창조의 첫 행위가 창조주의 자유를 표현한 것과 같이, 하나님의 계속되는 창조 행위 역시 그러하다. 이때 계속적인 창조 행위는 자연 과정에서의 우연성의 요소로 드러난다. 바로 그러한 이유로, 나는 1970년, 토마스 토렌스의 『신적이고 우연적인 질서』(Divine and Contingent Order)에 실린 「우연성과 자연법칙」이라는 논문에서 우연성의 주제를 강조한 바 있다.[14] 모든 사건이 유일무이하게 새로운 것이 되는 결과를 수반하는 시간의 비가역성과 양자 이론에 따른 개별적 사건들의 비결정성은 자연적 과정들이 기본적으로는 우연적 사건들의 결과들이라는 관점을 지지했다. 그러나 이 우연성은 자연 과정을 설명해주는 자연법칙과 충돌하지 않는다. 왜냐하면 우연적 사건들의 유일회적 발생 속에서 규칙성(regularities)이 발견되는데, 자연법칙은 바로 그 규칙성을 형식화한 것이기 때문이다. 자연법칙 개념에서의 필연성이라는 요소는 그러므로 자연적 사건들에서의 근본적인 우연성과 배치되지 않는다. 자연 사건들 안에서는 예측불가능한 우연성과 진귀함이 실재하고 있긴 하지만 말이다. 로버트 러셀(Robert J. Russell)은 나의 견해

---

14) Thomas Torrance, *Divine and Contingent Order* (New York: Oxford University Press, 1981).

에 비판적으로 응답했다.[15] 그 당시에, 러셀은 실제 사건들("국지적"이든 "세계적인" 우연성이든 상관없이)의 발생에서 우연성을 합당하게 주장할 수 있을지에 대해 회의적이었다. 그러나 베르너 하이젠베르크(Werner Heisenberg)의 오랜 제자이기도 한 한스 피터 뒤르(Hans-Peter Dürr)와 같은 양자 물리학자는 일찍이 1986년에 양자 물리학의 세계를 개방계의 관점에서 이해했고, 다음과 같이 서술했다, "어떤 점에서 양자 세계는 모든 순간마다 새로운 것을 향해 있다."[16] 그리고 일리야 프리고진(Ilya Prigogine)이 소개한 소산적 체계(dissipative systems) 내에서의 변화(fluctuations)에 대한 열역학적 연구에 따르면, 예측불가능성과 우연성은 심지어 거시물리학적 과정 안에서도 발생한다.[17] 혼돈적 과정을 관찰하다 보면, 결정론적이면서도 비결정적인 면을 발견하며, 심지어 "혼돈의 신학"(chaos theology)에 대한 논의도 가능하다.[18] 나는 이론적 기술(description)의 결정론적 특성에도 불구하고 "자연계는 분기점(bifurcation point)에서 비결정적이다"[19]라고 한 본팅(Sjoerd Bonting)의 견해에 동의한다. 그뿐 아니라 분기가 일어날 때 신의 "개입"(intervention)이 있다고 신학적으로 옹호하

15) Robert J. Russell, "Contingency in Physics and Cosmology," *Zygon* 23 (1988): 23-43.

16) Hans-Peter Dürr, "Über die Notwendigkeit, in offenen Systemen zu denken," in *Die Welt als offenes System*, ed. G. Altner (Frankfurt: Fischer, 1986), 17.

17) Ilya Prigogine, *From Being to Becoming: Time and Complexity in the Physical Sciences* (San Francisco: W. H. Freeman & Company, 1980).

18) Thus, we have the title of a book by the biochemist Sjoerd L. Bonting, *Chaos Theology: A Revised Creation Theology* (Ottawa: Novalis Publishing, 2002). See also A. Ganoczy, *Chaos, Zufall, Schöpfungsglaube* (Mainz: Griinewald, 1995). See also R. J. Russell, Nancey Murphy, and Arthur R. Peacocke, eds., *Chaos and Complexity: Scientific Perspectives on Divine Action* (Vatican City State: Vatican Observatory, 1995).

19) Bonting, *Chaos Theology*, 33.

는 그의 생각에도 동의한다.[20] 나는 "틈새의 하나님"의 또 다른 형태로 왜곡되는 위험을 인지하면서 본팅이 말하는 방식에 관해 어느 정도 거리를 두는 아서 피콕(Arthur Peacocke)의 견해도 이해한다. 그러나 우연성이 자연적 과정 안에서 예외가 아니라 모든 사건들의 근본적 특성이라고 한다면, 자연법칙의 관점에서 기술되고 과정 중에 발생하는 규칙성에도 불구하고, 우연성은 결코 틈새의 문제가 아니다. 이제 우연성은 크게 보면 자연에 대한 다른 관점의 문제인 것이다. 하나님이 창조세계와 상호관계를 맺는 것은 분명히 전체 창조세계와 관련되어 있다. 왜냐하면 영원하신 하나님은 창조세계의 완성 시점으로부터 창조세계를 조망하기 때문이다. 그러므로 부분에 대한 전체의 영향, 즉 "하향식 인과율"(top-down casuality)이 성립된다. 또한 하나님은 본팅이 "우리가 만일 피조세계에 대한 하나님의 '개입'을 부인한다면, 우리는 뉴턴의 사고와 관련된 이신론적 하나님으로 후퇴한다"[21]고 강조한 바와 같이 각각의 개별적 피조물에게도 창조적으로 관계를 맺으신다.

---

20) Ibid., 51.
21) Ibid.

섭리, 하나님 그리고 종말론
Providencd, God, and Eschatology

근대 개신교 신학은 2세기 넘게 역사를 신학적으로 해석하는 일에 관심을 기울였다. 오늘날 그러한 논의는 랭던 길키(Langdon Gilkey)의 영향을 받고 있다. 왜냐하면 길키는 그와 같은 논의가 섭리에 관한 고전적 주제와 현대적 재해석의 필요에 대해 세심한 주의가 필요하다는 점을 제시해 주었기 때문이다. 길키가 제대로 밝힌 것처럼, 섭리 교리는 역사에 관한 주제와 역사에 대한 신학적 해석과 관련해서 새로운 통찰을 제공해주는 요소가 될 수 있다. 실제로 누구든 역사 신학의 관점에서 논의했던 모든 것을 섭리 사상으로 다 설명해보려는 유혹을 받을 수도 있다. 그리스도의 성육신, 교회의 역사, 모든 인간 역사의 종말론적 완성을 포함한 구원과 계시의 성서적 역사가 바로 역사 신학에서 관심을 가진 주제들이었다. 피조된 실재의 신적 통치 개념은 비록 죄와 악의 현실에도 불구하고 모든 문제들을 설명해주는 것으로 논의되곤 했다.

랭던 길키는 하나님의 보존과 창조세계의 다스림에 관한 전통적인 섭리 개념을 보다 심도 있게 연구하고자 했다. 그는 섭리가 "성육신과 속죄 그리고 궁극적으로는 종말론에 의해 보충되어야 한다"고 보았다.[1] 이러한 관점은 기독론적으로 섭리를 이해하고 종말론적 미래에 대해 "현재적 종말론 신학"을 강조하던 신정통주의 신학의 일방적 관점에 대한 보완적인 입장이기도 했다. 길키는 신정통주의 입장을 부인하지는 않았지만, 섭리라는 주제로 보충하고자 했고, 배타주의를 극복하고자 했다. 길키는 신정통주의의 약점을 발견했는데, 그것은 역사 사회적 실재의 세계가 소거되어 버린다는 점이었다.[2] 종말론적 신학에 대해서 그는 역사에 대한 진보주의적 관점이 회복되었지만, 그러한 관점은 "다가올 지상적 나라의 이름으로 급진적인 사회적 변화"를 추구하는 태도에 의해 급진적인 사회 변화에 내재되어 있는 모호성을 무시하는 위험을 가져왔다고 지적했다. 죄는 과거에 집착하는 특권이 아니라 인간의 자유 자체의 부패 속에 도사리고 있기 때문에[3] 급진적인 사회 변화는 새로운 형태의 불의를 초래할 수 있다. 신정통주의이든 희망에 관한 현대 신학이든 두 가지 경우 모두 섭리를 신학적 연구영역에서 하찮은 것으로 여긴 게 사실이었다.[4] 그러나 길키는 섭리를 기독론과 속죄뿐 아니라 종말

---

1) Landon Gilkey, *Reaping the Whirlwind: A Christian Interpretation of History* (New York: Crossroad, 1981), 266.
2) Ibid., 216ff., 특별히 225-226을 참고하라.
3) Ibid., 226, 236-237, 258.
4) Ibid., 231.

론에 있어서도 필수적인 주제로서 주목한다.

혹자는 궁금할 것이다. 길키가 신정통주의에 대해 지적한 내용인 사회 역사적 실재에 대한 부정적인 태도가 실제로 모든 신정통주의의 특징인지 말이다. 그러한 특징이 루돌프 불트만(Rudolf Bultmann)의 사상에서 나타난다는 점은 분명하다. 그리고 그가 표방한 실존주의는 1960년대 후반 학생들의 초기 운동에 있어서 불트만주의(Bultmannianism)가 급격하게 약화된 주요한 원인이기도 하다. 그러나 바르트주의(Barthianism)의 경우는 달랐는데, 바르트는 기독론에서 유비 추론(analogical reasoning)을 통한 정치적인 사회 재구성에 대해 뚜렷한 입장을 지녔기 때문이다. 마르크스주의와 같은 사회주의에 대한 그의 동정은 독일학생 혁명 시기에 바르트주의의 부활을 설명하는데 도움을 준다. 그와 같은 이유로, 바르트주의는 종말론에 초점을 둔 여러 신학자들과 큰 관련이 없는 반면에, 바르트로부터 초기 위르겐 몰트만(Jürgen Moltmann)과 더불어 라틴 아메리카의 해방 신학자들에 이르기까지는 연속성이 있다.

종말론적 신학의 특징을 진술하면서 길키가 상당 부분 신학, 특별히 신론에서 종말론적 전망에 호의적인 나의 주장을 다루고 있기 때문에, 나는 상당히 위안을 받았다.[5] 나는 하나님의 실재가 하나님 나라와 관련되어 있다고 주장했다. 그래서 창조세계에서의 하나님 활동은 궁극적인 미래가 모든 현재의 것에 침입해오는 것으로 볼 수

---

5) Ibid., 229ff. 나의 저서, *Theology and the Kingdom of God* (Philadelphia: Westminster Press, 1969), 51ff., 특히 55ff를 참고하라.

있다. 그러나 이러한 사실이 곧 "세계의 현재적 질서를 급진적으로 폐기한다는 것"[6]을 뜻하진 않는다. 나는 궁극적인 미래의 힘으로서의 하나님이 우리 앞의 것만큼이나 과거의 모든 사건들의 미래이심을 강조했고, 하나님의 신실함이 창조세계에 연속성을 보장해주기 때문에 "우리가 오시는 하나님의 창조로서 심지어 우리의 과거까지도 지금 이해할 수 있다"[7]고 명확하게 덧붙였다. 어떤 신학자들은 특별히 정치적 행위와 같은 인간 자유에 의해 초래되는 미래의 모호성을 간과하며, 하나님의 미래성 개념을 과거와 현재에 대립되는 것과 같은 방식으로 사용하기도 했다. 그러나 하나님의 미래성이 반드시 그러한 것만은 아니다. 그러한 이해는 고대 영지주의 중 하나를 떠올려줄 정도로 다분히 이분법적이다. 세계의 창조적 기원으로서의 유일한 하나님 개념을 상정한다면, 하나님의 미래성은 미래와 더불어 과거와 현재의 기원으로도 이해되어야 하며, 하나님의 전체성(the unity of God)은 필연적으로 과거 혹은 현재로부터 미래까지의 변화 위에서 지속성을 담보한다. 그러므로 섭리 교리의 전통적인 주제들은 그러한 신학적 관심사로부터 배제될 수 없다.

길키가 현재와 과거의 인간 실재에 관한 무제한적인 세속주의적 해석을 비판할 때, 천지를 창조하신 한 분 하나님을 믿는 모든 기독교인들은 길키에게 갈채를 보낼 것이다. 실제로 "우리 존재의 모든

---

6) Gilkey, *Reaping the Whirlwind*, 229.

7) Pannenberg, *Theology and the Kingdom of God*, 61와 63을 비교해보라. 또한 126 페이지에 기술된 비판적 언급도 살펴보라. 과거와 "희망의 완성 안에 있는 현재"로의 변화 모두를 거부하는 근대 혁명의 경향성이 언급되어 있다.

단계마다 궁극적인 차원"이 있다.[8] 이러한 주장을 입증하는 것이 일찍이 1962년과 1983년에 다시 저술한 인간론의 영역에 관한 내 연구의 목적이기도 했다.[9] 나는 "만일 하나님이 우리의 현재의 하나님은 아니고 오직 미래의 하나님이라고 한다면, 정치학 그 자체의 신화적이고 악마적인 요소뿐 아니라 그러한 경험에 근본적인 사회 정치적 경험의 '종교적인' 측면은 이해될 수 없고 무관한 것이 될 거라고"[10] 한 길키의 경고에 전적으로 동의한다. 따라서 나는 바르트와 불트만이 세속적인 역사적 자의식의 "존재론"을 변형시키기보다는 수용했다고 주장한 길키의 비판에 또한 공감한다.[11] 사적이면서도 사회적인 인간 생명을 현대적 경험과 관련짓는 것은 충분하지 않으며, 또한 현대적 경험과 대치시키는 것도 적절하지 않다. 도리어 신학은 개인적 삶과 사회에 관한 전적으로 세속적인 해석들과 논쟁해야 한다. 자연에 대한 이해에 있어서도 마찬가지이다. 인간 생명뿐 아니라 자연에 대한 "종교적"이거나 "궁극적인" 면에 관한 세부적인 주장은 필수적이며, 관련된 학문들의 연구에 관한 철학적 성찰과 같은 동일한 단계로 논의는 확장되어야 한다. 그러한 기초 위에서만 신학은 역사 안에서의 하나님 행위에 관한 진술을 함에 있어서 타당성을 획득할 수 있다.

---

8) Gilkey, *Reaping the Whirlwind*, 247.
9) Wolfhart Pannenberg, *What Is Man?* (Philadelphia: Westminster Press, 1970), and Pannenberg, *Anthropology in Theological Perspective* (Philadelphia: Westminster Press, 1985).
10) Gilkey, *Reaping the Whirlwind*, 234.
11) Ibid., 219ff.

길키의 사상에서 이러한 포괄적인 주장의 단계는 특별히 틸리히적(Tillichian) 유산과 관련되어 있는데, 나는 또한 역사 안에서의 인간 자유와 그 실행의 모호성에 관한 라인홀드 니버(Reinhold Niebuhr)가 제시한 견해를 고려하면서, 길키의 관점에 동의한다. 내가 오해하지 않았다면, 길키는 이 점에서 틸리히의 소외에 관한 언어를 넘어서 인간 상황에 대한 보다 아우구스티스적인 니버의 설명을 향해 있다. 니버의 기독교적 현실주의는 길키가 "사회 정치적 해방을 복음 안에 약속된 구원으로 이해했다"고 지적한 점에서 중요하다. 길키가 "역사의 가장 기본적 문제를 나타내는 것은 다른 이들에게 우리의 자유를 노예화하는 것이 아니라 우리 자신의 부패한 자유"라고 말한 것은 결정적인 점이었다. 따라서 "위대한 자기 결정이 죄로부터의 위대한 자유를 보장해주는 것은 아니다. 무엇보다 현재의 억압자는 과거에 '해방된' 바로 그 사람들이다."[12] 그러한 비판이 적용되는 미래주의 신학(futurist theologies)이 있다면, 그것들은 확실히 종말론으로부터 주장하는 나의 방법과는 차이가 있다.[13] 과거에 붙잡혀 있는 것은 우리의 삶에서 우리가 스스로 자유라 부르는 것 안에서 "옛 아담"의 육체적인 행위 안에 있는 것이지, 우리 자신 안에 있는 "새로운 아담"의 영을 따르는 것을 가리키지 않는다. 무엇보다 예수는 정치적 해방을 통한 지상의 하나님 왕국을 세우고자 하

---

12) Ibid., 236-237.

13) 나의 저서, *Human Nature, Election, and History* (Philadelphia: Westminster Press, 1977) 와 *Christian Sprituality* (Philadelphia: Westminster Press, 1983)에서 자유주의 신학에 대한 비판적 진술 중 chap. 3, "Sanctification and Politics."을 참고하라.

는 젤롯당을 따르지 않으셨다. 인간의 죄로 인해서 그 어떤 인간 사회도 시민 정부 없이는 가능하지 않다. 또한 같은 이유로 평화의 정의를 세우고자 하는 시민 정부의 고귀한 과제 역시 인간적 실행으로 완벽하게 달성되지 않으며, 오직 하나님의 초월적인 나라의 사건 안에서만 가능하다. 이러한 사실은 정치 제도뿐만 아니라 인간의 정치적 행위 역시 종말론적 하나님 나라의 비전에 영감을 받을 수 있다는 가능성을 지니고 있음을 말해준다. 하지만 이 세계 안에서 인간적 죄의 상태를 망각하거나 자신의 죄를 정치적인 반대자에게로 배타적으로 투영할 때, 정치적 행위자는 인간적 노력과 구별되는 하나님과 하나님 나라에 영광을 돌리지 못한다. 그리고 하나님 나라의 비전은 왜곡되어 버리고 하나님의 자리에 그 자신을 세워놓는 왕국으로 왜곡되어 버린다.

그러므로 나는 길키가 종말론은 현재적 세계의 조건들과 인간적 행동의 가능성들을 초월해야 한다고 제시한 견해에 동의한다. 초월적인 영역에서 종말론적 희망은 현재적 상황을 평가하는 기준으로 작용할 수 있으며, 이 세계의 역사 위에 있는 우리의 길에 방향과 빛을 제공하는 원천으로 기능할 수 있다. 트뢸취(Ernst Troeltsch)의 유명한 말에 의하면 "초월은 우리에게 유한한 실존인 이 세계의 상대성 안에서 우리의 삶을 살아가도록 힘을 더하여 준다."

그러나 종말론에 기초하여 신론을 재구성하는 것이 무슨 의미가 있는 것인가? 왜 우리는 "미래의 힘"이라는 맥락에서 하나님을 말해야 하는가? 적어도 내 생각으로, 그렇게 하는 주요한 이유는 기독교 신학을 위한 새로운 존재론적 토대가 필요해서이다. 바로 이 점이 내가 길키와 공유하고 있는 또 다른 관심사이다.[14) 신학은 존재론적 토대를 필요로 하는데, 그것은 인간 본성과 역사에 관한 개념화를 위한 것뿐 아니라, 전통적인 철학적 신학과 현대 무신론에 대한 현대적 비판적 관점에서 기독교 신론을 재구성하기 위함이기도 하다. 길키의 아우구스티누스적인 섭리 교리와 그 안에 암시되어 있는 신 개념(근대 과학과 근대 역사와 철학에서 표현되고 있는 근대 정신에 대한 기본적인 관심사와는 상당히 대조되는 것)에 관한 자세한 설명과 함께, 나는 고전적인 하나님 개념이 수용하기 어려운 결정론적 결과들을 가져왔다는 점에 관심을 기울인다. 이에 대해 나는 1950년대 박사 논문을 준비하기 위해서 신적 예지와 섭리에 관한 중세 교리를 공부할 때 관심을 갖기 시작했다. 물론 신적 본질과 속성에 관한 전통적 교리에는 여러 문제가 있었고, 그것은 본질에 대한 전통적 형이상학의 보다 더 광범위한 문제들과 관련되어 있었다. 그러나 특별히 헤겔(G. W. F. Hegel)에 의해 촉발된 독일 관념론 철학에 의한 신 개념의 재구성이나 화이트헤드(Alfred North Whitehead)의 신론과 같은 과정 철학자들의 시도는 기독교 신학에서 전통적 신 개념을 보완해 줄 것으로 여겨지지 않았다. 나는 화이트헤드와 사무엘 알렉산더(Samuel Alexander)의 신 개념들에 관해 길키가 의구심을 가진 것에 공감한

---

14) *Theology and the Kingdom of God* 의 1장에서 길키가 자신의 책 *Reaping the Whirlwind*, 135-136와 여러 곳에서 제시한 내용에 내가 동의한다는 것은 충분히 소개되고 있다. 그러나 나는 무슨 이유로 길키가 이를 모르고 있는지 의아하다. 그러나 나는 신학적 목적을 위해서 철학에서 사용되는 형이상학적 기획을 채택하는 것이 가능한 일인지에 대해서 회의적이다. 철학적 개념이 오늘날 기독교적 신론을 비롯한 구체적인 주제와 항상 맞아떨어지는 것은 아니기 때문이다.

다. 왜냐하면 기독교 신학은 하나님의 실재를 "모든 존재의 근원"[15]으로 인정해야 하기 때문이다. 그러나 전통적 본질 존재론에 대한 과정 철학자들의 비판을 진지하게 성찰할 필요도 있다. 특히 하이데거(Martin Heidegger)나 블로흐(Ernst Bloch)와 같은 여타 사상가들의 견해가 그러하다. 그들은 시간과 존재를 분리했던 관점을 수정 보완하는데 기여했다.[16] 존재론적 문제를 포괄적으로 수용하거나 신학적으로 만족스러운 해결책이 없기 때문에 신학자들은 스스로 이 지점에서 철학적인 논쟁으로 들어가야만 한다. 비록 그들이 형이상학에 대한 포괄적이고 자세한 논문을 낼 입장에 있지 않더라도 말이다. 내가 『신학과 하나님 나라』(*Theology and the Kingdom of God*)의 첫 장을 기록할 때도 그러했다. 나는 그때 다른 어떤 것보다 하나님 나라의 우선성을 강조한 예수의 종말론적 메시지로부터 하나님 개념을 재구성하고자 시도했다.

이러한 접근은 존재와 시간에 관한 논의의 맥락과 관련 있으며, 하나님에 관한 전통적 교리의 토대에 영향을 주기도 했다. 물론 그러한 논의 안에서 존재론과 관련된 모든 광범위한 문제들을 다룬다는 것은 불가능하다. 『신학과 하나님 나라』의 부록에서 표면상으로는 다뤄지는 것처럼 보이긴 하지만 말이다. 신론에 관한 나의 체계

---

15) Gilkey, *Reaping the Whirlwind*, 249. 화이트헤드에게서 발견되는 것처럼 창조성이 분리된 존재론적 원리로 다루어져서는 안된다. 그보다는 "창조주이자 보존자이신 하나님의 행동, 즉 하나님의 능력으로서" 다루어져야 한다. (414, n. 34).

16) 과정사상가들과 하이데거와 블로흐를 나란히 언급함으로써, 그들이 제시한 개념이 서로 비교할만하다고 말하고 싶지 않다. 그들 모두 각자 다른 방식으로 엄정하게 개념을 제시한다. 몰트만(Moltamann)과 달리 블로흐에게서 그리 큰 영향을 받진 않았다.

적인 설명의 발전과 관련하여 나는 형이상학의 역사적 맥락에서 관련된 많은 문제에 대해 명확히 얻은 게 있었다. 그리고 나폴리에서의 철학 연구소(Institute for Philosophical Studies)로부터의 초청은 신개념의 재구성에 관련된 형이상학적 질문들에 대한 일련의 강의를 저술하는 좋은 기회이기도 했다.

길키와 내가 신학적 작업을 위한 존재론적 재구성이라는 근본적 차원의 요구에 관심을 기울일 때 우리는 그 새로운 구성은 뭔가 다른 것이 될 거라고 예상했다. 섭리에 관한 전통적인 기독교 교리의 전제들에 대한 현대 역사적 자의식의 대조에 관해 평가하면서 길키는 현대의 정신을 특징짓는 역사적이면서도 문화적인 상대성에 대한 새로운 인식을 갖고 출발했다. 길키는 인간 창조성과 자유에 대한 새로운 관점들을 계속해서 제시하며, "존재의 시간성"(temporalization of being)을 "현대의 역사적 자의식에서의 법적 관점보다는 역사성과 자율성에 관한 발전된 주제 덕분"이라고 이해한다.[17] 물론 나는 역사적이면서 문화적인 상대성에 관한 인식은 현대적이라고 생각한다. 그러나 나는 자율성을 강조하는 것이 그러한 인식의 결과라고 보지는 않으며, 존재의 시간성을 자유에 대한 현대적 개념의 당연한 결과로 보는 것도 옳다고 생각하지 않는다. 길키와 같이 시간을 우선적으로 결정의 가능성과 실제성의 관점에서 이해하는 것[18]은 시간의 본성에 관한 그리 만족스러운 설명은 아니다. 물론 나 역시 자유에

---

17) Gilkey, *Reaping the Whirlwind*, 199-200; compare 188ff.
18) Ibid., 200, 시간적 과정이 "가능태로부터 실제성으로의 운동"으로 정의되어 있다.

관한 인간 자각의 상대성 안에서 현재와 미래 사이의 간격은 그렇게 실제성과 가능성의 형태로 드러난다는 점을 인정하지만 말이다. 길키 자신은 시간적 과정(temporal passage)이 "창조성의 토대"가 될 수 있다고 말한다. 그러나 어떻게 자기 창조적인 사건과 독립체의 결과로서 시간적 과정이 창조성의 근거가 될 수 있는가?[19] 시간적 과정이 유한한 창조성의 토대(ground)라 간주한다면 다른 방법이 있어야 하는 게 아닌가? 그렇다면 순환 논증의 오류에 빠지지 않도록, 시간 자체의 본성을 다른 관점에서 살펴봐야 할 것이다.

실제로 시간성은 자율적 결정과는 다른 근원으로부터 전개된다. 칸트는 시간을 자율성보다는 자각과 관련된 경험의 주체적 형식으로 나타냈다. 이후에 하이데거는 근대 주체성에 대해 비판하면서 시간에 대한 칸트의 사유를 사용하기도 했다. 베르그송(Henri Bergson) 역시 자율적인 결정이 아니라 "지속"(duration) 경험에 초점을 맞추어 시간에 대해 분석했다. 그는 시간에 관한 철학을 자유를 재정의하기 위한 출발점으로 사용했지, 그 반대로 보지 않았다. 역사적 경험에 대한 딜타이의 분석에서도 시간은 결정의 관점보다는 우리의 의미 지각 틀을 지속적으로 바꾸는 우연적 사건들의 연속적인 발생으로 표현된다. 시간에 관한 서술에서 존재론적으로 주체성과 결정에 대한 사유가 발견되는 것은 오직 화이트헤드의 철학뿐이다. 화이트헤드에게서 미래는 단지 가능성일 뿐이다. "가능성으로부터 현실

---

19) "본체와 시간이 참여하는 사건은 자기 창조적이다. 그때 시간적 과정은 존재의 가장 첫째되는 자리이며 행위의 근거가 된다"(ibid., 200).

성으로 옮겨가는 사건들"로서 길키가 이해하고 있는 시간 개념은 오직 화이트헤드의 창조적 개념의 기초 위에서만 일리가 있다. 하지만 그러한 설명은 시간을 이미 시간 관념을 전제하고 있는 운동의 관점에서만 인식한 것이기에 순환논증적이라는 비판을 면하기 어렵다. 시간은 운동으로 환원될 수 없다는 통찰은 이미 고대의 시간 본성에 대한 논증으로부터 소개된 것이기도 하다.

더욱이 길키는 신학적 관점에서 창조성에 대한 화이트헤드의 견해를 비판했다. 적어도 내가 보기에, 길키의 비판은 적절하고 신학적으로 타당하다. 만일 창조성이 창조주와 보존자로서의 하나님의 행위의 관점에서 재규정된다고 한다면(각주 15를 참고), 창조성은 시간의 본성을 묘사하는 기초로서의 사건들의 자기 결정이라는 화이트헤드의 견해는 성립될 수 없다. 그보다는 시간을 비롯한 피조된 모든 것의 창조주로서의 하나님 존재의 방식을 인식하는 것이 더 합당하다. 다시 말해서 기독교 신학은 시간의 본질을 구성하는 영원 개념을 소거해서도 안되고 소거할 수도 없다. 이는 영원 자체의 재정의를 거부하는 것이 아니다. 이는 시간과 대치되는 영원 개념을 재정의하는 것이다. 그러한 점에서 아우구스티누스가 제시한 영원 개념은 충분하지 않다. 이미 아우구스티누스 시대 당시에도 그러한 관점은 결함이 있었다. 왜냐하면 플로티누스(Plotinus)는 시간과 영원에 대한 이론을 발전시켰는데, 이때 영원은 시간의 관점에서 분리된 순간들의 연속으로 여겨지는 삶의 전체성이라는 측면에서의 영원으로 인식된 것이었다. 플로티누스는 시간 그 자체의 연합은 영원에 대한 관념에 달려 있다고 보았다. 오직 미래만이 시간적인 순간들의 연속 안에서 생명의 전체성을 회복할 수 있다. 애석하게도 아우구스티누스는 기독교 종말론과 그 자신의 역사 신학에 있어서 그러한 영원의 잠재적인 일관성(coincidence)과 시간의 미래성을 인식하지 못했다. 그럼에도 모든 것은 하나님의 영원 속에 있다는 그의 견해는 그러한 잘못과는 별개로 타당하다.[20] 시간과 공간은 유한한 실체들과 밀접한 관련 속에 있고, 어떤 관점에서 보느냐에 따라 상대적이다. 그러나 영원 속에서 하나님은 시간과 공간의 제한을 넘어서 계신다. 미래의 능력으로서의 하나님을 말할 때, 나는 유한한 실체들의 미래가 시간과 영원이 조우하는 지점이라는 것을 말하고자 했다. 그 지점은 물론 고대 그리스 사상에서 무시간적이라고 여긴 영원한 현재일 수도 있지만, 사실 시간과 역사 과정 속에서 그것은 오로지 기대(anticipation)로서 접근가능하다. 이는 단순히 공간화(spatialization)되는 시간을 말하는 것이 아니다. 왜냐하면 모든 유한한 실체의 미래는 우연적으로 발생하기 때문이다. 우연적 미래와 현재 사이의 차이는 시간과 공간 사이에 단순화할 수 없는 차이가 있다는 것을 보여준다. 베르그송이 시간과 공간을 분명하다시피 분리하고 대비시킨 것에 대해 비판받은 것은 정당했다. 그 어떠한 자연철학도 시간과 공간의 상호 연관성(interconnection)에 대해 만족스럽게 설명해주지 못한다.

모든 유한한 것이 영원 안에 계신 하나님에게 현재한다는 전통적

---

20) 바로 이 부분에서 나는 길키와 견해를 달리한다. Gilkey, *Reaping the Whirlwind*, 168 and 384, n.40.

인 주장에 오류가 없었다면, 그 경우는 단지 은유적으로 하나님에게서 비롯되었다고 보는 목적론적인 행위와 다르다. 왜냐하면 영원 안에서는 목적과 실행 사이에 어떠한 분리도 있을 수 없기 때문이다. 이는 또한 예정에도 적용된다. 목적론적인 행동에 관한 은유는 세계 과정의 처음에 계신 하나님이 처음부터 모든 것을 미리 내다보고 결정하신 것처럼 묘사한다. 이러한 세계에 대한 신인동형론적인 하나님 묘사는 대개 전통적인 섭리와 예정 교리와 인간 자유에 대한 직관과 경험 사이의 충돌을 초래했다. 바로 이 점을 길키는 현대 역사적 자의식과 전통적 섭리 교리 사이의 근본적 차이 중 하나로 인식한다. 그러한 차이들은 하나님이 종말론적 미래로부터 행동하신다는 점을 수용할 때 발생하지 않는다. 왜냐하면 유한한 자유 개념은 과거에 발생한 결정론적인 힘 개념을 거부하기 때문이다. 종말론적 신학에 대한 논의를 입증하고 그 안에 전제되어 있는 존재론은 아직 자세하게 다뤄지지 않았다. 그리고 길키가 미래로부터 행동하시는 하나님에 관한 담론과 관련지어 다른 이들과 공유한 놀라움은 이해할 만하다.[21] 그러한 표현은 하나님의 행위가 일반적으로 어떻게 우연성과 관련되고 특별히 인간의 자유와 관련되는지 이해할 수 있는 존재론적 문제를 다루는 방식을 나타낸다. 우리는 길키 자신으로부터 동일한 존재론적 제안들을 기대할 수 있다. 만일 그가 하나님을 제외한 화이트헤드의 창조 원리에 관한 가정을 일관되게 거부한다면 말이다. 그럴 때 모든 창조성은 창조주 하나님에게 돌려지고, 동

---

21) Gilkey, *Reaping the Whirlwind*, 234-235.

시에 섭리에 대한 전통적 교리의 결정론적 경향은 극복될 수 있다.

나는 창조가 피조물의 실존이 피조물 자체에 허락된 것을 가리킨다는 점에서 창조주 하나님의 "자기 제한"을 포함하는 창조 개념을 제시한 길키의 견해에 동의한다. 그것은 창조 개념에 있어서 내재되어 있는 논리적인 조건이기 때문에, 자기 제한은 인식가능한 하나님의 창조세계와 하나님의 관계에 관한 존재론적 모델들에 적용된다. 그러나 같은 이유로, 나는 자기 제한이라는 단어가 그리 적절하지 않다고 본다. 왜냐하면 모든 것을 창조한 행위는 하나님의 주권적 의지의 표현으로서 고려되어야 하기 때문이다. 그러나 이 또한 용어상의 문제일 수 있다. 그보다는 우리가 창조를 생각하면 따라오는 피조물의 자율적 실존에 관한 존재론적 요구를 받아들이는 것이 더 중요할 수 있다. 물론 그와 같은 견해가 창조주 하나님의 주권 개념과 관련된 인과율을 설명하는 신학자의 작업을 덜어주지 않으며, 하나님께서 창조하신 세계에 대한 창조주 하나님의 책임을 실제로 제한하는 것도 아니다.

나는 신정론의 문제는 과거의 시작으로부터 미래에 이르기까지 창조세계에 대한 하나님의 결정론적인 영향이라는 개념으로 치환함으로써 간단하게 풀리는 게 아니라고 주장한 길키의 견해에 동감한다. 신정론의 문제는 하나님의 결정론적 행위라는 개념으로 해결되지 않는다. 그러나 나는 하나님의 결정론적인 행위 개념은 신정론 문제에 대한 모든 수용할 만한 응답을 위한 전제조건이라고 생각한다. 피조물 스스로 존재하게 하는 것을 허용하는 것과 관련이 있는 신적인 자기 제한 개념은 그 자체로 많은 왜곡과 고통을 갖고 있는 세계를 창조한 것이 가치있고 책임있는 행위였는지에 관한 질문에 대답해주지 않는다. 그것은 심지어 그러한 문제에 응답할 수 있는 토대조차도 제공하지 못한다. 오로지 예수 그리스도 안에서 세계의 화해에 대한 신앙과 최종적인 종말론적 완성을 향한 희망만이 이러한 질문에 응답할 수 있다. 왜냐하면 그 질문은 하나님이 "그들의 눈에서 모든 눈물을 닦아줄 것이며"(계 21:4) 신음과 부르짖음과 고통을 끝내실 미래를 가리키고 있기 때문이다.

길키가 섭리 교리를 재규정하기 위해 상정하는 존재론적 근거는 보존 개념을 해석함에 있어서 특히 중요하다. 길키는 더 자세하게 접근하지 않지만, 이 문제는 상당한 노력을 필요로 한다. 17세기 물리학에서의 관성 원리가 소개된 이후, 각 피조물이 존재를 유지하기 위해서 신의 계속된 행위를 필요로 한다는 교리는 그 타당성을 상실했기 때문이다. 그러한 외부적인 보존 개념은 불필요한 것이 되었다. 내가 알기로, 기독교적 섭리 개념은 이러한 흐름으로부터 자리매김하지 못했다. 그리고 좀처럼 이러한 문제를 다루지 못했다. 여기서 과학, 특히 물리학과의 대화가 이러한 난점을 극복하기 위해서는 필수적이다.

길키가 섭리에 관해 진술하면서 놓치고 있는 다른 이슈가 또 하나 있다. 그것은 바로 선택(election)에 관한 것이다. 물론 선택은 섭리보다는 교회론과 더욱 관련된 주제일 수도 있다. 왜냐하면 선택에 대한 기독교 교리는 교회 개념을 필요로 하기 때문이다. 그러나 섭리 교리의 역사에서 선택과 예정에 관한 문제는 섭리와 밀접하게 관련되어 왔다. 비록 현재 상황에서 선택과 예정 교리가 역사 내 하나님의 계속된 행위의 관점에서 수정되어야 한다고 해도, 우리는 그 주제에 대한 보다 포괄적인 접근을 통해서 역사 전개에 있어서의 하나님의 통치와 관련시키는 것의 적절성 여부를 숙고할 수 있다.[22] 길키는 이 문제들을 운명과 자유 간의 긴장에 대한 관점으로, 특별히 운명이 어떻게 숙명(fate)이 되는가에 관해서 다룬다. 길키는 이 문제에 대한 여러 관련 연구들을 내놓았다. 그러나 길키가 제시한 역사의 신학으로의 섭리 교리의 발전은 선택에 관한 포괄적인 사고들로부터 도움을 받은 것이었다. 선택 개념은 피조물에 대한 하나님의 창조적 가능성에 대한 이슈와 관련시킬 수 없는가? 그것이야말로 본래 길키가 정당하게 강조한 점이었다.[23] 만일 가능성이 형식적인 대안들(formal alternatives)의 관점에서만이 아니라 상응하는 책임성의 요소에 의해 수반되는 특별한 부름이나 유인(lure)으로 이해된다면, 소명과 선택 개념은 매우 가까운 것이 된다. 그러한 포괄적 개념은 길키가 과거로부터 전해 받은 개인적이고 사회적인 삶 속에 "주어진 것"에 우선적으로 관련시켰던 "운명" 개념을 보다 확장해 준다.[24] 그러나 운명이 또한 길키가 긍정한 것과 같이 우리의 정체성과 관련된다면, 운명은 미래의 가능성, 즉 우리의 정체성의 미래적 완성에 대한 관계를 포괄하지 않을까? 우리의 정체성은 우리가 되고자 하는 것을 느끼는 것에 의해 구성되지 않을까? 만일 그러하

---

22) 이 주제에 관해서는 나의 저서, *Human Nature, Election, and History*, 특별히 3장과 5장을 참고하라.
23) Gilkey, *Reaping the Whirlwind*, 250ff.
24) Ibid., 49.

다면, 선택 개념은 운명에 대한 지각 안에 포함되어야 한다. 이러한 점은 운명이 숙명으로 변화하는 것이 전통적인 심판 개념을 가리킨다고 본 길키의 견해에 상응한다.

길키의 신학적 작업은 전통 교리 안에 내재해 있는 문제들을 여전히 가지고 있는 근대 신학이라 하더라도 서로 공유할 수 있는 신학적 근거를 지니고 있다는 새로운 확신을 제공했다. 근대성이 전통 교리와 현대 신학적 작업 모두에 걸어오는 도전은 바로 이 공유할 수 있는 근거 위에서 받아들여질 수 있다. 그러한 체계 위에서 우리는 신학적 담론의 문화를 발전시키고 다른 견해들 사이에 진지한 토론을 전개할 수 있다.

대화 : 영으로서의 하나님과 자연과학
A Dialogue: God as Spirit—and Natural Science

　신학자들과 과학자들 사이에서 행해지는 대화가 과학이나 종교적 담론의 단계에서 진행되지 않고, 과학 이론이나 과학 용어와 종교적 교리에 있어서 철학적 사고의 단계에서 행해진다는 것을 인지하는 것은 중요하다. 일반적으로 과학자들이 방정식이나 이론의 포괄적인 의미에 관해 말할 때, 그들은 이미 철학적 사고의 단계로 나아가고 있다. 나는 이것을 "어느 단계"(some level)라고 말하고 싶은데, 왜냐하면 그러한 담론이 항상 철학적으로 지시되는 사고와 똑같은 정도로 나타나는 것은 아니기 때문이다. 물론 과학자들의 철학적인 섬세함이 눈에 띄는 것은 아니지만, 과학적 경쟁력의 권위에도 불구하고 여전히 과학자들은 과학적 작업의 포괄적인 의미에 대한 공적인 언급을 할 때 철학적 사고의 단계에서 말하고 있다.

　과학과 신학의 대화에서, 양측 모두 철학적 사고의 단계에서 조우

한다는 사실은 매우 중요하다. 그러한 토론은 엄밀한 철학적 논의를 통해 전개된다. 왜냐하면 전통적인 하나님 교리는 과학 언어와의 관계를 암시하는 많은 철학적인 주제와 관계되어 있기 때문이다. 가령 인과성, 법칙, 우연성에 대한 개념들이 그러하다. 이러한 개념들은 세계 내 하나님의 활동에 관한 논의에서 반드시 필요하다. 마찬가지로, 하나님이 창조하신 세계 내 초월적 하나님의 현존은 공간과 시간 개념과 관련해서 논의되어야 한다. 그렇지 않으면, 하나님의 편재에 관한 담론은 공허한 논의로 전락하고 만다. 또한 하나님의 영원 개념을 명확히 하기 위해서는 영원과 시간적 사건들의 관계에 대한 논의도 짚고 넘어가야 한다.

사건의 우연성과 자연법칙에 대한 관계는 1960년대 독일의 물리학자, 철학자, 신학자들 사이에 주요한 논쟁의 주제였다. 이와 관련하여 1970년에 나의 논문 「우연성과 자연법칙」은 테드 피터스(Ted Peters)에 의해 1993년에 『자연의 신학을 향하여』(Toward a Theology of Nature: Essays on Science and Faith)라는 제목으로 영어로 번역되어 출간되었다. 독일에서 이러한 논의가 이뤄지는 동안에, 우연성에 관한 주제는 과학과 신학 양 분야에서 비록 다른 방식이라 하더라도 근본적인 것으로 간주되었다. 과학에서 자연법칙 개념은 초기조건들(initial conditions)과 자연적 과정을 기술하는 데 있어 경계조건들(boundary conditions)을 전제한다.

그런데 이러한 선재적인 요건들은 법칙의 형식에 비해 상대적으로 우연적이다. 비록 그러한 조건들이 또 다른 법칙으로 설명될 수 있다 하더라도 그 법칙 또한 우연적인 조건들을 다시 전제한다는 것은 분명하다. 이러한 사실은 사건들의 과정 속에 어느 정도의 동일패턴이 있지만 근본적 차원에서 모든 사건들은 우연적으로 발생한다는 점을 보여준다. 여기서 동일패턴은 자연법칙의 가설에 기초하여 기술된다.

기독교 신학에서 사건의 우연성은 역사 내 하나님의 행동에 관한 논리적 형태를 특징화해준다. 아리스토텔레스 철학과는 다르게, 중세에 출현한 우연성이라는 신학적 개념은 역사 속 하나님의 창조 행위로 드러난 하나님의 자유에 상응하는 것이었다. 물론 그러한 의미의 우연성 개념은 자연법칙에 주어진 형식과 관련된 초기와 경계 조건들의 법칙적인 우연성 이상의 것을 요구한다. 우연성은 구체적 사건들의 우연적 발생을 가리킨다. 그 우연성이 지엽적이든(국지적 우연성) 모든 사건들에(전체적 우연성) 해당되든 말이다. 내가 논문을 처음 출간할 당시에, 구체적 사건들의 우연성은 무엇보다 양자 물리학에서의 개별적 사건들의 예측불가능성이라는 의미로 제안되었다. 그러나 양자역학의 규칙성뿐 아니라 거시물리학적 과정들과 관련해서도 사건들의 우연성은 잘 수용되지 않았다. 가령, 1988년에 로버트 러셀(Robert Russell)은 자이곤(Zygon)에 발표한 논문을 통해 회의적인 입장을 나타냈다.[1] 그러나 그 이후로, 카오스 이론의 발전은 실제 사건들의 "국지적" 우연성이 자연적 과정을 기술하는 자연법칙과 충돌없이 거시물리학적 과정의 단계에

---

1) Robert Russell, "Contingency in Physics and Cosmology: A Critique of the Theology of Wolfhart Pannenberg," *Zygon* 23 (March 1988): 23-43.

서도 실제로 발생한다는 점을 보여주었다. 내가 생각하기에, 이러한 사실은 모든 자연적 사건들이 근본적으로는 우연적으로 일어난다는 가정을 지지해주는 것이다. 비록 동일패턴이 과정 속에서 규칙적으로 발생하고, 자연법칙의 형태로 기술 가능하게 해준다 해도 말이다.

나는 사건의 일관적 패턴과 질서의 발생을 포함한 창조세계에서의 모든 개별적인 사건의 근본적인 우연성이 자연 세계에 대한 신학적 해석과 창조의 맥락에서 보면 목적론적 사유보다 훨씬 더 근본적이라고 본다. 처음 시작부터 지적 생명체와 생명의 출현에 이르기까지의 우주의 발전을 제시하는 "인류 원리"에 대한 논의와 관련해서 물리적 과정들의 목적론적 결정론이라는 오래된 사상 (과정의 마지막을 향하는 결정론)은 합리적으로 받아들여졌다. 우주의 목적론적 정향성에 대한 신뢰는 그러한 발전을 이끌어가는 신적인 목적을 암시했다. 그러나 두 가지 이유로 인해 나는 그러한 제안들을 따르기 어렵다. 그 중 하나는 과학적인 이유이고 다른 하나는 신학적인 이유 때문이다. 우주 발전이 긴밀하게 목적론적 방향성을 지닌다는 제안은 "약한" 인류 원리뿐 아니라 "강한" 인류 원리에 대한 수용까지 필요로 한다. 약한 인류 원리에 따르면, 후기 생명의 출현이 사실상 우주의 더 이른 국면 안에서 자연적 상수들의 미세 조정에 기초하고 있는 것이며, 강한 인류 원리에 따르면, 우주의 초기 조건이 필연적으로 후기 생명과 지적 생명체의 출현을 가져온다. 그러나 이러한 강한 인류 원리는 경험적으로도 보증되지 못한다. 또한 그것은 우주 역사 안에서의 우연성의 기능과도 충돌한다.[2] 신학적 관점에서, 인간 존재의 창조와 종말론적 미래에서의 인간의 최종적 구원과 관련하여 하나님의 "목적"(purpose)을 언급하는 것은 분명히 가능한 일이다. 신학에서 그런 식으로 말하는 것은 가능하다. 왜냐하면 하나님의 창조 행위는 우주와 관련되어 있으며, 이는 이후의 발전과정까지도 포괄하기 때문이다. 따라서 시작들과 중간적 단계들은 도달하는 결과의 빛 안에서 숙고될 수 있다. 그러나 여전히 "목적"에 대한 담론은 하나님에 관한 우리의 담론에 있어서 잘못된 신인동형론(anthropomorphism)을 양산할 수도 있다. 왜냐하면 그러한 담론은 우주 시작에 있어서 창조주의 입장이 특정한 목적을 달성하기 위해 방법들을 선택하고 먼 미래를 내다보는 것에 있는 것처럼 간주하기 때문이다. 그러한 관점은 하나님의 영원한 현존을 무시하는 것이나 마찬가지이다. 하나님의 영원한 현존에서 미래는 멀리 있지 않고, 모든 것의 최종적 미래인 그의 능력 안에 있다. 바로 그러한 능력이야말로 전혀 새로운 우연적 사건들의 원천이다. 신적인 "목적"을 우주 발전과정 속에서 실현되는 것으로 보는 관점은 오직 신적인 창조 행위가 전체적으로 우주와 관련되며 따라서 우주의 최종적 미래뿐 아니라 그 시작까지도 포괄한다는 사실과 관련해서만 타당하다. 실제로 전체로서의 우주의 특성은 그러한 최종적 미래에 의해 "결정되며", 우주 역사를 완성하는 미래의

---

2) * 이러한 점이 물리 과정의 기술에 있어서 모든 목적론의 형태를 배제하는 것은 아니다. 내가 신을 말할 때 주장하는 식으로, 하나님은 미래의 능력이시며 자기 자신을 향해서 우주의 전체 과정을 끌어가시는 분이라고 말하는 것은 목적론의 형식을 부분적으로 포함한다. 그러나 여기서, 목적(telos)은 초월적인 것이다. 텍스트에서 비판받는 목적론은 그보다는 목표를 향해 가는 과정을 방향지우는 내적인 힘과 같은 이식된 목적과 관련이 있다.

능력은 우주 역사의 전체 과정 중에서 미래로부터 출현하는 우연적 사건들의 근원으로 이해될 수 있다.

그러나 어떻게 창조주 하나님은 그의 창조세계의 개별성 내에서 행동하신다고 볼 수 있을까? 이에 관해서 모든 사건과 피조된 실재의 반영속적인 형태의 우연성에 관한 확신으로는 아직 설명되지 않고 있다. 어떻게 바울은 창조주 하나님을 능력,(dynamis) 즉 창조세계에서 작용하는 힘(롬 1:20)이라고 이해했을까? 그리고 하나님의 신적인 능력을 창조세계의 운동에 영향을 주는 자연적 "힘들"과 어떻게 관련지을 수 있을까? 피조물의 운동은 시간과 공간에서 발생하기 때문에 시간과 공간에 대한 하나님의 관계는 시간과 공간 안에서 운동하는 피조물과 함께 하나님의 능력있는 현존을 이해가능하게 하는 방식으로 진술되어야 한다.

뉴턴은 공간에 대해 언급하면서, 절대적 공간이 피조물의 유한적 실존의 장소 내에서의 하나님 현존의 매개라고 보았다. 하나님은 정신(mind)으로 간주되었다. 따라서 인간의 영혼이 신체의 각 부분에 있는 것과 같이 하나님은 자신의 의지로 물질적인 우주 내에서 활동하시며 현존하신다는 것이었다. 이러한 개념의 성서적 근거는 요한복음 4장 24절이었다. "하나님은 영이시다." 3세기 오리게네스의 저작 이후로 여러 세기 동안 그 구절은 하나님이 정신(mind), 누스(nus)라는 말로 이해되어 왔고, 뉴턴도 그 전통을 이어 받았다. 그러나 그리스 단어 프뉴마(pneuma)나 그에 상응하는 히브리 단어인 루아흐(ruah)는 "바람", "폭풍" 혹은 "숨"이라는 의미를 가지고 있다. 따라서 태초에 하나님의 "영"(spirit)이 수면 위에 "운행했다고"(moving)

하는 성서의 이야기에서 그 이미지는 물을 휘젓는 폭풍과 같은 이미지를 나타낸다. 이 영이 모든 운동의 근원이다. 영은 또한 동물과 인간 존재의 생명의 근원이기도 하다. 창 2:7에서 하나님은 아담의 코에 영을 불어넣으시는 것으로 나온다. 그리고 전 12:7에서 우리는 죽음의 순간이란 "영이 그것을 주신 하나님께 돌아가는 것"임을 배운다. 시 31:5에서 우리는 "내가 나의 영을 주의 손에 맡깁니다"라는 것을 읽으며, 눅 23:46에서 예수는 이 말들을 그가 죽으시기 전 십자가상에서 사용하셨다. "아버지여, 당신의 손에 나의 영을 부탁하나이다." 그러므로 하나님의 숨으로부터 우리가 받은 생명은 우리의 호흡이 다하기까지 우리 안에 있는 것이다. 신적 바람 혹은 숨으로서의 영은 생명과 운동에 관한 성서적 이해에 핵심을 이룬다. 그러나 그것은 현대 과학과 생명과 신체의 운동에 대한 현대 과학의 설명 방식과 상당한 차이를 보인다.

그래서 나는 장(field) 개념에 관해서 저명한 과학 용어 역사가인 막스 얌머(Max Jammer)의 논문을 읽었다.[3] 얌머는 공간, 질량, 힘의 개념에 관한 중요한 저서들을 냈으며, 논문에서 그는 장에 대한 현대 과학의 개념이 프뉴마라는 고대 스토아 교리의 발전으로부터 파생했다고 언급했다. 얌머는 심지어 스토아의 프뉴마를 현대 장 이론의 "직접적인 전신"(precursor)이라고 진술했다. 이제 스토아적 프뉴마 개념은 여러 면에서 성서에서의 프뉴마 개념의 의미와 상당히 유

---

3) Max Jammer, "Art, Feld, Feldtheorie," *Historisches Wörterbuch de Philosophie* 2 (1972): 923-926.

사하며 히브리 단어 루아흐와도 그러하다. 기본적으로 두 가지 경우에서 모두 운동 중의 공기, 즉 힘의 충만과 같은 의미를 지니고 있다. 스토아주의에 따르면 힘의 충만이란 공기로 채워진 "장력"(tension)의 결과이기 때문이다. 물론 스토아주의에서의 중요한 차이는 프뉴마가 우주에 스며들어 있고 우주의 모든 부분을 장력을 통해 하나로 묶어내는 것으로 기술된다는 것이다. 그러나 성서에서는 신적 프뉴마 개념이 창조세계에서 창조적으로 작용함을 통해서 피조물을 초월하는 것으로 나타난다. 그러나 성서와 스토아에서의 개념들은 모두 비슷한 면이 있다. 그 유사성이란 얌머가 언급한 대로 둘 모두 현대 과학적 장 개념의 "직접적인 전신"이 되었다는 점이다. 그래서 그러한 유사성에서 요한복음 4:24에서 "하나님이 영이시다"라는 기록의 의미가 오리게네스가 프뉴마로서의 하나님 개념을 플라톤적인 신의 정신이나 누스라고 본 것보다는 현대 물리학의 장 개념에 상당히 가깝다는 결론이 도출된다. 오리게네스는 스토아적 프뉴마의 물질적 본성을 수용하지 않았다. 그는 물질이 분할되고 재배열되는데, 이는 제1의 원리로서의 하나님 개념의 근본적 요건과 충돌한다고 지적했다. 왜냐하면 분할과 통합은 또 다른 분할과 통합의 원인을 필요로 하기 때문이라는 것이었다. 이러한 논증은 여러 세기 동안 신적인 영을 누스와 동일시한 오리게네스의 관점을 지속시켜주었다. 비록 그러한 동일시는 성서에 제시된 프뉴마라는 단어를 바르게 해석한 것이 아니었다 해도 말이다. 하지만 이와 관련하여 현대 장 이론은 신학자들에게 개념적인 도움을 제공해준다. 왜냐하면 확장되는 장 효과는 더 이상 에테르와 같은 물질적 매개에 의존하는 것으로 여겨지지 않기 때문이다. 장 효과는 그저 일반 상대성 이론 안에서 시-공과 같은 공간만을 필요로 할 뿐이다. 따라서 프뉴마로서의 성서적 하나님 개념은 영을 누스(혹은 정신)와 동일시하지 않고 하나님의 육체적 개념을 포함한다는 의심을 극복할 수 있다.

폴킹혼(John Polkinghorne)은 최근에 "장을 비물질적으로 이해하는 것은 옳지 않다"고 주장했다. 왜냐하면 에너지와 운동량 같은 개념들은 "물질의 입자에서 그러하듯 장에 대해서도 같은 방식으로 기능하기 때문이라는 것"이다.[4] 하지만 질량 개념은 물리적 개념만이 아니라 철학적 개념이라 할 수 있다. 그리고 물리학의 "물질적" 특성에 있어서 현대 물리학의 영향은 물리학자들 사이에서도 다양한 입장이 있다. 가령 독일 이론물리학자 게오르그 쉬스만(Georg Süßmann)은 현대 물리학이 더 이상 물질주의적이지 않다고 주장한 바 있다.[5] 아인슈타인 자신은 "물질"과 "중력장"을 구별했다.[6] 내 생각은 이러하다. 현대 물리학에서 고대 스토아에서의 프뉴마 교리가 물질적인 실체로 여긴 것과 같은 방식으로 장을 물질로 이해해서는 안 된다는 것이다. 그러한 고대의 프뉴마 개념은 하나님 교리를 적용

---

4) John Polkinghorne, "Wolfhart Pannenberg's Engagement with the Natural Sciences," *Zygon* 34 (March 1999): 154. See also Polkinghorne's shorter remarks in *Belief in God in an Age of Science* (New Haven, Conn.: Yale University Press, 1998), 82.

5) Georg Süssmann, "Geist und Materie," in *Gott-Geist-Materie. Theologie und Naturwissenschaft im Gespräch*, ed. H. Dietzelbinger and Lutz Mohaupt (Hamburg, Germany: Lutherisches Verlagshaus, 1980), 14-31.

6) Albert Einstein, "Die Grundlage der allgemeinen Relativitätstheorie," in *Das Relativitatsprinzip*, ed. H. Lorentz, A. Einstein, and H. Minkowski, 5th ed. (1913; Darmstadt, Germany: Wissenschaftliche Buchgesellschaft, 1958), 108-109.

함에 있어서 오리게네스의 반대를 초래할 수밖에 없었다. 라이프니츠(Gottfried Wilhelm Leibniz)와 보스코비치(Ruggero Boscovich) 이래로 근대 자연철학에서의 역동설(dynamism)의 사상과 같이, 패러데이(Michael Faraday) 이후로 현대 물리학에서의 장 개념의 도입은 물질적 입자들보다 우선하는 장 개념을 포함했다.7) 그러므로 얌머는 다음과 같이 말했다. "일관된 장 이론에 있어서 '미립자' 개념은 비규정적(extraneous)이다. 그래서 장 방정식에 있어서 미립자를 질량점(mass points)으로 해석하기 쉽다."8)

하나님이 영이라는 의미를 해석하는 것과 관련한 장 개념에 대한 나의 주장에 대한 또 다른 이견 중 하나는 성서에서, 물리학에서 사용하는 의미로서의 장이라는 용어가 등장하지 않는다는 것이었다.9) 그 지적은 옳다. 나는 성령이 수치화되고 측량가능한 파장(forth waves)을 내보낸다고 보지 않는다. 그러나 영이신 하나님에게 적용되는 장이라는 단어는 단지 막연한 비유(analogy)이거나 시적인 표현이 아니다. 그것은 분명히 물리학적인 장 개념으로서의 은유(metaphor)이다. 왜냐하면 장의 본래적인 의미는 농부의 장, 즉 밀이나 옥수수를 재배하는 장소라는 의미를 갖고 있기 때문이다. 그리고 과학에서 장이라는 단어의 기원은 확실히 은유적이다.10) 그러나 그

---

7) See Max Jammer, *Concepts of Force: A Study in the Foundation of Dynamics* (Cambridge, Mass.: Harvard University Press, 1957), 158-187.

8) Ibid., 201. See also Jammer's article on field concept, above n. 3.

9) See Polkinghorne, "Wolfhart Pannenberg's Engagement with the Natural Sciences," 154; and J. Wicken, "Theology and Science in the Evolving Cosmos: A Need for Dialogue," *Zygon* 23 (March 1988); 48.

10) 이는 물리학에서 언어를 유비적으로 사용한다는 것을 부인하는 것이 아니다. 마크 워

자체가 과학에서든 신학에서든 막연한 유비를 가리키는 것은 아니다. 은유는 공간과 시간 개념과 관련하여 분명한 개념적인 의미를 지닌다. 그렇지 않다면, 장 개념의 사용은 실제로 막연해질 뿐이다. 공간과 시간과의 연관을 통해서 신학적인 장 개념의 구체화는 충분히 성립가능하며, 이러한 개념은 물리학에서의 장 개념과 구별됨과 동시에 관련성을 지닌다. 왜냐하면 공간이란 것은 모든 장 개념의 성립을 위한 최소한의 필요조건이기 때문이다. 물리학에서 장 개념은 에너지의 장과 관련되기 때문에, 공간과 더불어 시간적 측면도 필요하다. 그것은 일반상대성 이론의 경우 시공(space-time)과도 같다. 신학적 관점에서, 장의 관점으로 성령을 이해한다는 것은 공간과 시간 개념과 관계있다는 것을 함의한다. 물론 물리학에서의 용례와 차이가 있긴 하지만 말이다. 물론 이러한 확신은 보다 구체적인 설명을 필요로 한다. 그래서 나는 장 개념으로 돌아가기 전에 공간과 시간에 관한 몇 가지 통찰을 보다 더 제시하고자 한다.

영원하신 하나님이 어떻게 공간과 시간과 관련이 있을 수 있느냐 하는 문제는 오랫동안 논의되어 왔다. 하나님의 편재 개념은 항상 몇 가지 관련된 내용과 결부된다. 비록 영원 안에서 하나님은 시간을 초월해 있다 하더라도, 하나님은 현존하시며, 창조세계의 시간적 실재 안에서도 현존하고 계신다. 18세기 초, 창조세계에 대한 하나님의

씽(Mark Worthing)이 특별히 "양자 물리학에서의 장 개념의 유비적인 특성"을 지적한 점은 옳다. (Mark Worthing, *God, Creation, and Contemporary Physics* [Minneapolis: Fortress Press, 1996], 118-119). 물리학에서의 장 개념의 적용은 은유를 포함하며 또한 신학적인 용례로 은유적인 채택으로 이어진다. 그러나 막연한 유비와 정의와 논증을 통한 새로운 개념적인 용례를 구성하는 언어적인 변화 사이에는 분명한 차이가 있다.

편재와 관련하여 라이프니츠와 클라크(Samuel Clarke)는 공간이라는 주제를 가지고 논쟁했다. 클라크는 그의 친구인 뉴턴을 대신하여 범신론적 함의에 대한 의심에 맞서며 하나님의 감각(sensorium Dei)으로서의 공간을 주창한 뉴턴의 견해를 옹호했다. 라이프니츠는 공간을 하나님의 속성으로 여긴다면, 하나님은 부분들로 구성됨을 지적하며, 부분들로 분할될 수 있다는 스토아 교리에 맞선 오리게네스의 논증을 인용했다. 이에 대한 클라크의 답변은 부분들로 구성된 기하학적 공간은 분할되지 않는 무한한 공간을 전제한다는 것이었다. 바로 그 무한하고 분할되지 않는 공간 안에서 분할이나 통합이 이뤄진다는 것이 클라크의 견해였다. 클라크는 그러한 공간이 바로 하나님의 광대하심(divine immensity)이라고 보았다. 그러한 공간은 분할이나 통합과 공간의 부분이라는 인식보다 우선적으로 존재하는 것이다. 그러므로 분할되지 않는 공간이 측정되는 것보다 우선하며, 공간의 부분들로 구성된 표준 단위들을 지탱하며, 그것들보다 앞선다. 그러한 기하학적 공간 개념은 측정단위와 함께 작용하기 때문에 분할되지 않는 공간의 무한한 전체성을 전제한다. 클라크에 따르면, 무한하고 분할되지 않는 공간은 하나님의 광대하심, 즉 하나님 편재의 장으로서 기하학적 공간과 구분된다. 여기서 기하학적 공간은 부분들과 통합으로 구성된 것으로서, 물리학자들의 측정 대상이다. 만일 스피노자(Benedictus de Spinoza)가 그러했듯이 측량가능한 기하학적 공간을 하나님의 광대하심과 동일시한다면, 결국 범신론과 다를 게 없다. 그러나 클라크(클라크가 믿은 바 뉴턴 자신의 경우도)는 한편으로는 무한하고 분할되지 않는 하나님의 광대하심으로서의 공간과 하나님을 구별했고, 다른 한편으로는 하나님과 자연 세계에 대한 물리학자들의 기술가능한 기하학적 공간을 구별했다.

18세기 말에 칸트는 『순수이성비판』(*Critique of Pure Reason*, 1781)에서 모든 부분적인 공간이나 공간 단위는 하나의 무한하고 분할되지 않는 공간 개념을 전제한다는 클라크의 주장을 되풀이했다. 칸트는 무한하고 분할되지 않는 공간 안에서 제한된 공간 단위를 알 수 있다고 보았다. 시간의 경우도 마찬가지였다. 시간의 각 부분을 인지한다는 것은 무한한 전체로서의 시간을 전제한다. 시간에 대한 전통적인 철학에서는 그러한 전체 시간에 대한 동시적인 현존을 영원이라 보았다. 플로티누스(Plotinus)는 『엔네아데스 3권』(*Enneads* III) 7장에서 현재 순간과 다음 순간으로 진행해가는 시간적인 계속을 인식하는 것은 오직 전체 생명의 동시적인 현존으로 여겨지는 영원을 자각할 때 가능하다고 진술했다. 칸트는 그의 말년에 더 이상 공간과 시간에 관한 지식의 신학적 함의에 관심을 기울이지 않았다. 왜냐하면 그는 범신론적 관련성을 피하고 싶어했고, 공간과 시간의 무한한 전체성에 대한 지각은 시간이나 공간의 부분에 대한 지각 내에 전제되어 있음을 줄곧 주장했기 때문이다.[11]

공간과 시간 상에서의 모든 측량이 하나님의 광대하심의 무한한

---

11) 칸트의 시간 개념과 관련하여 칼 만츠케(Karl H. Manzke)의 *Ewigkeit und Zeitlichkeit. Aspekte für theologische Deutung der Zeit* (Göttingen, Germany: Vandenhoeck und Ruprecht, 1992), 151ff.를 비교하라. 본래, 칸트는 인간의 직관 안에 무한으로서 시간이 주어지는 것으로 신학적으로 해석했다(82ff.). 그러나 이후에 그는 그의 생각을 인간중심적 해석으로 대체했다. 그러나 이러한 점은 타당성을 갖지 못했다. 왜냐하면 유한한 인간의 주관과 자의식은 좀처럼 시간과 공간의 무한한 전체성에 대한 객관적 타당성을 보증해 줄 수 없기 때문이다(153).

공간과 영원의 무한한 전체를 전제하고 있다면, 공간과 시간 개념의 정의는 물리학자와 수학자만의 특별 영역일 수 없다. 물론 물리학자와 수학자들은 공간과 시간의 측량에 있어서 경쟁력을 갖고 있다. 그러나 그 경쟁력을 실행함에 있어서 과학자들은 공간과 시간에 관한 직관적인 현재 개념 안에서 활동한다. 그런데 그 현재적 개념이란 것이 그들의 측정으로 구성되거나 충족되는 것이 아니라는 것도 분명하다. 그러므로 공간과 시간의 본성에 관한 문제는 물리학과 기하학의 범주를 넘어선다. 바로 그러한 이유로 일반상대성 이론의 시공 개념과 같은 공간과 시간에 관한 과학적 기술(description)의 변화가 공간과 시간의 본성에 관한 철학적 주제에 사람들이 생각한 만큼 기여하지는 못했다.[12] 물리학자들의 기여는 공간과 시간 내에서의 순간을 측량하는 것과 관련이 있다. 물론 그것은 중요하다. 그러나 스피노자와 아인슈타인과는 다르게, 공간과 시간의 본성은 공간과 시간의 분할되지 않고 무한한 전체가 모든 측정보다 선재해 있기 때문에, 공간과 시간의 본성 자체는 기술을 위한 그 어떠한 기하학적 모델을 넘어서 있다.

하나님의 광대하심과 영원은 피조세계의 유한한 실재보다 앞선다. 피조세계의 유한한 실재들은 기하학적 구성의 대상이며 물리학적 측정의 대상이다. 그러나 하나님의 광대하심이라는 무한한 공간과 하나님의 영원인 동시적 현존의 무한한 전체성은 우리 인간의 개

---

12) 시간의 철학에 대한 상대성의 영향을 알기 위해서, William L. Craig의 『시간과 영원: 시간과 하나님의 관계에 대한 탐구』(*Time and Eternity: Exploring God's Relationship to Time* (Wheaton, Ill.: Crossway Books, 2001), chap. 2, II.)

념과 공간과 시간 측정 안에 새겨져 있고 이미 전제되어 있다. 그러므로 하나님의 영원은 피조물의 시간과 구분된다. 그러나 하나님의 영원이 피조물의 시간을 구성하며, 하나님의 광대하심은 그의 피조물의 공간을 구성한다. 이는 곧 공간과 시간의 무한한 전체성이 시간적이고 공간적인 부분이나 단위들과 모든 기하학적 기술보다 선행한다는 것을 가리킨다.

이제 나는 장 개념과 영으로서의 하나님에 대한 장의 적용에 관해 말하고자 한다. 앞서 나는 공간과 시간 혹은 시공이 일반상대성 이론에서 장 이론의 유일한 기본적 요건임을 말한 적이 있다. 우주는 하나의 장으로 묘사된다. 원리적으로 물질적 개체들(혹은 입자들)은 우주적 장의 특이점들(singularities)로 간주된다. 그러나 만일 시간과 공간에 대한 모든 기하학적 진술들이 무한하고 분할되지 않는 전체, 즉 하나님의 광대하심과 영원이라는 우선적 개념에 기초하고 있다면, 이 무한하고 비분할적인 전체는 또한 무한한 장으로 설명될 수 있다. 이 무한한 장은 곧 하나님의 영의 장으로서 물리학자들에 의해 연구되고 기술되는 일반상대성 이론에서의 시공을 비롯한 모든 유한한 장들을 구성하고 관통한다. 이러한 관계는 어떻게 하나님의 영이 창조세계에서 피조된 실재의 자연적 장과 힘을 통해 작용하는지에 대한 설명을 제공해준다. 장 개념으로서 하나님의 영을 해석하는 것이 자연 세계와 하나님의 근본적 관계를 이해하는 데 결정적인 요소이다.

장 개념의 이러한 신학적 사용은 물리학자들이 고안해낸 어떤 특정한 장 이론에 의존해 있거나 그것을 필요로 함을 의미하지 않는다.[13] 그럼에도 장 개념의 신학적 사용은 물리학의 장과 관련이 있다. 왜냐하면 물리학에서의 장은 우주의 공간적이고 시간적인 설정 안에서 발생하는 모든 물리적 장의 선재적 조건들을 다루고자 하기 때문이다. 장 개념을 신학적으로 사용하는 것에 대해 지적한 폴 킹혼(John Polkinghorne)은 공간과 시간 개념과 장 개념을 관련시키는 내 주장에 주의를 기울이지 않았다. 그는 장 개념은 모호한 방식이 아니라 그 자신이 밝힌 대로 "구체적인 의미"를 지녀야 한다는 점을 알았어야 했다.[14] 비록 물리학자들의 장 이론과 상이하다고 해도 말이다. 내가 패러데이를 언급했을 때, 그것은 그 자신의 과학적 작업 이면에 있는 보다 형이상학적인 면으로서, 내가 관심을 가지고 있던 바 물질적 실체들과 관련된 역장보다 선재적인 것이었다.[15] 비록 힘 개념이 이후에 아인슈타인의 장 이론에서 제거

---

13) 이는 나의 해석이 "물리 과학에 지나치게 관련된" 것이라 보는 여러 사람들이 강조한 바이기도 하다(Wicken, "Theology and Science in the Evolving Cosmos," 48, 51-52.) 나는 Mark W. Worthing이 제시한 이슈와 "신학을 특정한 물리 이론 위에 세워가는 것은 잘못된 것"이라고 본 그의 견해(Worthing, *God, Creation, and Contemporary Physics*, 124)에 전적으로 동의한다. 내가 우주적 힘들에 대해 천사들과 같은 성서적 용어들과 관련시키고 신학에서 이러한 관점의 가능한 접근법을 논증했을 때(Wolfhart Pannenberg, *Systematic Theology*, vol. 2 [Grand Rapids: Wm. B. Eerdmans, 1994], 102ff.) 나는 과학과 신학을 혼동하고자 한 것이 아니라 초월적 하나님이 창조세계 안에서 현존하고 일하신다는 전통적인 기독교 신념을 그의 영원이 시간적 사건들 안에 현존하며 분할되지 않는 하나님의 방대함의 무한한 공간이 기하학적 공간의 부분 안에 현존하고 있다는 것과 같은 식으로 표현하고자 했다. 하나님의 현존은 피조물의 활동을 배제하지 않으며, 피조물의 고유한 호라동 형식을 통해서 이뤄진다.

14) Polkinghorne, "Wolfhart Pannenberg's Engagement with the Natural Sciences," 154.

15) William Berkson의 *Fields of Force: The Development of a World View from Faraday to Einstein* (London: Routledge and K. Paul, 1974), 50-51을 보라. 그리고 T. F. Torrance와 James Clerk Maxwell이 편집한 *A Dynamical Theory of the Electromagnetic Field* (Edinburgh: Scottish Academic Press, 1982)의 서문 7-8에서 James Clerk Maxwell과 Faraday의 관계에 관한 설명을 참고하라.

되는 경향을 보인다는 것을 나도 알고 있긴 하더라도 말이다.[16] 내가 아인슈타인의 장 개념을 말했을 때, 나는 시공(space-time)으로 환원되는 장 개념에 보다 관심이 있었다. 그러나 나는 공간과 시간의 본성이 측정되고 시공의 기하학적 틀 안에서 표현된다는 견해를 따르진 않았다. 그러한 입장은 아인슈타인이 스피노자주의(Spinozism)에 경도되었다는 걸 보여준다. 신학은 하나님의 광대하심과 편재와 관련해서도 신의 초월성을 주장해야 한다. 나는 장으로서의 하나님의 영을 제시함으로써 하나님의 실재와 시간과 공간 안에 있는 자연세계 사이에 내적인 관련성 뿐 아니라 차이도 있다는 것을 말하고자 했다. 피조물의 공간과 시간은 부분들로 이뤄져 있고, 부분들로 나뉜다. 그러나 그것들이 곧 하나님은 아니다. 또한 피조물의 공간과 시간은 기하학적 기술의 대상이고 물리학적 측정의 대상이지만, 그것 자체가 하나님인 것도 아니다. 하나님의 광대하심과 영원으로부터 피조물의 공간과 시간으로의 변화는 유한한 사건들과 실체들이 스스로 하나님의 편재와 그의 영원의 현존 안에서의 분할되지 않는 공간 안에서 자신의 실존을 인정할 때 일어난다. 유한한 피조물의 존재는 측량가능한 공간과 시간의 틀 안에서 기술되는 관계들을 수반한다. 일반상대성 이론의 시공 개념은 공간과 시간의 구조가 뭉쳐진 에너지(masses)와 같은 유한한 실재의 현존에 의존하고 있다는

---

16) Jammer, *Concepts of Force*, 200ff., especially 211ff., 257-258. 이는 곧 힘 개념이 신학으로 돌아감을 뜻한다. 다시 말해서 바울이 하나님을 힘의 역동(롬 1:20)으로 말한 것과 관련이 깊다. 그러나 아인슈타인이 세우고자 한 통합된 장 이론의 미비 때문에, 과학자들은 네 가지 기본적인 자연적 힘들을 말하고 있다: 중력, 전자기력, 그리고 강력과 약력이 그것이다.

것을 표현한다는 점에서 철학적으로 중요하다. 이러한 의존은 거꾸로 덩어리의 발생을 시공 개념으로 환원함으로써 알 수 있다.[17] 하지만 이러한 시도들의 상관성은 양자 물리학에서 사건들의 환원불가능성에 의해 제한받는 것처럼 보인다. 이 같은 사실은 앞서 진술한 우연성에 대한 강조와도 관련이 있다.

장 개념을 신학적으로 사용하는 것에 대해 폴킹혼은 "그러한 장들이 우연성과 내적인 관련성을 가진다"는 점을 부인했다.[18] 이는 장 개념을 어떻게 이해하느냐에 따라 달라질 수 있다. 폴킹혼의 견해는 물리학에서의 고전적 장 이론에 따르면 분명히 옳다. 그러나 그 자신은 양자 장에서 발생하는 예외적인 경우를 고려하지 않았다. 일반적으로 장 개념은 우연성의 여지를 가진다. 시간의 비가역성을 고려해서 개별적인 새로운 사건들의 특성인 진기함의 원천으로서 시간을 생각한다면 말이다. 가령, 프리고진(Ilya Prigogine)이 제안한 것처럼 자연적 과정의 개방성을 기술하기 위해서 장 개념을 그렇게 적용하는 것이 가능한가 그렇지 않은가의 여부를 신학자가 결정할 수는 없다.[19] 하지만 모든 생명체의 창조적 기원이신 하나님의 활동과 관련해서 장 개념을 우연성과 관련짓는 것은 적절하다. 생명이 환경과 미래에 무아적으로 개방되어 있는 것(ecstatic openness)은 하나님의 영의 창조적 활동에 상응한다. 그리고 만일 하나님의 영이 역동적 장으

---

17) Max Jammer, *Concepts of Mass in Classical and Modern Physics* (Cambridge, Mass.: Harvard University Press, 1961), final chapter.

18) Polkinghorne, "Wolfhart Pannenberg's Engagement with the Natural Sciences," 155.

19) Ilya Prigogine and Isabelle Stengers, *Order Out of Chaos: Man's New Dialog with Nature* (New York: Bantam Books, 1984).

로서 활동한다면, 우리는 장의 효력과 관련하여 우연성과 관련된 장 개념을 말할 수 있다.[20] 이는 또한 카오스 이론에도 상응하며, 이러한 점은 폴킹혼과 아서 피콕(Arthur Peacocke)이 "위로부터 아래로의 인과율"(top-down causality)이라고 부른 "부분에 대한 전체의 작용" 뿐만 아니라[21] "복잡계에서의 거대 규모의 질서잡힌 구조의 자생적(spontaneous) 발생"과도 관련되어 있다. 우리가 기독교 창조 신학의 언어로 이러한 현상의 출현을 설명하고자 한다면, 우리는 신적 로고스와 협력하고 있는 하나님의 창조적 영의 활동을 말해야만 한다.

성서에서, 하나님에 관한 서술은 여러 방식으로 이뤄진다. 그 중 하나는 하나님의 본질을 영(pneuma)으로 이해하는 것인데, 그와 같은 서술은 요한복음 4:24에서 나타난다. 상당히 자주, 영은 하나님이 활동하시는 힘으로 여겨진다. 또한 영은 신자들에게 하나님의 은사로 그리고 아들과 아버지를 영광스럽게 해주는 위격적 실재로 말해진다. "하나님이 영이시다"라고 했을 때, 하나님이 오직 영이신 것만은 아니라는 말이 덧붙여져야 한다. 하나님은 인격적인 실재로서, 삼위의 인격적 실재이시기 때문이다. 하나님의 영(The divine Spirit)은 인격적 중심들, 아버지와 아들 그리고 성령(Holy Spirit)의 위격들

---

20) 보다 자세한 논의를 위해서 Philip Hefner, "The Role of Science in Pannenberg's Theological Thinking," in *The Theology of Wolfhart Pannenberg*, eds. Carl E. Braaten and Philip Clayton (Minneapolis: Ausburg Fortress, 1988), 275ff. 그리고 Pannenberg, *Systematic Theology*, vol. 2, 126ff.를 참고하라.

21) Polkinghorne, "Wolfhart Pannenberg's Engagement with the Natural Sciences," 154; compare Niels H. Gregersen, "God's Public Traffic; Holistic versus Physicalist Supervenience," in *The Human Person in Science and Theology*, ed. N. H. Gregersen et al. (Edinburgh: T & T Clark, 2000), 153-188.

안에 존재한다. 하나님의 영의 장이 아버지, 아들 그리고 성령이라는 세 가지 특수성(singularities)을 갖고 있다고 말할 수 있을 것이다. 그리고 하나님의 영의 장은 창조세계를 통해서 드러나지만,(radiating) 그 세 가지 특이성으로만 존재한다.(exists) 창조세계 안에서 성부 하나님은 자신의 말씀(Word)과 생명을 부여해주는 성령을 통해서 일하신다.[22] 말씀과 성령은 모두 자연 세계를 기술하는 과학과 관련될 수 있다. 신적 로고스는 창조세계의 형태와 질서의 창조적 기원으로, 성령은 자연적 과정의 역동성과 관련해서 말이다. 공간과 시간에 관한 신학적 해석과 관련하여 장으로서 영의 본성을 이해하는 것은 그러한 확신을 해명하는데 기여한다.

---

22) * 보다 자세하게 알기 위해서는 W. Pannenberg, *Systematic Theology*, vol. 2, 76-115, 특히 "The Cooperation of Son and Spirit in the Work of Creation," 109ff를 참고하시오.

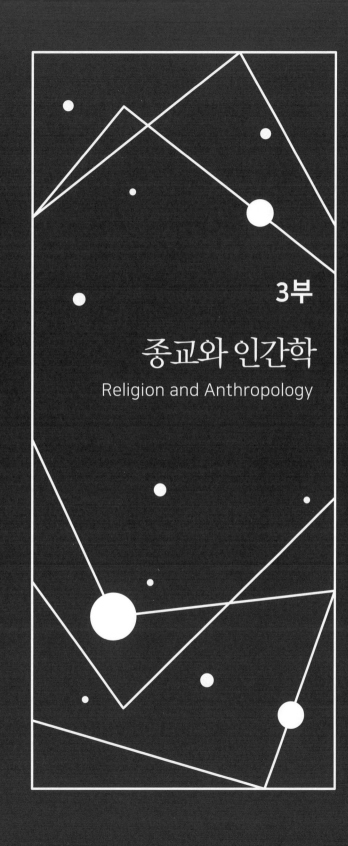

3부

종교와 인간학

Religion and Anthropology

종교와 인간 본성
Religion and Human Nature

인간이 어떤 식으로든 신들이나 신적인 힘을 숭배한다는 것은 고등동물과 구별되는 독특한 특징 중 하나이다. 즉, 인간만이 종교를 가지고 있다. 이러한 점은 인간만이 불과 도구를 다루는 것에 비견될 정도로 특징적이다. 그럼에도 인문 과학과 철학적 인간론은 이러한 주제를 단지 부차적으로만 다루어 왔다.

우리는 종교 연구에 관한 입장을 세 가지로 분류할 수 있다. 첫 번째 관점은 종교 자체를 전적으로 배타적으로 여기는 입장이다. 가령, 레비스트로스(Claude Lévi-Strauss)는 토테미즘에 관한 연구에서 종교 현상의 특성을 추상적 사고의 원시적이고 투박한 예비적 형태로 환원시켰다. 레비스트로스에 따르면, 토테미즘은 포괄적 개념들을 구성하는 것 그 이상이 아니다. 그는 마르셀 모스(Marcel Mauss)가 원시인들의 경험 속에서 마나(mana)라고 하는 신비한 힘의 가능한 실재에 대해 말하는 것을 분명하게 비판했다. 레비스트로스는 신비적 실재에 관한 개념들은 추상적 사고의 기능으로 환원시켜야 한다고 보았다.

두 번째 관점은 종교적 현상을 인간학적으로 규정되는 환상이 아니라 순전히 세속적인 언어와 같은 다른 형태로 서술될 수 있는 인간적 실재의 기본적 구조를 표현해주는 탈중심적(marginal) 현상으로서 이해하는 입장이다. 이에 대한 한 가지 예로는 헬무트 플레스너(Helmuth Plessner)의 경우를 들 수 있다. 그는 인간의 독특성을 기이한 생명-형식(life-form)의 관점에서 기술했다. 즉, 인간은 그 자신 바깥에 서 있을 수 있으며, 거기서 자신을 제대로 평가할 수 있다는 것이다. 그런 점에서 인간은 자의식(self-awareness)을 지니고 있다. 인간은 각자의 경험과 태도로부터 기이한 생명-형식을 구분해내기 때문에, 인간은 "개방된 잉여"(an open surplus)를 향하고 있다. "오직 모든 것(All)이나 다름없는 최상의 힘과 신비가 이러한 개방성에 균형을 잡아주며 그 개방성에 충분한 토대가 된다."[1] 종교는 여기서 한갓 환상으로 여겨지지도 않고, 인간 생명의 구성물로 간주되지도 않는다. 종교는 인간성의 구조에 상응한다. 인간성 구조 자체는 종교적 용어를 통한 이해가 필요한 것이 아니다. 마찬가지로, 아놀드 겔렌(Arnold Gehlen)은 토테미즘을 해석하면서, 종교를 개인들의 독립적인 제도(institutions)가 성립되기 위한 기초로 간주했다. 겔렌에

---

1) Helmuth Plessner, *Die Frage nach der Condito humana, Aufsätze zur Philosophischen Anthropologie* (Frankfurt: Suhrkamp, 1976), 7-81, quotation at 67.

게 있어서, 제도는 인간의 세계 개방성에 균형을 제공함으로써 인간에게 안정을 준다. 즉, 제도는 인간에게 필수적인 지원이 되는 셈인데, 그것이 바로 종교이다. 그러나 플레스너와 달리 겔렌은 종교를 오로지 합리적 관점에서 제도 자체에 목적을 둔 하나의 예시로서 보았다. 그러므로 겔렌은 종교를 제도의 기능을 위한 영속적인 조건으로 이해하지 않았다.

특별히 인간의 초기 역사에서 종교적 삶에 관한 사실을 다루는 세 번째 관점은 종교를 인간 발전의 변화로서 상당히 명시적으로 이해하는 것이다. 뒤르켐(Émile Durkheim)과 그의 사상을 이어받아 의사소통 행위 이론으로 더욱 발전시킨 하버마스(Jürgen Habermas)에 따르면, 종교란 사실상 사회적 체계에 있어서 원시인들의 삶에 근본적인 것이다. 그러나 종교의 힘은 단지 개인에 대한 사회의 힘을 대표할 뿐이다. 따라서 계몽된 인간은 더 이상 종교를 필요로 하지 않는다. 그에게 있어 신학은 사회학으로 대체된다. 물론 이러한 견해는 종교적 자의식은 순전히 환상이라는 견해로 전개될 수 있다. 레비스트로스는 뒤르켐 학파 중 한 사람이었다.

이러한 세 가지 관점들은 공통적으로 가정한다. 그것은 현대의 사회 과학자들이 인간을 사회과학적으로 이해하듯 인간은 세속적으로 구성되어왔다는 것이다. 그러나 인간은 또한 종교적 사상들을 만들어낸다. 그것이 비결정성을 향해 나아가는 자기 초월성의 상호작용이든 세속적 개념의 원시적 형태이든 혹은 개인을 지배하는 사회적 힘의 표현으로 이해되든 말이다.

그러나 인간이 본성적으로 순전히 세속적 존재라고 보는 입장은 화석학, 민족학과 문화사를 통해 알려진 지식과 충돌한다. 수많은 발견들은 종교의 구성적 의미를 증언해준다. 특히 초기 인간 발전의 시작 단계에서 말이다. 이러한 발견들을 해석함에 있어서, 인간 삶의 형태가 원리적으로는 세속적 관점에서 기술될 수 있다고 가정할 수도 있다. 가령 전통 문화에서 곡식을 문지르는 것과 같은 것처럼 말이다. 확실히 그렇게 할 수도 있지만, 현대의 해석자들에게 부여되는 그러한 과정과 연관된 증거를 무시해서는 안된다. 결국 그것은 인간 역사에서 전근대적 문화의 전부가 아니며, 바로 그러한 점에서 망상으로 전락한 근대성 자체에 대한 세속적 정신과 같다. 그러한 망상은 기독교적인 종교적 문화로부터 이탈한 근대 인간의 과학의 기원과 맞물려 있다.

이제 인간과 종교 사이의 근본적인 관계에 대해 자세히 살펴보자. 나는 이에 관해 세 가지로 분류하여 논의할 것이다.

첫째, 고대 매장 풍습에 관한 것이다. 칼 나르(Karl J. Narr)에 따르면, 죽은 이를 매장하는 것은 "죽음 너머의 다른 삶"[2]에 대한 믿음을 보여주는 것이다. 월러스(Anthony Francis C. Wallace) 또한 매장지가 어느 곳이든, 종교가 어떤 식으로든 존재했다는 것을 보여준다고 보았다.[3] 그 시기는 초기 석기시대까지 거슬러 올라간다. 그리고 나르는 매장 관습은 좀더 이른 시기에 형성되었을 거라고 본다. 왜냐

---

2) Karl J. Narr, "Beiträge der Urgeschichte zur Kenntnis der Menschennatur," in *Neue Anthropologie*, eds. Hans-Georg Gadamer and paul Vogler, Kulturanthropologie 4 (Stuttgart: Thieme; Munich: Deutscher Taschenbuchverlag, 1973), 3-62.
3) Anthony F. C. Wallace, *Religion: An Anthropological View* (New York: Random House, 1966).

하면 초기에 매장은 단지 동굴 안에서만 이뤄졌던 반면, 당시 사람은 대개 개방된 영역과 구성된 거주지에서 살았기 때문이라는 것이다. 여하튼 1974년에 나르는 매장에 관한 이러한 논증을 통해 짐승으로부터 인간으로의 진화의 목적과 인간성의 시작에 대한 목적을 설정하는 결정적 기준을 제시했다. 이는 종교와 인간은 처음부터 함께 시작했으며, 사실상 인간과 선행인류(prehuman)를 구분해주는 결정적 기준이 된다는 것을 가리킨다.

둘째, 종교가 모든 문화의 기초가 된다는 점이다. 이 사실은 일반적으로 인류학자들이 전해주었다. 비록 말리노프스키(Bronislaw Malinowski)가 뒤르켐과 레비-브륄(Lucien Lévy-Bruhl)에게 제기한 것과 같은 비판들이 있었다 해도 말이다. 말리노프스키는 뒤르켐이나 브륄의 판세클라리즘(pansacralism)에 반대하며 선사 문명에서도 신화나 제의와는 구분되는 관습과 세속적 영역의 독립성만을 긍정하고 싶어했기 때문이다. 하지만 말리노프스키 자신은 고대 문화의 통합을 위한 신화의 근본적 의미를 강조했다. 그래서 엘만 서비스(Elman R. Service)에 따르면, 정치 지배구조의 기원은 단순히 경제적 필요만으로 설명될 수 없고, 우선적으로는 세계의 기원과 관련된 신적 힘의 지상적 재현 개념으로부터 나온다.[4] 따라서 문화가 종교적 뿌리로부터 생성된다고 했을 때, 문화인류학자들이 문화 발전의 종교적 연원을 고려하여 문화 개념을 정의하지 않는 점은 의아

---

4) Elman R. Service, *Origins of the State and Civilization: The Process of Cultural Evolution* (New York: Norton, 1975).

하다. 암시적으로 혹은 가령 베를린 출신의 철학자 란트만(Michael Landmann)과 같이 직설적으로 인간을 문화의 "창조자"로 간주한다면, 우리는 초기 문화의 사람들이 란트만이 밝힌 것처럼 그들 자신의 문화적 방식을 인간의 생산품(product)이 아니라 "자연적으로 주어진 것 혹은 신적인 선물"로 간주했다는 난해한 사실을 다루어야만 한다.5) 그러한 점은 그저 착각일 뿐인가? 란트만이 언급했듯이, "객관적으로 실재하는 창조적 힘이 주관적으로는 발견되지 않은 것"이라고 말하는 것은 충분한가? 물론 부분적으로는 맞을 수 있다. 그러나 고대 문화에 관한 자기 이해를 인간 정신의 창조적 결과물로 대체할 수 있다는 것이 합당한 견해가 되려면, 마땅한 이유가 있어야 한다. 그러나 지금까지 어떤 이론도 적절한 근거를 제공하지 못했다.

셋째, 문화의 기원에 대한 물음을 언어의 기원과 관련짓고자 한다면, 문제가 보다 확실하게 드러난다. 이러한 점이 가장 심도 있게 논의되는 주제이다. 거대한 고대 매장지들과 고대 종교에 관한 도출된 결론들이 확실치 않고 고대 문화에서의 종교의 의미 또한 그렇더라도 언어의 문제는 또 다르다. 대부분의 학자들은 인지된 것에 관해서 사회적 의사소통의 필요와 인지 문제를 다루는 것으로

---

5) Michael Landmann, *Philosophische Anthropologie, Menschliche Selbstdeutung in Geschichte und Gegenwart* (Berlin: de Gruyter, 1955; 4th revised and expanded ed. Berlin and New York, 1976) [English: *Philosophical Anthropology*, trans. David J. Parent (Philadelphia: Westminster, 1974)]; see also Michael Landmann, *Pluralität und Antinomie. Kulturelle Grundlgen seelischer Konflikte* (Munich and Basel; E. Reinhardt, 1963).

부터 언어가 나왔다고 본다. 하지만 다른 요인이 또한 언어가 생겨나는데 작용했다는 견해도 있다. 우리는 우선적으로 종교적 요인에 주목한다.

무엇보다 이러한 견해는 유아들의 언어 습득에 관한 심리학의 영역에서 발견된다. 피아제(Jean Piaget)는 언어 습득이 유아들의 놀이와 긴밀한 관계가 있다는 점을 밝혔다.[6] 그러나 인간의 놀이는 피아제가 생각한 것과 같이 순수한 현상만은 아니다. 재현적이고 모방적인(representative and imitative) 현상에 관한 기원은 문화역사적 관점으로 봤을 때, 제의의 측면과 관련되어 있기 때문이다. 유아의 언어 습득이 유아의 상징적 놀이와 관련되어 있다면, 장난감은 기억과 상상 안에 있는 것을 구체화하도록 돕는다. 이러한 관점은 언어를 사용한 이름붙임(naming)으로의 변화에 대한 설명이 된다. 그러한 놀이가 무아적 경향 안에 있는 대상을 드러내주기 때문에, 막대기는 아이들이 말을 탈 수 있게 해주고, 놀이의 대상과 진정한 내용을 구성해주는 것은 오로지 타는 것밖에 없다. 그러나 아이들의 언어가 무아경의 소유물과 관련되어 발생한다면, 그것은 곧 피아제가 네 살부터 일곱 살까지 아이들의 언어 발전의 특징을 "신화적"이고 "애니미즘적"이라고 한 것은 우연이 아니다. 피아제의 분석은 "상징형식의 철학"을 주창한 카시러(Ernst Casirer)가 언어의 기원을 신화

---

6) Jean Piaget, *La formation du symbole chez l'enfant; imitation, jeu et réve, image et représentation* (Neuchâtel, Switzerland: Delachaux et Niestlé, 1959) [English: *Play, Dreams, and Imitation in Childhood*, trans. C. Gattegno and F. M. Hodgson (New York: Norton, 1962)].

적 언어에서 찾은 것과 유사하다. 대상 그 자체는 음성 안에 나타난
다. 단어는 대상에 대한 주관적인 지명이 아니라 대상 그 자체의 재
현(히브리어 다마르와 비교)이다. 카시러는 단어가 신화적 단어와 관련
이 있으며, 신화적 단어 안에 대상 자체는 현재한다고 보았다. 신화
적 언어는 대상과 사실을 재현해낸다.

　마찬가지로 인간 역사 안에서 언어의 기원에 관한 물음을 고찰할
때, 풀리지 않는 점은 바로 재현적 기능이다. 즉, 단어와 문장 속 대
상의 재현 말이다. 동물들은 신호들(signals)을 이해하고 파트너의 행
동에 영향을 주는 다른 신호들을 주고 받는다. 그러나 언어를 갖춤에
있어서 결정적 단계는 신호들로부터 대상을 가리키는 이름들을 짓
는 것(namings)으로의 변화이다. 이러한 발전적 단계를 어떻게 이해
해야 할까? 유아들이 놀면서 내는 소리를 보면 자연스러운 부분이기
도 하지만, 명령어(imperative)가 단어와 문장의 본래적 형태라는 견
해가 자주 가정되었다. 명령으로부터 이름짓기가 시작된다는 것이
다. 이것은 본질적으로 탄원(invocation)에 가깝다. 이름짓기는 대상
에 대한 무아적 행위에 가깝다. 선사시대, 신호로부터 이름짓기로의
변화 또한 놀이와 관련되어 왔다. 특히 제의나 축제에서의 놀이와 관
련된다. 그런 점에서 나의 『신학적 관점에서의 인간론』(*Anthropology
in Theological Perspective*)에서 다음과 같이 밝혔다.

　　"사실상 놀이의 감정은 소리가 놀이의 대상을 대체해 준다는 것
　　을 잘 설명해 주며, 연관된 의미를 불러 일으키며, 대상의 개별적
　　객관성을 재현해 준다. 부재하는 대상을 단어로 표현하는 것은
　　상징과 같은 "단어의 본질"을 구성한다. 그것은 근본적으로는 신

146

화적 언어로 나타난다. 신화적 언어에서 대상은 현존할 뿐 아니라 행동하기 때문이다."[7]

즉, 놀이 활동은 단어에 의해 현전된(present) 대상의 활동으로 나타나는 것과 같다는 것이다.

"이는 곧 신화적 인과율(mythical causality)과 같으며, 언어적 진술의 형태이기도 하다. 그것은 이름 지어진 대상에 대한 경험된 활동으로 일어난다. 놀이하는 사람과 대상의 감정적 엮어짐은 둘 모두를 하나가 되게 하며, 서로 이해하게 만들어 준다. 이는 언어가 본질적으로 종교적 감정으로부터 나온다는 것을 의미한다. 따라서 언어는 인간이 만들어낸 것이 아니라, 경험과 영감으로부터 나온 것이라 할 수 있다."[8]

지금까지 언어에 관해 자세하게 말했다. 언어는 문화현상에 근본적인 것일 뿐만 아니라 현재의 철학적 논의에 있어서도 근본적 의미를 제공하기 때문이다. 언어에 있어서 종교적이고 명확한 구성적 의미가 밝혀진다면, 그것은 인간적 삶이 궁극적으로 더 깊은 종교적 층위로부터 지탱되고 유지된다는 것을 보여주는 중요한 증거가

---

7) Wolfhart Pannenberg, *Anthropologie in theologischer Perspektive* (Göttingen, Germany: Vandenhoeck & Ruprecht, 1983), 347-348 [English: *Anthropology in Theological Perspective*, trans. Matthew J. O'Connell (Philadelphia: Westminster, 1985)].
8) 위의 책, 348.

될 수 있다.

지금까지 언급한 내용은 뒤르켐과 하버마스가 제시한 것의 가능성을 제공해 준다. 그건 바로 종교가 인간 역사의 시작과 문화 구성에 근본적이라는 것이다. 심지어 인간 언어의 출현에 있어서도 말이다. 그러나 근대의 인간은 그들 스스로 종교적 근원으로부터 탈피하려 했다. 근대에서도 종교와 인간에 대한 고찰은 이어졌지만, 근대의 세속 문화에서 종교적 근본으로부터의 결별은 가능한 것으로 여겨졌다. 우리는 종교적 주제의 완전한 포기가 부정적 결과를 가져오는 압제적 현상으로 여겨질 수 있는 것인지에 대해 숙고해야 한다. 프로이트(Sigmund Freud)는 기본적인 성적 욕구를 억압하는 인간 개인의 삶과 인간 상황의 결과를 연구했다. 인간 삶의 종교적 측면을 제한하거나 부정하는 것 역시 동일한 끔찍한 결과를 가져오지 않을까?

이러한 의심을 가능하게 해주는 몇 가지 암시가 있다. 첫째, 세속 문화 세계에서 팽배해 있는 의미의 결핍과 소외의 감정이 그것이다. 그 둘은 깊이 얽혀있다. 소외란 인간이 일상을 그들 자신의 정체성에 통합시키지 못한다는 것을 가리킨다. 그들은 일종의 이방인으로 남아있으며, 일상을 의미없는 것으로 여긴다. 그러나 인간은 그 자신의 환경에 대해 의미있는 방향을 설정해야 한다는 것을 안다. 그 의미는 인간 자신에게서 주어지는 것이 아니며, 임의적으로 구성될 수 있는 것도 아니다. 의미들의 임의성(arbitrariness)과 전이성(transferability)은 현대의 세속 세계가 그 자체에 의미를 갖고 있지 않다는 현실을 보여준다. 그 결과는 삶이 완전히 무의미하다는 감정이다. 인간은 더 이상 그들 자신의 위치와 정체성, 자신의 의미를 세계 안에서 찾을 수 없다. 삶을 지탱하는 의미를 찾지 못하는 인간은 소외를 경험한다. 빈의 심리학자 빅터 프랭클(Viktor E. Frankl)은 그러한 "자신의 결핍" 경험에 대해 언급했다. 그는 하나님을 잊어가고 있는 세속 세계로부터 발생하는 '시대의 질병'을 지적한다. 프랭클은 신경증적 질환의 급속한 증가와 자살률의 상승도 그와 관련이 있다고 본다.

이제 나는 두 번째 암시를 살피고자 한다. 그것은 문화 역사적인 종교적 뿌리와 분리된 세속 세계는 정치적 질서와 같은 사회 제도의 쇠퇴 속에서 안정적인 상황으로 나아가지 못한다는 사실이다. 가정, 법, 교육의 영역에서 개인보다 우선시되는 삶의 질서의 견고함이 사라지고 있다. 이는 그저 전통적인 제도적 형태들이 변하고 있다는 것만을 가리키지 않는다. 그와 더불어, 개인을 넘어서 포괄적인 생명의 질서에 관한 정당성 또한 설득력을 잃어버렸다는 것을 가리킨다. 개인들이 그러한 질서에 적용해야 하는 요구사항은 불합리한 것으로 간주된다. 이는 정치적 질서에 있어서 특별히 그러하다. 다른 사람들에 대한 사람의 규칙이란 것은 오로지 모든 인간의 변덕과 속임수를 넘어서 인간 행위를 판단하는 권력의 임의적 의지보다 질서가 더 낫다고 여겨질 때만 용인된다. 법적인 질서, 궁극적으로는 구조가 그러한 판단을 조정해 준다. 그러나 법 그 자체의 질서가 단지 인간에 의해 만들어지고 상대적으로 다수의 의견에 의해 변화된다면, 시민들이 준수해야 한다는 법적 질서의 정당성 역시 흔들리게 된다. 질서의 방책으로서의 종교로부터 근대 사회가 결별하는 것은 결국 모든 종류의 정치적 통치의 정당성에 대한 신뢰의 결핍으로 이어진다. 세속 국가의 정당성뿐 아니라 세속 사회의 다른 제도 또한 그러하다. 물론 시민의 의식에서 서서히 퍼져가는 권위의 약화가 즉각적인 붕괴로 이어지진 않을 것이다. 제도가 계속해서 역할을 다할 것은 분명하다. 사회적 시스템이 붕괴될 위험은 없어 보인다. 그러나 그러한 시스템은 비일상적인 압박에 노출되어 있다. 그 압박이 외부적이든 내부적인 것이든 말이다. 세속 국가의 정당성에 대한 위기 그리고 법적 질서의 정당성에 대한 위기는 지평선의 작은 구름과 같이 미미한 것일 수도 있다. 하지만 종교적 뿌리로부터 느슨해진 사회 질서가 끝까지 살아남을지에 관해서는 장담할 수 없다.

　수십 년 전에 세속 문화를 의식한 주제는 막스 베버의 영향 속에서 형성되었다. 그것은 운명적인 발전에 관한 것으로, 종교는 갈수록 주변부로 밀려날 것이란 예측이었다. 피터 버거(Peter L. Burger) 또한 그의 저서 *A Rumor of Angels*(1969)에서 이를 전망했다.[9] 그러나 얼마 지나지 않아 1973년에 버거는 또 다른 책인 *The Homeless Mind*를 출간했다.[10] 이 책은 세속화의 과정, 즉 버거가 말하길 선호하는 효율적 조직화, 관료화와 산업화를 통한 사회의 "근대화"가 결코 선형적(linear) 차원에서의 진보는 아니라는 것을 보여주었다. 그 과정은 반동적 힘이 없이는 지속될 수 없었다. 다시 말해서 사회의 근대화는 생명의 의미의 모든 요소들을 개인 선택의 변덕으로 넘겨버린다. 종교뿐만 아니라 예술과 모든 문화적 전통의 내용들까지

9) Peter L. Burger, *A Rumor of Angels: Modern Society and the Rediscovery of the Supernatural* (Garden City, N. Y.: Doubleday, 1969).
10) Peter L. Burger, Brigitte Berger, and Hansfried Kellner, *The Homeless Mind: Modernization and Consciousness* (New York: Random House, 1973).

말이다. 공적인 삶은 모든 의미의 필수적인 기초들로부터 괴리된다. 의미에 관한 임의적 관점은 인간의 변덕을 넘어서 있는 의미 자체를 파괴한다. 버거에 의하면, 삶의 공적인 질서가 더 이상 규정적인 의미를 밝혀주지 못하기 때문에, 그 결과 세속 사회 어디서든 본성적으로 하위 문화적인(subcultural) 반동적 운동이 일어난다. 주목할 점은 그러한 운동의 외적인 표현이 아니다. 외적 표현은 정치적 저항의 침묵의 부재 형태를 취할 수도 있고 방해가 될 수도 있다. 이러한 반동문화의 움직임은 주로 젊은이들에게서 일어났다. 그들은 근대 사회 시스템에 저항했고 그것을 공허하고 무의미한 것으로 여겼다. 그러한 저항의 토대는 본성적으로는 종교적인 것이었다. 왜냐하면 인간은 종교가 제공하는 규정적 의미가 없이 살아갈 수 없기 때문이었다. 따라서 종교가 점차 세속 문화로 대체될 거라 보지 않는다. 무엇이 되었든 세계 종교는 통치시스템의 붕괴와 퇴락 속에서도 존속해왔다.

결론적으로, 종교성은 원시 인간의 것만은 아니다. 종교가 인간 문화와 언어의 출현에 구성적 의미를 가졌으나 이제 세속적인 인간 삶의 자기 해방으로 대체되었다는 사상은 여전히 더 많은 증거를 필요로 한다.

세속 세계에서도, 종교적이라 부를 수 있는 감정적 측면은 처음부터 암시적으로 현존해왔고, 모든 인간 역사 안에서 실재했다. 이에 관해 언어로 표현하지 못하는 동안, 종교적 감정은 영적인 발전에 있어서 경도된(ossification) 형태로 남았다. 결국 인간이 주체 철학에서 말하는 시초부터 경험을 통해서 형성되는 "나"라는 정체성을 갖는 것은 개인 발전에서 상당히 후기에 나타나는 것이다. 알려진 바와 같이, 유아들은 "나"라는 말을 상당히 늦게 배운다. 자신의 이름을 사용한 후에야 "나"라는 말을 사용한다. 발달단계에 대한 현대 심리학의 발견(예를 들어, 로에빙거(Jane Loevinger)의 연구)은 언어 사용과 획득의 분석으로 수렴된다. 결론적으로는 언어 사용을 배우기 전에는 "나"란 사실상 존재하지 않는다는 것이다. 어쨌든 처음에는 유아들이 그 자신을 엄마와 구분하지 못하고 그녀와 하나로 연결되어 있다고 여기는 "공생의(symbiotic) 영역"이 있다. 아이들이 스스로 분리되어 있는 사물을 이해할 수 있는 것은 그들이 세계 내에서 사물들을 구별하는 것을 배우고 난 뒤의 일이다. 그러한 경험을 통해서 타자에 대한 기대와 요구는 사회 심리학자 미드(George Herbert Mead)가 말한 것처럼 중요한 의미를 가진다. 그러나 "나"라는 단어가 사용된 후에도 여전히 혹은 오랫동안 주체의 이상적인 개념으로서의 "견고하고 지속하는 자아"는 없을 수도 있다. 처음에는 "나"가 모든 순간마다 다른 어떤 것이 되는 것과 구분되지 않는다. 안정적 자아는 정체성을 구성하는 지난한 과정의 결과이기 때문이다. 이 과정은 대개 부분적으로는 사회 심리학적 관점으로 기술될 수 있다. 가령 사회 환경으로부터의 판단과 기대, 규범의 내면화와 같이 말이다. 그러나 에릭슨(Erik Erikson)이 "건강한 인격 발전"이라고 부른 "기본적 신뢰"(basic trust)와 같은 또 다른 것도 요구된다. 이는 아이들의 성장, 영양과 지지를 제공하는 세계에 대한 개방을 가리키는 것이기도 하다. 무언가를 기대하거나 신뢰하는 행위가 없다면 사실 "기대"라는 말은 아직 합당치 않다. 어머니와의 "공생적" 유대 속에서 아이들은 매우 근본적으로 그 자신 외부에서 존재하는 셈이다. "무아경" 혹은 감정은 "인격"(hypostasis)인 자기 자신 안에 실재하기 전부터 존재한다. 이는 언어의 첫 사용과 놀이 속에서 무아적 감정으로 지속된다. 심지어 정신적으로 창조적인 시기인 장년기에도 무아적인 감정은 계속된다. 무엇이 그렇게 만드는 것일까? 발달 심리학에서 말하는 유아와 엄마 사이의 공생적인 면으로 알려진 유아 발전의 초기에서의 삶의 양태를 어떻게 봐야 할까? 그것은 엄마에 의해 재현되는 일종의 사회인가? 그렇지 않다면 그것은 특정한 것들 내에서 드러나고 모든 제한들을 선행하기 때문에 처음부터 모든 제한들을 초월하는 비규정적인 전체라고 볼 수 있지 않을까? 유아 발달 초기에, 엄마는 아이에게 세계를 대변해 주며, 세계뿐 아니라 유아의 삶에 궁극적인 피난처이자 지탱의 지평인 신을 재현한다. 세상은 성장할수록 신뢰할 수 없는 곳이라 여겨지지만 말이다. 심지어 엄마도 그러한 막대한 신뢰감을 줄 수 없다. 기대를 완전히 충족시켜 줄 수 없기 때문이다. 부모의 역할이 제한적이라는 것을 체험하면 할수록 보다 건강한 인격 발달에 있어서 중요한 무제한적 신뢰에 대한 요구로서 종교적인 교육이 필요해진다. 종교적인 교육은 아이들에게 무제한적인 신뢰감을 전달해 주며, 그러한 무제한적 신뢰를 받는 유일한 분인 신을 전한다. 엄마는 단지 유아의 첫 발달기에 신을 대변할 뿐이다. 그녀에게 부여된 신뢰는 항상 아이를 향한 힘과 제한적 헌신에 비해 훨씬 더 크다. 이러한 초기 인간의 공생적 무아경과 유아의 무제한적 신뢰감은 오직 하나님에게서만 충족될 수 있다. 여기서 하나님은 그들의 토대이자 근거라 할 수 있을 것이다. 인간의 정서적 삶 속에서 우리 삶의 전체성은 다채롭게 우리에게 임한다. 그러한 인간의 정서적 삶은 심지어 이후에도 오직 종교만이 열어줄 수 있는 가정과 사회와 이 세계를 넘어서 있는 것이기도 한 희생적인 것(expensiveness)을 필요로 한다.

이러한 사실이 신의 존재에 대한 언술과 같은 것으로 이끌어 가는가? 나는 그렇게 생각하지 않는다. 그러한 사실이 말해주는 것은 단지 이것뿐이다. 그것은 바로 인간이 본성적으로 종교적이라는 것이다. 어떤 형태이든지 종교는 인간 삶의 필요한 측면이며, 종교가 사라진다면 사람은 인간 삶의 잠재적 발전에 있어서 기형적인 결과를 맞이하게 될 것이다. 그러나 종교가 인간 현실에 있어서 상수라는 사실이 곧 신의 존재를 보증해주는 것은 아니다. 진화론적 관점에서 종교적인 인간은 자연적 환상의 희생양으로 전락할 정도로 실패한 종족일 수도 있다. 신적 실재의 존재는 오직 하나님에 의해서만 증명가능하다. 신적 실재는 인간에게 경험되고 세계와 인간 자신의 삶이 하나님의 창조세계로서 인지가능하게 되는 것과 관계가 있기 때문이다. 하나님의 존재는 종교적 경험에 개방되어 있을 뿐이다. 물론 이러한 경험은 사고를 통해 보다 확장될 수도 있다. 그러나 인간이 종교(그리고 종교적 인식 그 자체 역시)에 방향 지어져 있다는 것이 모든 특정하고 특별한 종교적 경험보다 선행한다. 종교에 방향 지어져 있다는 것은 인간 존재의 "본성"에 속하는 문제이다. 물론 이러한 점이 무신론을 반박하는 근거가 되는 것은 아니다. 그러나 포이어바흐(Ludwig Feuerbach)와 그 계승자들이 무신론을 주장하는데 사용한 근거는 바뀌었다. 기존의 근거는 첫째로 인간은 순전히 세속적 관점으로만 진술될 수 없으며, 둘째로 특별한 명확화가 요구되는 이유로 인해 어떻게든 인간은 상상적 낙원으로 신에 관한 기이한 관념을 투사한다는 것이었다. 그러나 인간은 처음부터 본성적으로 종교적이며, 세속적 삶의 양태는 인간 문화의 최근의 결과물이며 특출난 경우이다. 이제 남아있는 논쟁거리는 종교가 불가피한 환상이냐(인간 본성에 주어져 있기 때문에) 아니면 인간의 지속되는 종교적 본성이 창조주 하나님 안에 기원을 두고 있다는 것을 가리키는 표식이냐 하는 것이다. 기독교 신앙은 후자를 말한다. 하나님이 실재한다는 것을 인정하는 근거는 오직 하나님으로부터 찾을 수 있으며, 하나님이 우리에게 자신을 계시할 때 이는 가능하다. 우리가 우리 자신의 인간적 실재 안에서 이미 하나님의 피조물로서 속해 있다는 의식을 갖지 않는다면, 하나님이 우리에게 자기를 계시한다는 사실은 우리에게 낯선(foreign) 메시지로 남아있어야만 할 것이다.

인간의 생명
Human Life

창조 대 진화?

찰스 다윈이 1859년에 처음 출간한 이래, 생존 투쟁을 하는 다양한 개체들 사이의 자연선택을 통한 생명체의 형태와 종의 진화에 관한 이론은 과학자들 사이에서 주된 논쟁이 되어왔고, 이념적 논쟁으로까지 확대되었다. 그 논쟁은 낮은 단계의 생명체로부터 높은 단계로 조직화된 종으로의 진화가 있느냐 혹은 가능하냐에 대한 것은 아니었다. 그것보다는, 자연선택 원리가 새로운 것과 보다 복잡한 형태의 창발적 과정을 잘 설명해줄 수 있느냐에 관한 것이었다.

이와 관련된 몇 가지 이슈는 다음과 같다. 첫째, 어떠한 기준에 따라 선택이 작용하느냐에 관한 문제이다. 19세기 후반에 성행한 다윈주의에 관한 기계론적 해석과 같이 외부적 요건에 대한 적응 여부가 자연선택에 있어서 기준이 되는 것인가? 아니면 유전적 다양성에서 나오는 자생적인 번식이 생존과 적응을 위한 새로운 자연적 "틈새"(niches)의 발견을 가져오는 것인가? 자연선택의 과정에서 작은 변수의 지속적이고 축적된 발생이 새로운 종의 출현을 가져오는가? 혹은 작은 변화들이 유기체의 전체적인 시스템과 그 역할에 맞지 않아 사라지는 것인가? 새로운 종이 나타나기 위해서는 전혀 다른 틀의 조직화가 필요하지 않을까? 더욱 복잡해지는 형태를 향하는 진화적 과정의 명백한 방향성은 어떻게 설명될 수 있는가? 위에 언급한 의문들은 처음부터 다윈주의를 어렵게 하고, 여전히 그 옹호자들을 난처하게 만드는 중요한 질문들이다. 그럼에도, 다윈 이론은 자리매김 해갔다. 비록 그것이 여전히 가설적이고 그 증거들이 경험적으로 드러나는 것이라기보다는 약간은 결함이 있는 화석의 기록에 의존해 있다 하더라도 말이다. 그러나 진화론은 여전히 지구상의 유기체의 역사에 관해서 가장 납득할 만한 해석을 제공해준다.

진화론에 대한 교회의 저항은 예견된 일이었다. 진화론은 전통적인 창조론 개념과 모순적이지 않아도 충돌하는 입장에 서 있었기 때문이다. 여러 세기 동안, 창세기 1장에 근거한 성서적인 진술에 따라 하나님이 다섯째 날과 여섯째 날에 식물과 동물 종을 창조하셨다는 것은 당연하게 받아들여져 왔고, 이에 관한 별다른 견해는 나오지 않았다. 심지어 성서 문자주의에 얽매이지 않는 이들 사이에서도, 진화론이 자연의 기계적 과정으로 생명의 여러 형태들을 창조한 하나님의 목적론적 행동을 대체할 수 있다는 것은 수용되지 않았다. 다윈 이전 시기에 이와 관련한 논쟁에서, 핵심은 창조주의 목적론적 행위가 다양한 동물 종의 생명에 대한 유일한 설명을 제공해주는 것으로 이해되어 왔다는 사실이다. 따라서 다양한 종의 발생에 관한 자연주의적 설명은 생명체의 창조에 있어서 창조주의 목적론적 행위를 부인하는 것으로 간주되었다. 물론 하나님의 목적론적 행위를 전제하는 것이 곧 신적인 목적의 실행에 있어서 자연적 원인의 사용 자체를 배제하는 것은 아니다. 그러나 다윈의 저서『종의 기원』(*On the Origin of Species*)이 출간된 이후에 신적인 목적으로 설명하는 것과 자연적 요인들의 기계적 작용으로 설명하는 것은 양자택일적인 것으로 여겨졌다.

유신론적 진화의 시도들

다윈 이론에 관한 초기 논의에서의 부정적인 평가들을 고려하면, 영국의 교회와 신학자들이 진화적 관점에서 기독교 교리를 재해석하고자 시도한 일은 상당히 놀랍다. 그러한 시도 중 가장 주목할 것은 1889년에 편집한 찰스 고어(Charles Gore)가 편집한『세상의 빛』(*Lux Mundi*)이었다. 이 책의 원제는 *Lux Mundi: A Series of Studies in the Religion of the Incarnation*이다. 제목에서 알 수 있듯이, 이 책은 생명 진화의 정점을 제공한다는 관점에서 예수 그리스도의 신적 로고스의 성육신을 재해석했다. 자연 진화과정이 인간 종의 출현에 있어서 정점을 나타내듯이, 인간 역사는 성육신에서 그 정점에 도달했다.

어느 정도, 그러한 신학적 기획은 이레네우스와 같은 초기 교회

교부에 의해 제안되었다. 그러나 후기 다윈주의 시대인 지금, 성육신 사건을 향해 나아가는 인간 구원 역사의 전망은 구원 역사의 전역사로서의 생명의 자연 진화과정을 포함하며 광범위해졌다.

흥미롭게도, Lux Mundi에 참여한 저자들은 다윈의 진화를 기계적 과정으로 서술하지 않고, 역사적 과정으로 기록했다. 1890년경 진화론이 발전해가던 시기에 그러한 관점은 좀처럼 수용되지는 않았다. 그러나 Lux Mundi는 그러한 상황적 인식을 넘어서 1923년에 로이드 모건(Lloyd Morgan)이 제안한 "창발적" 혹은 "유기적" 진화라는 미래적 개념에 초점을 맞췄다. 여기서 창발이란 진화과정의 각 단계마다 새로운 무언가가 생겨남을 말한다. 이는 단순히 과거 조건들로부터 기계적 필연성으로 발생하는 결과를 말하지 않는다. 창발적 진화 개념은 Lux Mundi에 참여한 사람들에 의해 다윈 진화 이론의 긍정적 평가를 입증한 것이기도 했다. 그들은 이 (창발적) 진화론이 이신론을 극복하는데 기여하는 것으로 여겼다. 이제 하나님은 단지 최초의 창조에만 관련되어 있지 않고, 진화적 과정의 모든 새로운 기점마다 활동하시는 분으로 설명될 수 있었기 때문이다. 창발적 진화 개념은 다윈 이론을 기계적이고 환원주의적으로 설명하려는 방식을 극복하고자, 생명 진화 형태의 과정에서 새로움의 요소를 강조하는 개념이었다. 이는 진화적 과정에서 주된 단계들이 다양성의 축적의 작은 단계들의 연속이 아니라 전혀 다른 틀의 새로운 조직화를 필요로 한다는 발견을 통해서 강화되었다.

진화와 성서적 증언

지금까지 진화에 관해 신학적으로 논의했다면, 이제 나는 진화에 대한 신학적 접근이 하나님의 동물 창조에 관한 성서적 증언을 정당화해주는지에 대해 살펴보고자 한다. 이 장에서는 동일한 물음을 인류에 관해서도 제기할 것이다. 다윈 이래 진화 이론의 발전에 관해 말해진 것들이 그러한 물음들에 대한 대답을 하는데 유용하게 사용될 것이다.

창조에 관한 성서적 진술을 살펴볼 때, 우선적으로 우리가 감안해야 하는 것은, 성서 텍스트들이 역사적인 문서들이며 그런 점에서 그 당시 사람들이 그 시대에서 무엇을 말하고자 했는지에 관해서 해석해야 한다는 점이다. 이러한 성서에 관한 역사적 해석의 원리는 창조론자들(creationists)과의 논쟁과 관련하여 항상 중요한 이슈이다. 역사적 해석이란 성서적 확언들을 기록 당시 시대의 맥락, 그 당시 저자의 관심, 저자가 갖고 있던 지식과 관련하여 읽어낸다는 것을 가리킨다. 그러나 역사적 해석은 당시 상황에 제한되어 있는 성서적 확언들이 그 이후의 독자들에게 아무런 관계가 없다고 보지 않는다. 당시 저자들이 우리에게 말하고자 한 것이 무엇이든, 그것은 그들의 역사적 특성을 통해 전달된다는 것이다. 저자들의 확언은 보편적인 중요성을 가지는 정도만큼 특수성 또한 갖고 있다. 이런 것들을 감안하지 않는다면, 해석은 성서적 확언에 대한 의미라기보다는 현대 해석자가 의미를 부여하는 것으로 그치고 말 것이다. 그런가 하면 성서적 확언에 대한 역사적 읽기는 우리 자신을 비롯한 모든 인간 세대에게 전해주시는 하나님 말씀으로의 접근을 방해하지 않는다. 성서적 진술 안에 표현된 하나님 말씀은 통전적 실재(a unified entity)이다. 예수 그리스도 안에서 성육신한 것은 바로 하나님의 말씀이다. 성서를 하나님 말씀으로 읽고 듣는다는 것은 각각의 특정한 성서적 확언들을 성서적 진술들 전체와 관련시키는 것이고 역사적으로 구별된 세부적인 진술들을 전체의 관점에서 해석해냄을 말한다. 그러므로 성서를 하나님 말씀으로 고백하는 것은 각각의 문장을 역사적으로 주의 깊게 검토하는 것과 배치되지 않는다.

창세기 1장에 기록된 세계 창조에 관한 내용의 경우, 우리가 하나님의 창조 행위로서 피조물의 생성과정을 설명하기 위해서는 주전 6세기의 자연과학, 즉 바벨론의 지혜를 사용하여 세계의 창조주 이스라엘 하나님을 증언하고자 한 고대 이스라엘 사람들의 방식을 고려해야 한다. 이러한 창조 기사로부터 우리는 우주의 창조자로서 성서의 하나님을 오늘의 현실에서 증언하기 위해서는 현대의 과학을 사용해야 한다는 확신을 얻는다. 이것이 세계 창조에 관한 성서 기록의 권위라 할 수 있다. 성서는 우리가 우리 자신의 자연 신학(theology of nature)을 시도하되, 이스라엘의 하나님의 특별하고 특징적인 본성에 진실하도록 이끌어간다. 세계 창조에 대한 기록에서 제사장 출신 저자들이 그러했던 것처럼 말이다.

성서의 권위는 각각의 이슈에 대해 우리가 문자적으로 이해하도록 요구하지 않는다. 많은 진술들이 주전 6세기 자연에 대한 지식에 제한되어 있는 것은 불가피하다. 한 예로, 비는 구름 위의 하늘에 물이 공급되고 있는 증거라고 보는 것이다. 이러한 점은 하나님이 궁창을 만드시고 물들을 저장했다가 내려보낸다는 기록(창 1:6ff)에서 확인된다. 이러한 설명 방식은 당시에는 전적으로 합리적이었을 것이다. 그러나 오늘날 우리가 가지고 있는 자연 개념에는 적용되지 않는다.

다양한 피조물, 특히 식물과 동물의 다양한 종들이 태초에 창조되었으며 영원히 불변한다고 보는 가정도 마찬가지이다. 이러한 사상은 엘리아데(Mircea Eliade)가 말한 것처럼 변화없이 지속되는 "원초적인 때"(in illo tempore)에 세계 질서가 세워진 것으로 보는 초기 문화 속 신화적 관념의 한 예라 할 수 있다. 그와 달리 오늘날 자연에 관한 지식은 자연 세계가 계속적으로 변화해가고 있다는 가설에 대한 충분한 증거를 제시해주고 있다. 이는 다른 것들이 사라짐과 동시에 새로운 종의 생물들이 지속적으로 출현한다는 것을 가리킨다. 이 모든 것은 우리가 활동하는 자연의 전체상을 보여준다.

자연 역사에서의 우연성과 새로움

그렇다면 자연이 변화한다고 보는 현대의 관점은 창조에 관한 성서의 관점과 충돌하는가? 창조세계의 전체 질서가 6일 동안 만들어졌으며 변화가 없다는 창세기 1장의 기록에서의 이미지와 현대의 자연에 대한 관점은 크게 다르다. 그러나 전체적으로 성서를 살펴보면, 우리는 하나님의 창조 행위에 대한 다른 관점 또한 발견할 수 있다. 가령, 예언서에서 하나님이 역사 과정 속에서 어느 순간에 완전히 새로운 일을 창조하신다는 것을(사 48:6ff) 알 수 있다. 그러나 그렇다고 태초에 천지가 창조되었다는 점을 부인하는 것은 아니다. 제2이사야(사 40-55장의 저자)는 하나님이 행하시는 계속적 창조의 예들을 기록해 놓았다. 이는 세계 역사 과정과 함께 발생하는 (coextensive) 계속적인 창조 모델이다. 이 계속적 창조 모델에서, 천지 창조는 창세기에서의 6일 창조의 이미지보다 우주 역사에 관한 오늘날의 자연 이해에 보다 가깝다. 따라서 계속적 창조 개념은 진화론과 충돌하지 않는다. 진화론에 의하면, 동물의 다른 종들은 생명 역사의 긴 과정 속에서 계속적으로 출현하기 때문이다.

그러나 진화 개념이 하나님에 대한 성서적 관점에 기초해 있는 자연의 신학과 조화를 이루기 위해 충족되어야 할 한 가지가 있다. 그것은 바로 새로운 어떤 것이 매 사건마다 발생한다는 것을 인정하는 것이다. 새로움은 진화과정에서 생명의 새로운 형태의 출현 속에서 발생한다. 이 우연성 혹은 새로움의 요소는 초기 다윈주의의 기계주의적인 해석에서는 주목받지 못했다. 하지만 새로운 무언가가 출현한다는 점을 말하는 후생설(epigenesis) 개념에서 이러한 점들은 점차 강조되었다. 우연적인 새로움은 창발적 진화 개념(emergent evolution)과 관련있다.

진화론에 대한 신학적 접근에 있어서 이 우연성의 요소는 왜 그렇게 중요한가? 그 이유는 이 세계의 시작과 더불어 역사 과정에 있어서도 하나님은 자유로운 창조 활동을 하심으로써 세계와 관계를 맺고 있다는 점이 성서에 기록되어 있기 때문이다. 창세기 1장에서, 하나님의 창조적 행위에 나타나는 하나님의 자유는 결과를 만들어내는 신적인 말씀 개념으로 표현된다. 각각의 창조 행위에서 하나님의 자유는 단순히 말씀으로 새로운 것을 이끌어 내신다. 그러므로 세계 역사는 그 과정 속에서 규칙성이 발견되다 하더라도 본질적으로 우연적 사건들의 연속이라 할 수 있다. 순전히 기계적 과정으로 진화를 이해하는 것은 하나님의 창조 행위에 관한 성서적 관점과 조화되기 어렵다. 그러나 매 사건마다 발생하는 전혀 새로운 것과 관련된 후생적인 진화과정 개념은 성서적 관점과 완벽하게 조화를 이룬다.

또한 하나님의 창조 행위는 피조물을 발생시키는 제2의 원인의 사용을 배제하지 않는다. 창세기 1장 중 주전 6세기 제사장 창조 문서에서, 창조주 하나님은 땅이 채소를 내도록 하신다.(창 1:11) 동물들, 특히 포유류를 내는 것은 땅이다.(창 1:24) 창조론자들이 오늘날 성서의 문자 자체에 예속된다면, 그들은 비유기적 물질로부터의 창발이나 생명의 첫 단계로부터 고등 동물에 이르는 계보에 대해 동의할 수 없을 것이다. 성서적 관점에서 그러한 자연 중재는 피조물이 하나님의 작품이라는 증언과 모순되지 않는다. 왜냐하면 창 1:25에서 짐승과 가축과 땅에 기는 모든 것을 만드신 분은 바로 하나님이라는 것이 명시되어있기 때문이다.

물론 성서텍스트는 낮은 단계로부터 진화하는 동물의 고등 종에 관해 말하지 않는다. 그러나 창조 행위가 다른 피조물의 중재 없는 하나님의 전적인 즉각적 행위인가에 대한 논의는 중요하다. 하지만 이 문제는 이미 답변되었다. 하나님 창조 행위의 즉시성은 제2의 원인으로 감해지지 않는다. 왜냐하면 제2의 원인의 작용은 창조주 하나님의 경우와 같은 차원에 있지 않기 때문이다.

인간 영혼의 출현

인간의 경우는 보다 특별하다. 왜냐하면 인간은 하나님과 특별한 방식으로 관계를 맺고 있기 때문이다. 이러한 사실은 인류 역사 속에서 출현한 여러 종교의 중요성을 암시한다. 인간의 자의식은 신적인 것을 자각하는 것과 밀접한 관련이 있다. 성서에서는 우주의 기원에 대한 긴밀한 관계는 인간이 하나님의 형상으로 창조되었다는 사상 안에서 표현되고 있다. 그러므로 인간은 하나님의 창조에 있어서 창조주 하나님을 대표한다. 이러한 점은 인간이 다른 것들과 협력없이 오로지 하나님 혼자만의 창조로 지어졌다는 것을 말하는가? 창세기 1장에 의하면, 그렇지 않다. 인간의 특별함이 다른 피조물과의 협력적인 창조를 배제하는 것은 아니다.

창세기 2장의 인간 창조에 관한 오래된 기록 또한 이를 말해준다. 인간의 몸은 "땅의 먼지"로 형성된 것으로 기록되어 있다.(창 2:7) 이는 하나님이 땅에서 식물과 동물이 나오도록 한 것과 상당히 비슷한 경우라 할 수 있다. 그래서 우리의 몸이 끝내 땅으로 돌아가는 것으로 전해진다. 단지 인간 영혼만은 하나님이 직접 주시는 것으로 묘사된다. 하나님은 그의 숨을 티끌로 만든 인간에게 불어 넣으신다. 하나님은 "생기를 그 코에 불어 넣으셨다."(창 2:7) 이에 상응하여, 마지막 숨과 함께 우리는 시편의 기록과 같이 하나님에게 영의 은사를 돌려 드린다. 누가복음에 의하면 예수는 십자가 상에서 죽으시면서 "내 영혼을 아버지 손에 부탁하나이다"라고 시편을 인용했다.(시 31:5; 눅 23:46) 죽음의 순간에는, 전도서의 기록과 같이, 영 혹은 호흡이 육체와 분리된다. "흙은 여전히 땅으로 돌아가고 영은 그것을 주신 하나님께로 돌아가기 전에 기억하라."(전 12:7)

그렇다면 육체는 동물 생명의 진화과정으로부터 온 것이고, 인간 영혼과 영은 그렇지 않다는 것으로 이해하면 되는 것인가? 창조주 하나님이 생명의 호흡을 흙으로부터 지어진 인간에게 불어 넣으셨을 때 인간이 생명이 되었다는 옛 창조 기사(창 2:7)에서는 그렇게 보인다. 여기서 네페쉬 하야(nephesh hajah)라는 히브리 단어에서의 네페쉬(nephesh)는 대개 "영혼"(soul)으로 번역된다. 즉, 하나님은 여기서 인간 육체의 코로 생명의 영을 불어넣으심으로써 인간 영혼을 창조하신 분으로 여겨졌다. 교부 시대 인간 영혼의 기원에 관한 이론의 출처가 바로 그 구절이었다. 각 개체의 육체는 유전(propagation)적 사슬로부터 나온다고 여겨진 반면에, 각 개체의 영혼은 창조주 하나님에 의해서 육체에 부가되는 것으로 믿어졌다. 그러나 이러한 교부들의 창조관은 영혼을 육체에 대해 독립적인 상태로 전제한 것이며, 이러한 사상은 플라톤주의의 영향을 받은 것이었다. 그러나 히브리 성경에서는 그렇지 않았다. 구약성서에서, 네페쉬 하야는 보통 영혼으로 번역되긴 하지만, 그것은 육체로부터 독립되어 있지 않은 육체적 생명의 원리이다. 비록 네페쉬 하야가 생명 그 자체의 기원은 아니어도 말이다. 네페쉬는 삶 속에서 끊임없이 허기를 갖고 갈증을 느끼는 존재를 뜻한다. 그 단어의 근원적 의미는 "목구멍"이다. 그런 점에서 네페쉬는 끊임없이 하나님의 영을 필요로 한다. 하나님의 영이야말로 영혼을 생기있게 하는 생산적인 호흡 혹은 바람이다. 그리고 그렇게 생기를 입은 영혼을 통해 육체 또한 생기를 얻는다. 인간이 "생명체"가 되는 것은 창조 이야기에서 전개되는 것처럼, 오직 영을 통해서이다.

그러나 "살아있는 영혼"이 되는 것은 인간에게만 부여되는 특권이 아니다. 창세기 1장의 창조 기사에 따르면, "생명의 호흡"은 모든 동물들, 즉 땅에 기는 짐승들과 공중의 새들에게도 주어진다.(창 1:30) 이는 인간 창조에 관한 오래된 기록에서 나타나는 사상과도 정확하게 들어맞는다. 거기서 하나님은 생명의 호흡을 흙으로 지어진 인간에게 불어넣으신다. 그럼으로써 인간은 살아나는 것으로 기록되어 있다. 동물들이 그들 스스로 생명의 호흡을 갖고 있다면, 비록 그들이 창조주가 명령한 대로 땅의 생산물이라 하더라도, "살아있는 영혼"으로 묘사되는 것과 관련하여 인간의 창조와 다르지 않을 것이다. 그러므로 인간이 다른 동물들과 다른 점은 인간만이 "살아있는 영혼"을 갖고 있어서가 아니라, 하나님과 특별한 관계를 맺으며 존재하는 것으로 운명지어졌다는 점에 있다. 그래서 인간은 여타 동물 세계와 심지어 지구와 관련해서도 창조주 하나님을 대표한다.(창 1:26)

성서 주석을 살펴보는 것은 현대 창조론자들이 진화론, 특별히 동물의 진화과정으로부터 인간이 출현한 것을 성서의 창조 이야기와 배치된다고 주장하는 것에 대한 신학적 판단을 위해서 필요했다. 성서에서 동물이 땅의 생산물이고 "살아있는 영혼"으로서의 인간의 형성이 동물과 유사한 것으로 이해할 수 있다면, 인간이 동물의 진화로부터 출현했다는 것도 설명된다. 물론 진화 개념은 현대적 개념이며 성서적 개념들로부터 직접적으로 이끌어낼 수는 없다. 하지만 진화 개념은 인간과 동물의 기원에 관한 성서적 개념의 기본적 관점과 충돌하지 않는다. 진화 사상이 진화의 전체 과정 안에서 하나님의 창조적 행위를 배제하지 않는다면 진화 사상도 충분히 수용할 만하다.

기계론을 너머 창발로

진화론이 자연선택의 원리에 기초한 기계적 과정으로 여겨지지 않고 새로운 것을 가져오는 끊임없는 생명 과정의 창발로 설명된다면, 진화론은 신학적인 해석과 충돌하지 않는다. 창발적 진화 개념에서 우연성의 요소는 하나님의 창조 행위 과정에 대한 개방성을 담보한다. 하나님의 피조물로서 이해될 수 있는 생명의 개별적 형태는 목적론적 사상에 기초하지 않는다. 목적론적 사상이란 각각의 종이 환경 안에서 살아남기 위한 조건에 적응하는 것에 목적을 둔다는 가정을 가리킨다. 과거에는 그러한 목적론적 적응이 창조주의 지적인 의지를 전제하고 드러내며, 다른 원인들로 환원되지 않는 것으로 간주되었다.

다윈이 환경에 대한 종의 적응을 자연선택의 결과라고 설명함으로써 깨트린 설명 체계가 바로 그러한 가정이었다. 그렇다고 자연선택의 원리가 생명의 확장에 있어서 창조주의 지속적인 활동을 배제하는 것은 아니다. 생명이 지니고 있는 창조성과 하나님의 창조 행위는 양자택일적이지 않다. 성경의 창조 이야기에서 볼 수 있는 바 하나님의 명령에 의해서 땅의 생산성은 채소와 심지어 동물까지 생성하게 했다. 이처럼 생명의 즉흥적인 창조성(spontaneous creativity)

은 하나님의 창조 행위의 형태이다

현대적 관점에서, 자기 조직화(self-organization)는 모든 진화 단계에 걸친 생명체의 특징이다. 자기 조직화는 생명의 모든 형식 안에서의 자발성을 설명해준다. 인간 주체성의 기원 또한 자발적인 자기 조직화의 원리와 관련된다. 자기 조직화는 진화적 과정의 창조적 진행 안에서 자유가 발현된 것으로 볼 수 있다. 인간의 자의식은 그러한 원리의 최대치의 현현이다. 그러나 자의식 그 자체는 단순히 자연에서 온 것만은 아니다. 각각의 개별적 생명 역사에서, 자의식은 우리 의식의 발전의 이른 단계로부터 출현했다. 자의식 그 자체는 성령의 창조적 행위의 결과로서 생명의 창조성의 결과이다. 비유기적 물질로부터 첫 유기체들로의 변화 이래 진화과정 안에서의 생명의 창조적 자기 조직화는 새로운 피조물에게 생명을 불어넣음으로써, 예수 그리스도의 부활을 통한 모든 사멸성을 극복하는 것과 생명의 진화 내내 불어오는 하나님의 바람과 같은 성령의 활동을 떠올려준다. 개체들의 죽음은 성서 증언에 따르면 성령의 분여에 따라 제한되어 있다.(창 6:3) 그러나 유한한 예수에게 생명의 영은 "제한없이" 부어졌다.(요 3:34) 그래서 예수는 성령의 능력으로 죽음으로부터 부활하셨고 영적 육체로 변화되었다.(고전 15:44ff) 다시 말해서 그 몸은 죽지 않는 몸으로서 모든 생명의 근원이신 성령에 참여하는 몸인 것이다.

진화를 창조세계에 불어오는 성령의 표현으로 보는 기독교적 관점은 죽은 자의 종말론적 부활에 관한 내용을 우회하지 않는다. 이 부활은 예수의 부활에서 처음 실현된 것으로 성령의 창조적 활동의 절정이다. 그리고 바울에 의하면, 이제 이 성령은 예수와 교제 속에 있는 모든 인간과 더불어 다른 피조물까지 포용한다. 왜냐하면 "피조물도 썩어짐의 종 노릇 한 데서 해방되어 하나님의 자녀들의 영광의 자유에 이르기"때문이다.(롬 8:21)

현대의 정신세계에 있어서, 역동적인 성령의 활동으로 창조된 것으로 생명을 서술하는 것은 그저 은유적인 표현으로 여겨질 수 있다. 그러한 평가는 영에 대한 히브리적 관념이 지적인 것보다는 숨이나 바람을 가리킨다는 점을 감안하면 한편으로는 이해가 간다. 숨과 바람의 이미지들은 합리성이 결여된 이미지처럼 보이기 때문이다.

하지만 정작 고대 이스라엘 사람들은 숨과 바람을 생명의 원인으로서 상당히 문자적으로 이해했다. 일상 속에서 그들은 이를 확인했다. 가령, 생명은 아기가 숨을 쉼으로써 시작되고, 마지막 숨을 거둠으로써 끝을 맺는다. 물론 현대인들은 그와 같은 직관적 증거를 인간 생명의 시작과 마지막에 대한 충분한 설명으로서 인정하지 않는다. 그러나 호흡은 단순히 임의적인 이미지만은 아니다. 호흡은 우리 몸 바깥에서 안으로 들어오는 에너지의 흐름에 생명이 기초하고 있음을 가리키기 때문이다. 불꽃과 같이, 우리 생명은 산소와 음식에서 나오는 에너지 흐름을 사용하는 과정이다. 생명은 우리 환경의 에너지 증감을 이용하는 자기 조직화의 자가촉매적(autocatalytic) 과정이다. 그 과정은 마치 불꽃이 초를 천천히 태우면서 평형을 유지하려는 것과도 같다. 호흡 현상으로 생명을 묘사하는 것은 우리를 관통하는 에너지의 흐름을 이용한다는 것을 가리킨다. 이는 오직 인간적 삶에만 해당하는 것은 아니다. 왜냐하면 모든 유기체들 심지어 가장 원시적 형태의 생명체에도 이는 적용되기 때문이다. 그러나 생명의 신비는 점증하는 복잡한 형태가 확장된다는 것이며, 그것은 곧 자기 조직화의 원리가 진화과정 안에서 일으키는 것이기도 하다. 인간은 인간 문화뿐 아니라 개인의 발전과정상에서도 그러한 창조적인 자기 조직화의 가장 복잡하고 분명한 예시이다. 기본적으로 자기 조직화는 각 개인의 발달 안에서 발생하고, 우리는 인간 안에서 성령의 작용의 특별한 형태를 인지하고자 노력할 수 있다. 성령의 이러한 활동은 아직 성화(santification)의 작용인 것은 아니다. 그러나 그것은 우리 인격적 발전 속에서 성령의 생동하게 하는(invigorating) 행위이다.

인간은 의식, 기억, 자의식을 가지고 있다. 이 모든 특성은 개별적 삶의 과정 속에서 발전한다. 초기에는 자의식은 없고, 그 발전을 위한 요소만 있을 뿐이다. 지식은 우리 자신의 생산적 활동을 통해서만 취해질 수 있는 것이다. 타자에 대한 인식과 인지는 동물들과 인간이 공유하는 부분이긴 하지만, 그것은 아주 미진한 정도, 즉 외부로부터의 자극이라는 본능적 측면에서만 그러하다. 우리는 경험적 대상과의 관계를 맺기 위해서 세계에 관한 관점을 발전시켜가야 한다. 우리는 언어의 발전을 통해 이를 이룰 수 있다. 언어는 인간 세계의 활동적 조직화를 위한 한 형식이다. 각각의 인간이 사회적 맥락으로부터 언어를 습득한다 하더라도, 언어 습득 과정은 여전히 자기 조직의 창조적 과정이다. 그러나 그러한 자기 창조적 행위는 우리가 "만들어내는" 무언가와는 다르다. 그것은 도리어 우리를 활동하게 하는 일종의 영감에 의해 일어나기 때문이다. 자기 창조적 행위는 우리가 외부의 것으로부터 우리 자신의 몸을 구별하기를 배우

172

고, 우리 자신의 몸을 타자화하여 이름을 지어주기를 배우고, 마침내 "나"라는 난해한 단어와 "나의 것"이나 "나의"와 같은 단어들을 배우는 과정 속에서만 가능하다. 자의식은 이러한 과정을 거쳐 발전해간다. 자의식은 고정되어 있지 않다. 자의식은 처음부터 형성되어 있지만, 어디까지나 언어 발전에 토대를 두고 있다. 비록 자의식이 이후에 인간의 삶에 있어서 중심이 되더라도 말이다. 그래서 인간 삶에서 중요한 것은 언어이다. 언어와 관계없는 것은 없다. 심지어 원시적 단계를 너머 도구의 발전과 사용 역시 언어의 영향 속에 있다.

언어 세계는 인간만의 것은 아니지만, 인간 삶에서 성령의 활동의 가장 특징적인 인간적 측면이다. 그러므로 우리는 의식과 언어와 특별한 관련을 맺는 영이라는 단어를 사용하는데 있어서 실수하지 않아야 한다. 영은 인간을 생동하게 함으로써 인간이 의식적으로 삶과 언어를 발전시키게 해준다. 그러나 인간은 단어의 기술적 이해와 관련하여 영을 "만들지" 못한다. 인간은 문화의 언어와 사회적 맥락에 참여하면서, 언어를 만들어낸다. 인간은 사회적 맥락과 언어를 통해서 혹은 그것들을 너머, 영적인 역동에 참여한다. 이 영적인 역동은 인간과 함께 만들어지지 않는다. 그것은 우리 사회와 세계를 구성하고 능가한다. 생명의 압도적인 신비에 대한 이해는 인간적 조건에 속해 있다. 왜냐하면 인간은 경험적 대상들을 언어의 도움을 받아서 조직화하기 때문이다. 인간이 조직화하는 것들은 압도적인 신비로서 초월해 있는 것이기도 하다. 그 신비를 맞닥뜨리는 곳에서 인간은 보통 그것을 신의 이름으로 불렀다. 삶의 종교적인 측면을 아는 것은 의식과 자의식의 형식과 밀접한 관련이 있다. 그리고 그것은 언어의 기원에 속한다. 성서에서, 동물들을 아담에게 데려와서 "그가 동물들을 어떻게 부르는지 보신"(창 2:19) 분은 바로 하나님이다. 이 장면은 여성의 창조 이전에 등장하며 시적인 목적을 제공해준다. 언어는 사회적 현상이지, 개별적인 것이 아니다. 언어는 그 초기에 있어서 의례적인(ritual) 기원을 가지고 있다.

인간의 세속 문화는 초기 문화 역사에 있어서 종교의 중요성을 과소평가하는 경향을 나타낸다. 이는 또한 언어의 완전한 의미에 있어서 인간 이전 단계의 동물 단계로부터 인간으로의 변화와 관련하여 적용할 수도 있다. 나르(Karl J. Narr)와 월러스(Anthony F. C. Wallace)가 주장한 바와 같이, 매장은 인간 삶에 대한 가장 오래된 기록이다. 구석기 시대 이래로 형성된 매장 풍습은 동물적 행위로부터 인간 문화로의 변화가 언제 어디서 발생했는가에 대한 기준이 된다.

생물학적인 것으로부터 문화적 진화까지 이르는 이 마지막 단계(step)가 단 한 번이었는지에 관한 것은 부차적인 문제이다. 물론 성서에서, 모든 인간은 아담과 이브라는 부모 한 쌍으로부터 나오는 것으로 이해되고 있다. 그러나 성서의 창조 이야기에서, 이는 특별한 신학적 관심사는 아니다. 그것은 아담이라는 하나의 원형적 인간의 형태 안에서 인간의 창조를 말하는 식으로 다뤄지고 있을 뿐이다. 로마 가톨릭 교리에서는 한 아담으로부터 모든 인간의 후예가 나온다는 것이 여전히 중요하다. 왜냐하면 원죄 교리는 아담으로부터 이어지는 것으로 여겨지기 때문이다. 그러나 만일 타락 이야기가 인류 초기 역사의 일회적인 사건에 대한 서술이 아닌 인간 행동의 원형적(paradigmatic) 묘사로 이해된다면, 원죄 교리는 모든 인간이 생물학적 유전이 아니라 에덴 동산에서 아담과 이브가 행한 원형적 패턴을 반복한다는 관점으로 해석될 수 있을 것이다. 그러므로 선행인류(prehuman)로부터 인간으로의 변화가 오직 한 명의 개인(혹은 두 사람)으로부터 발생했는지 아니면 보다 많은 개인들의 집단 안에서 생겨난 몇몇 사건들로부터 발생했는지에 관한 물음은 포괄적인 생명과 특정한 인간 생명의 영적인 본성과 비교하면 부차적인 문제이다.

의식과 영
Consciousness and Spirit

영 개념과 의식의 영적 본성에 관한 진술은 최근의 철학적 논의에서 별 관심을 받지 못했다. 그 이유는 물리적 행동 현상의 근저에 있고 물질 세계와 접해 있는 영적 실체에 대한 전통적 생각들을 다시 거론하는 것에 대해 못마땅하게 여기는 경향이 있었기 때문이다. 그렇지만 의식과 영 사이의 연속성과 불연속성에 관한 논의가 육체와 영혼 사이의 관계를 보다 명확히 규명하는 데 도움을 주는 몇 가지 근거가 있다. 또한 의식과 영 사이 연속성과 불연속성에 관한 연구는 신학이 육체와 영혼에 관한 논의와 자연의 관계에서 의식의 위치가 어디에 있는가 하는 문제에 기여할 수 있게 해준다.

그러한 주제에 관한 근대 철학의 접근을 보면, 데카르트는 생각하는 실체(*res cogitans*)와 외연을 가진 실체(*res extensa*)라는 두 개념을 제시했다. 이 두 실체 이론은 지금까지 육체-영혼 주제에 대한 연구에서 출발점이 되고 있다. 칼 포퍼(Karl Popper)는 물질과 육체의 기계적 운동에 관한 이론이 어떻게 비물질적으로 보이는 영혼이 육체를 운동시키는지에 관해 이해 불가능하다고 지적했다.[1] 포퍼는 데카르트의 이론으로부터 나오는 이 난제가 스피노자(Benedictus de Spinoza)로부터 라이프니츠(Gottfried Wilhelm Leibniz)에 이르기까지 육체와 영혼 사이의 다양한 평행 이론의 발전을 위한 길을 열어 놓았다는 점을 밝혔다. 데카르트적인 이분법은 또한 물리학자들이나 물질주의자들이 육체와 나란히 있는 두 번째 실체를 제안하는 것은 불필요하다고 밝히는 시도에 충격을 가져다 주었다. 철학에서의 이러한 경향은 흄(David Hume)의 실체로서의 의식 관념에 대한 비판으로 인해 보다 경험론적으로 전개되었다. 영국 경험주의 초기에, 로크(John Locke)는 특별한 영적 실체로서의 영적 영혼에 대한 관념이 우리 자신 내에서 관찰할 수 있는 활동으로부터 밝혀질 수 있다고 주장했다. 그러한 증거와 함께 인간은 감각에 새겨지는 원인으로서의 육체 개념을 구성할 수 있다고 본 것이다.[2] 그와 달리 흄은 영적인 영혼 개념(정신)을 전적으로 이해불가능한 것으로서 육체와 다른 특별한 실체의 관점에서 이해했다. 흄은 영적인 영혼으로부터 그 어떤 인상도 받지 않는다고 확신했다. 그 인상은 인간 외부의 물리적 대상의 존재를 제안하게 하는 인상과 비교가 된다.[3] 물리학자

---

1) Karl R. Popper and John C. Eccles, *The Self and Its Brain: Argument for Interactionism* (Berlin and New York: Springer International, 1977, 1981), 179-180: "하지만 어떻게 확장되지 않은 영혼이 확장된 육체에 영향을 준단 말인가?" (180).
2) John Locke, *An Essay Concerning Human Understanding*, II, 23, 5.
3) David Hume, *A Treatise on Human Nature* (1730/40) I, iv, 5. (다음을 참고하라. David

와 행동주의자의 관찰 방법의 영향 하에서 영적인 것을 물리적 과정의 부수현상(epiphenomena)과 기능으로 환원시키는 경향은 점차 심화된다. 그리고 최근 10년 동안, 언어적 분석은 우리 자신의 주체 개념을 단순히 말의 형식, 즉 "나"라는 단어로 환원함으로써 동일한 결론을 이끌어내는 또 다른 관점을 제시했다. 누군가 "나"라는 단어를 그와 같은 기능에 한정한다면, 영적 영혼과 깊은 관련이 있는 육체에 자리하고 있는 주체의 존재를 설명할 여지가 없어진다. 길버트 라일(Gilbert Ryle)은 자신의 저서에서, 의식 개념을 "기계 속의 유령 신화"라고 표현했다.[4] 과학 이론과 경험 철학의 전통에 깊이 영향을 받은 포퍼의 후예 사상가들이 "기계 속 유령"을 믿는 것을 공적으로 고백하고, 신경학자 에클스(John Eccles)와 더불어 인간 의식과 뇌 사이의 관계에 대하여 육체와 영혼 사이의 관계에 관한 이원론을 심화시킨 점은 오히려 놀라웠다. 이에 대한 근거는 에클스의 인간 두뇌와 그 기능에 관한 종합적인 신경학적 기술(description)이었다. 포퍼와 에클스가 함께 저술한 『자아와 뇌』(*The Self and Its Brain*)는 뇌의 활동과 의식 사이의 관계에 관한 논쟁을 다시 열어젖히는 결정적인 자료가 되었다.[5]

물리학자나 물질주의자들이 물리적 현상과 영적 현상 사이의 관계에 대해 주장하는 것에 관한 포퍼의 견해는 다음과 같다. 바로 그

Hume, *A Treatise on Human Nature* 2nd ed., annotated by Lewis A. Selby-Bigge and Peter H. Nidditch [Oxford: Clarendon Press; New York: Oxford University Press, 1978], 232ff., 250; compare section 6, 251ff.)

4) Gilbert Ryle, *The Concept of the Mind* (London: Hutchinson, 1949).

5) 각주 1번을 참고하라.

들의 견해는 의식의 실재를 부인할 뿐만 아니라 인간적 문화의 창작들과 기술적 사상들과 관련된 가능성에 대해 충분한 설명을 제공해줄 수 없다는 것이다. 적어도 그들은 특정한 논리적 구조와 창조적 사상의 구성적 형식에 대해 설명을 제공할 수 없다고 포퍼는 주장했다. 여기서 요점은 창조적 사상들은 단순히 물리적 과정으로부터 나오는 것이 아니라 인간적 설계(human design)의 결과물이라는 것이다. 포퍼는 그러한 기술적인 세계와 다른 문화적 사상을 물리학과 인간 내면성(interiority)의 세계와 나란히 있는 "제3의 세계"라고 불렀다. 그는 이를 통해서 물리적 과정의 세계로부터 획득되지 않는 것(underivability)으로서의 성격을 강조하고자 했다. 포퍼는 인간 행위에 대한 물리주의 혹은 행동주의적 해석은 실패한다고 본다. 논증과 묘사와 같은 인간 언어의 고차원적 기능들을 물리주의는 설명하지 못하기 때문이다.[6] 특히 물리주의는 진리 개념과 더불어 명제적 진술의 진리 주장에 대해서도 분명하게 알려주지 못한다.

인간 실재에 대한 물리주의적이거나 물질주의적인 해석을 거부하는 포퍼는 우주 전체와 더불어 생명체의 진화를 창발적 과정의 발전으로 이해한다.[7] 창발적 과정은 환경으로부터 선택적으로 주어지는 주변적인 엇나감이때때로 발전과정에서 전혀 새로운 전기를 열어간다는 특징을 지닌다. 그와 같이, 진화과정 속에서 "발생하는"(appear) 질적으로 새로운 창발적 특질들은 제각기 새롭고 예측

6) Popper and Eccles, *The Self and Its Brain*, 56ff.
7) Ibid. 22ff., 특히 27ff.

되지 않았던 것들을 나타낸다. 포퍼는 알리스터 하디 경(Sir Alister Hardy)이 주창한 "유기 진화론"(organic theory of evolution)에 동의한다. 그 이론에 따르면, 진화과정 속에서 물리적 유기체에서의 변화뿐 아니라 생명체의 행동 변화까지도 발전과정의 자연적 선택들이 될 수 있다.[8] 포퍼는 하디 경의 이론을 토대로 인간학과 관련한 논문을 작성했다. 그는 인간의 언어 습득은 곧 행동의 새로운 형식을 공유하는 것으로서, 자연선택의 요소가 될 수 있다고 주장했다. "언어의 진화는 설명될 수 있다. 원시적 언어가 생을 위한 투쟁에 있어서 도움이 되었다고 우리가 가정할 수 있다면 말이다." 포퍼에 의하면 "자연선택 속에서 한 번 만들어진 언어는 인간 두뇌와 자아의 의식을 형성한다."[9]

따라서 포퍼에 의하면, 자의식적 주체의 자각 출현은 언어에 기초해 있지 그 역이 아니다. 포퍼는 인간 개체의 발전 역시 그와 동일하다고 본다. "우리는 자아로 태어나지 않았다. 대신에 우리는 자아라는 것을 배우고 있다."[10] 물론 이것은 단순히 언어만의 문제는 아니다. 언어 습득은 인지, 특히 사물에 대한 이해와 공간적 관계성의 안정성과 시간에 걸쳐서 바뀌는 사물의 특성에 대한 이해를 통한 세계의 발견을 전제한다. 이 모든 발전 단계는 인간의 자기인식 이전에 완성되어 있어야 한다. 따라서 포퍼는 다음과 같이 서술한다. "시간적으로는 육체가 정신 이전에 있다. 정신은 후에 생

---

8) Ibid., 12-13.
9) Ibid., 73과 13; 30과 여러 부분을 비교하라.
10) Ibid., 109.

겨난 것이다."11)

언어와 사회문화적 환경에 토대를 두는 자의식의 기원에 관한 이러한 관점은 미드(George Herbert Mead)의 사상과도 유사하다. 미드는 인간의 자아를 사회적 상호작용, 특별히 언어의 결과물이라고 보았다. 그러나 포퍼는 미드보다 더욱 급진적이다. 포퍼는 언어에 대한 자아의 의존은 우리가 자아를 습득하는 것에 관한 문제만을 말하지 않는다고 주장했다. 그는 인간의 정신 그 자체는 사회적 환경과 관련된 계약과 특별히 언어 습득으로부터 나온다고 보았다. 그 역시 그러한 과정 중에 본성적이고 유전적인 성향이 있음을 인정했지만 말이다. 나는 자의식의 창발에 관한 그와 같은 견해들이 상당히 타당하다고 생각한다. 물론, 포퍼의 관점 또한 여러 가지 문제를 가지고 있을 수 있다. 그 중 하나는 대상들을 인지한다는 의미에서의 의식과 자의식의 창발과 연관되어 있는 모든 의식적인 삶의 재조직화를 포함한 인간의 자의식 사이에 너무도 분명한 구별이 이루어진다는 것이다. 이러한 구별은 포퍼의 견해에서 불가피하다. 왜냐하면 언어는 본성적으로 최소한 의미 자각을 전제하고, 언어 습득의 결과물로서 발전되는 것은 의식 그 자체가 아니라 자의식이라 보기 때문이다. 에클스와의 대화에서 포퍼는 의식과 자의식의 구별을 강조했고, 그렇게 함으로써 포퍼는 오직 자의식만이 인간적 특권으로 간주될 수 있다고 보았다. 반면, 인지와 관련된 순간적 의식은 고등 동물

---

11) Ibid., 115; 비교하라 554ff.

에서도 발견된다고 보았다.[12] 따라서 인간 정신이 언어로부터 나왔다고 보는 입장은 자의식을 인간 주체성에 적용하며, 보다 포괄적인 의식을 자의식과 구별한다.

포퍼가 문화와 언어의 세계라고 부른 지점에서 또 다른 문제가 제기된다. 그는 문화와 언어의 세계를 "제3의 세계"(World 3)라고 불렀다. 제3의 세계는 사유와 "인간 정신의 결과물"의 세계이다.[13] 여기서 언어는 어떠한 입장을 가지는가? 만일 자의식이 언어로부터만 나온다고 한다면, 우리는 언어 사용과 발전 속에서 그 역효과도 갖게 될 것이다. 그러한 언어는 더 이상 자의식적 주체성의 결과물로 볼 수 없을 것이다. 이때 자기 인식(self-awareness)의 시작이 자의식에 기원을 두고 있는 요소로 설명된다. 순환논법이다. 인간의 의식적 주체성이 언어를 통해서 생기는 거라면, 그 기원에 있어서 언어는 자의식보다 앞서 있어야 하고, 물리 세계와 다른 차원에 있어야 한다. 이를 설명하기 위해서 장 개념을 사용할 필요가 있다. 우리가 인간의 자의식을 언어의 결과물이나 언어와 깊이 관련된 것으로서 이해한다면 분명하게 전제하는 것을 고안해야 하기 때문이다. "장" 안에서 언어가 창조되었으며, 그런 점에서 장은 "영적"이다. 이러한 설정은 영적이라는 표현을 지적 활동과 관련짓는 경향으로 인해 적절해 보이지 않을 수 있다. 그러나 영 개념의 종교적 측면을 고려하면 얘기는 달라진다. 인간 문화의 발전뿐만 아니라 그 기원에 있어

---

12) Ibid. 437ff., 특히 441ff. 에클스는 동물과 심지어 유인원의 의식을 받아들이는 것에 대해 보다 소극적으로 언급했다. 비교해보라. 518-519; 534-535; and n. 30.
13) Ibid., 38; 48-49에서 도구로서의 언어와 관련된 진술을 비교하라.

서도, 언어의 기원은 종교적 의식의 기원과 직접적으로 관련이 있는 것으로 보이기 때문이다. 자의식이라는 특성을 가지는 인간 주체성이 발전하는 장소로서 "장"을 다룬다면, 그러한 장은 영 개념을 설정하는 문제에 관해 적절한 설명을 제공해줄 수 있다.

그러나 영(*spirit*)이라는 단어의 의미 자체가 상당히 모호하고 규정짓기 어렵다. 그래서 우선적으로는, 이 단어로부터 잠재적으로 이해될 수 있는 개념을 보다 분명하게 나타낼 필요가 있다.

서양 철학사에서, 영 개념은 보통 의식 현상에 제한되어 있었다. 로크(John Locke)는 영이라는 단어를 사고와 의지 개념 혹은 "육체를 사고함으로써 움직이는 것, 즉 자유"와 같은 것으로 보았다. 그는 사고와 의지 개념을 결합함으로써, 인간이 "비물질적인 영의 개념"을 갖는다고 진술했다.[14]

따라서 로크는 "의식적인 활동"은 "영"이라는 "실체"에서 나온다고 보았다.[15] 영에 관한 이러한 이해는 이미 이전부터 이뤄져 왔다. 아우구스티누스(Augustine)는 영(*spiritus*)을 정신(*mens*)과 동일한 것으로 여기곤 했다.[16] 토마스 아퀴나스(Thomas Aquinas) 역시 인간의

---

14) Locke, *An Essay Concerning Human Understanding*, II, 23, 18, and 15.

15) Ibid., II, 23, 5.

16) Augustine, *De lib. arb. I, 8, 18*:...*hoc quicquid est, quo pecoribus homo praeponitur, sive mens, sive spiritus, sive utrumque rectius appellatur...Ratio ista ergo, vel mens, vel spiritus cum irrationales animi motus regit, id scilicet dominatur in homine cui dominatio lege debetur ea, quam adternam esse comperimus.* Compare *De Trin.* XIV, 16 (CCL 50a, 453, 35ff.). 아우구스티누스는 의식, 즉 이성을 언급하는 걸 선호했다. 이성은 영이라는 복잡한 단어와 관련있었다. (*De Gen. ad litt.* XII, 7-8, and *De Trin.* XIV, 16에서 또 다른 의미를 비교해보라). 그러나 이는 신적 영과 정신이란 표현의 혼동을 가져올 수 있었다. 이에 관해서는 *De Gen. c. Manich.* II, 8, 와 *De Gen. ad litt.* VII, 2ff.를 참고하라. 삼위일체론에서 창 2:7을 제외하고 인간론적 논의가 이뤄진다는 점은 우연이 아니다.

영혼을 "영적"이거나 "영"이라고 보았다. 그는 인간의 영혼을 잠재적인 지성으로 보았다.[17] 그러나 토마스 아퀴나스는 영이라는 단어의 보다 복잡한 의미를 알고 있기도 했다. 그 의미는 물질적인 것들과 과정을 가리켰다. 즉, 영은 충동 혹은 운동과 같은 것이기도 했다.[18]

18세기와 19세기 초기에 영 개념에 관한 보다 확장된 이해가 나타났는데, 영은 모든 생물체 안에 생동을 주는 원리와 같은 것으로 기술되곤 했다.[19] 대표적으로 헤겔(Hegel)의 경우가 그러한데, 헤겔은 영의 능력에 관한 개념을 개념과 생각 사이의 역동으로 환원시켰다. 이것이 헤겔 이후 영의 개념이 비신화화되고 개인의 의식으로 환원되는 것의 계기가 되었다.

의식으로 환원되지 않는 영에 대한 확장된 관념을 갖는 데 가장 중요한 근원은 성서에서 찾을 수 있다. 성서에서 하나님의 영은 비유적으로는 바람의 역동으로 표현되며(요 3:8; 창 1:2와 겔 37:9-10

---

17) Thomas Aquinas, Summa theol. I, 97, 3c:...*anima rationalis et anima est et spiritus. Dictur autem esse anima secundum illud quod est commune ipsi et aliis animabus, quod est vitam corpori dare...Sed spiritus dictur secundum illud quod est proprium ipsi, et non aliis animabus, quod scilicet habeat virtutem intellectivam immaterialem.*

18) Ibid., I, 36, 1c: *nomen spiritus in rebus corporeis impulsionem quandam et motionem significare videtur; nam flatum et ventum spiritum nominamus.* Compare Augustine, De Trin. XIV, 16 (CCL 50a, 452, 32ff.).

19) Immanuel Kant, *Anthropologie in pragmatischer Hinsicht* (Königsberg: Friedrich Nicolovius, 1798; English: Anthropology from a Pragmatic Point of View, trans. and ed. Robert B. Louden [Cambridge and New York: Cambridge University Press, 2006]), ■57; Friedrich W. J. Schelling, 14 vols. (Stuttgart: Cotta, 1856-61), II, 51. 또한 다음을 참고하라. Odo Marquard, art. "Geist," *Historisches Wörterbuch der Philosophie* 3 (1974): 182-191, at 184-185, 186-187. 마퀴드(Marquard)에 의하면, 영 개념의 낭만주의적 이해는 신학과 미학에서 나온 모티프를 결합한다(187-188). 후기 헤겔주의자들은 영 개념을 개인적 의식으로 환원했다. 이에 관해서는 ibid., 199-200.

과 비교) 생명의 원리로 이해되었다. 시편 104편에서, 봄의 시기에 하나님의 영은 대지의 표면을 새롭게 하시며, 모든 피조물은 하나님이 그들에게 할당된 영을 가져가실 때 사멸하는 것으로 나온다.(vv. 29-30) 마찬가지로 인간 창조에 관한 야웨 문서의 기록은 하나님이 흙으로 지은 인간의 코에 "생명의 호흡"을 넣어주는 것을 묘사한다.(창 2:7)

야웨 문서의 저자는 인간의 육체를 "생명체", 즉 문자적으로 번역하면 "살아있는 영혼"이 되게 한 것은 바로 하나님의 호흡이라고 본 것이다. 전도서에서 이 생명의 호흡은 신적인 영(루아흐)으로 직설적으로 표현된다. 영은 하나님에 의해 주어지며 인간이 죽으면 다시 하나님에게 돌아간다.(전 12:7) 여기서 누가복음에 따라 예수가 죽으면서 했던 시편의 구절을 언급하는 것은 그리 적절해보이지 않은가? "아버지, 내 영혼을 아버지 손에 부탁하나이다."(눅 23:46=시 31:6) 하나님의 영과 인간의 영을 확실하게 분리하는 것이 더 자연스러우며, 이 같은 가정이 구약성서의 주석에도 반영되어 있다.

그러나 영과 관련하여 구약성서는 그 어떤 분리도 제안하지 않는다. 심지어 피조물의 영, 인간 속에 일하고 있는 영은 궁극적으로 하나님의 성향을 유지한다. 모든 생명의 기원으로서의 하나님 영 개념은 죽은 백성들의 부활을 표현한 에스겔의 환상에서 강력하게 나타난다. 그 텍스트는 명백하게 인간의 기원에 관한 창세기 내러티브를 가지고 온다. 하나님으로부터 바람과 영이 그들에게 불어올 때, 이스라엘 사람들의 마른 뼈들 위에 살이 덮히고 살아나

기 시작한다.(겔 37:5-6, 10, 비교하라 v. 14)[20] 고린도전서에서 사도
바울이 했던 말도 그와 관련이 있다. 그는 첫째 아담(창세기 2장 7절을
가리켜)이 단지 생명체로 창조된 반면에 마지막 아담은 생명을 주는
영이라고 했다. 이는 부활하신 주님의 몸과 그의 부활에 참여할 이
들이 "영적인 몸"으로 불려질 것이기 때문이다.(고전 15:45) 영과 생
명에 관한 구약성서의 관점에서 보면, "영적인 몸" 개념은 하나님의
영으로부터 더 이상 분리되어 있지 않으며 연합되어 있다. 다시 말
하면, 바울은 불멸하는 죽음으로부터 부활한 새 생명을 기대했다는
것이다.(고전 15:53ff) 하나님과 하나님의 영과의 연합을 갈망하는 생
명과 달리, 이 현재적 생명은 하나님과 연합하지 못했기 때문에 소
멸하고 만다. 비록 이 생명이 그 기원을 하나님의 영의 생명을 수여
하는 힘에 두고 있다 하더라도 말이다. 이것이 바울이 현재적 질서
안에 있는 "생명체"를 이해한 바이다. 그러한 존재가 그 자신에게 생
명을 수여하는 하나님의 영에 근거하고 있다는 것은 사실이다. 그러
나 현실은 그로부터 분리되어 있고, 스스로 존재하려 하며, 그런 점
에서 유한하다. 바울의 이와 같은 진술이 옳다면, 우리는 하나님의 영
과 인간 영 혹은 인간 이성과 하나님의 영 사이를 구별해야 한다.(딤

---

20) Walther Zimmerli, *Ezechiel*, 2 vols. BKAT 13 (Neukirchen-Vluyn: Neukirghener
Verlag, 1955-1969) 2:895; compare 900 [English: *Ezekiel 2: A Commentary on the Book
of the Prophet Ezekiel, Chapters 25-48,* trans. James D. Martin; ed. Paul D. Hanson
with Leonard Jay Greenspoon. Hermeneia (Philadelphia: Fortress Press, 1983)]. 침멜리
가(895) 예언자적 관점에서 루아흐는 하나님으로부터 온 것이 아니라 세계에 현존하는 루
아흐라는 것을 지적하며 전도서 12장7절과 에스겔의 개념을 구별한 것은 옳았다.(겔 37:9
와 비교) 그러나 침멜리는 생명의 호흡이 명시적으로 하나님의 영에서 나온다는 에스겔 37
장14절의 기록에 대해서는 충분한 답변을 제공하지 못했다.

전 5:23; 고전 2:11-12; 비교 고전 14:14-15)

성서의 인간론의 맥락에서 하나님의 영의 기능에 관한 바울의 재해석이 그 주제에 관한 교부들의 논의에 있어서 출발점과 준거가 되었다. 그러한 논의는 스토아 학파와 플라톤 사상의 영향을 받은 지적인 환경 속에서 진행되었다. 우주에 퍼져있고 인간의 이성적 정신에서 가장 훌륭하게 구현되는 신적 프뉴마에 관한 스토아적 개념은 하나님의 영의 생명을 수여하는 힘 개념과 겹쳐졌다. 마찬가지로 누스(Nus)의 신적 특성에 관한 후기 플라톤주의 사상은 하나님의 영의 호흡을 통해 인간 영혼이 창조된다는 창세기의 진술과 공명했다. 영지주의자들은 창조의 순간 프뉴마의 신적 본성에 인간 영혼이 참여한다고 주장함으로써 창세기 이야기와 영혼에 대한 플라톤적 개념을 결합시켰다. 그러나 교부들은 신적 프뉴마에 참여하는 것을 구원의 결과로 이해했지 근원적 창조와 결부시키지 않았다. 그들은 자연적 인간은 신적인 영을 공유하지 못한다고 보았다. 심지어 이성적 영혼이라도 말이다. 그러므로 모든 인간이 영원한 생명을 얻고자 한다면, 성령의 능력으로부터 다시 태어나는 것이 필요했다. 교부들은 인간 정신이 창조 때부터 신적인 영에 맞춰져 있다는 것과 인간의 생명이 하나님의 영의 창조적 현재 안에 근거를 두고 있음을 인정해야 했다. 그러나 인간 정신은 신적 영의 조명에 근거를 두고 있고, 성령을 향한 인간 영의 성향은 오직 구원을 통해서, 신자들의 중심에 성령의 부으심을 통해서만 완벽하게 현실화된다. 그것이 알렉산드리아의 클레멘트(Clement of Alexandria)가 생각했듯이 세례를 통해서든 아니면 오리

188

게네스(Origen)가 말한 것처럼 세례로부터 시작되는 성화의 과정 속에서 일어나든지 말이다.[21] 심지어 지속적으로 성령 안에 있는 기독교인들에게도, 성령은 그들 본성의 일부가 아니다. 성령은 신적 능력을 통해 그들의 삶을 밝혀주고, 동기부여를 해주고, 생기를 제공한다.[22]

그러므로 기독교 교부학에서는 인간 의식, 즉 인간 정신과 성령 사이를 구분했다. 여기서 우리는 인간 영혼의 헬레니즘적 신화(divinization)와 영지(Gnosis)에 직면하여 성령의 권능을 공유한 인간 영혼을 말하는 성서의 언어에 관한 해석을 제한한 것을 볼 수 있다. 물론 그 공유는 시간적으로나 실체적으로나 제한되어 있다. 왜냐하면 다른 피조물과 같이 인간 생명 또한 죽음의 힘으로부터 자유할 수 없기 때문이다. 바울 역시 미래에 성령과 연합하는 삶과 대조하여 이 점을 강조했다. 교부신학에서도 그러하다. 교부들은 인간에게 주어지는 성령의 수여와 그 임재를 구원의 특별한 결과로 간주했기 때문에 교부신학은 보다 강하게 성령 안에 자연적 인간이 참여하는 것을 상당히 제한하는 편이었다. 하지만 그러한 점이 피조된 생명 그 자체가 성령 안에 근원을 두고 있다고 하는 성령의 증언에 합당한 것인지에 대해서는 의문이 남는다. 교부들은 인간 영혼과 성령 사이의 관계성을 말했고, 그들은 이 관계성을 인간의 누스(nus), 즉 이

---

21) See Wolf-Dieter Hauschild, *Gottes Geist und der Mensch. Studien zur frühchristlichen Pneumatologie* (Munich: Chr. Kaiser, 1972), 30ff.; 36ff. (on Clement); 89ff. (on Origen); 152ff. (on the Gnostics); 201ff. (on Tatian); 206ff. (on Irenaeus).
22) Ibid., 41-42 (on Clement).

성적 의식에 기인했다고 함으로써 바울의 진술을 넘어섰다. 그러므로 인간 의식, 즉 인간 정신은 성령의 작용 안에 그 기원을 두고 있을 뿐 아니라 모든 생물이 그러한 것처럼, 여러 형태 안에서 성령의 조명을 받는 경향성을 지니며 인간 영혼 안에 지속적인 영의 임재로 끌어 올려진다는 것이다. 이는 모든 피조물과 마찬가지로 인간이 성령에 의존한다는 성서적 개념을 헬레니즘적인 사상의 틀로 번역한 것이었다. 이러한 사유는 한편으로는 하나님과 피조물 사이에 큰 간격을 유지하는 것이기도 했지만, 다른 한편으로는 피조물과 성령의 엄청난 독립성에 기인한 것이기도 했다.

이 주제는 오랫동안 논의되어 왔다. 우리는 지금도 그러한 논의들이 오늘날 경험을 해석하는 작업에 필요하다고 볼 수 있는가? 인간 의식과 하나님의 영의 역동적인 관련성이 의식과 그 기원 그리고 인간의 신체와의 관계성, 특별히 뇌의 활동과 관련하여 이해하고 서술하려고 할 때 여전히 영감의 원천으로서 하나의 모델로 자리매김할 수 있는가? 그것은 신학이 전통적인 성서적 개념과 기독교적 교리의 구성을 어떻게 사용하는가에 달려 있다. 성서적 개념과 기독교의 교리적 구성은 사유에 따라 전개되는 경험의 새로운 발전을 가로막는 교조적 규정이 아니라 동시대적 경험을 적절하게 해석하기 위한 영감의 원천으로 이해할 수 있다. 영혼의 다른 부분과 같은 전통적인 특정한 개념들은 현재 우리가 경험하는 것과 합치되지 않을 때가 있다. 그럼에도 신학은 교회 전통으로부터의 가르침과 성서를 오늘날에도 신뢰하면서 지켜낼 필요가 있다. 현재적 경험의 문제에 대한 적절한 해결책으로서의 새로운 방법과 풍성한 전통은 분리되어 있지 않다.

인간 영혼, 즉 인간 의식을 이해하기 위한 검증된 잠재력을 확증하기 위해 영 개념의 역사를 살펴보기 전부터, 의식의 기원으로서 영 개념이 특정한 언어와 일반적인 문화적 삶에서 의식의 의존을 해석할 수 있는 잠재적 이점을 갖고 있다는 점은 분명했다. 그러한 해석은 만일 문화와 언어가 의식의 결과물로서 발생하는 것임을 이해한다면 우리가 문화와 언어에 의존하는 의식의 기원을 말하고자 할 때 발생하는 순환논증을 피해가는데 도움을 준다. 영 개념을 파악함으로써, 우리는 문화와 언어 안에서 이미 의식 안에 현존해 있지만 의식의 결과물은 아닌 영을 명명할 수 있다. 그러나 엄밀히 말해서, 개념 역사를 파악함으로써 확보하는 명확성은 의심스러운 것이 될 수도 있다. 성서적 기원에 있어서 영 개념이 의식, 언어 그리고 문화와 관련된 주제들과 관계가 있는지에 관해 말이다. 성서적인 영 개념은 보다 우선적으로 그 기원의 문제와 생명에 대한 것에 적용되지, 인간 문화에 곧바로 적용되지는 않는다. 물론 예술가들의 활동과 같은 문화적 성취는 성서적 관점에서 보면, 성령으로부터의 깊은 은사를 필요로 한다.(출 28:3; 31:3; 35:31) 그러한 특별한 성령으로부터의 은사는 영웅들의 특별한 성취로 간주되고, 왕이 그들의 의무를 다할 수 있게 해주는 것으로 진술된다. 예언자들의 특별한 은사 역시 그렇게 여겨진다. 예언자들이 보는 환상은 그들이 전하는 말과 같이 하나님의 영감에 기초하고 있다. 우리는 그 환상이 우리 범주 밖에 있다고 단순히 생각하지 말고, 성령의 특별한 활동과 관련시켜 볼 필요가 있다. 그것은 생명의 성령의 특별한 소통을 요구하는 고도의 강렬한 활동성에 대한 표현일 수 있다. 그러나 그러한 특별한 현상은 언어와 같은 모든 문화적 현상이 인간 존재 안에 성령의 활동과 현존을 추적할 수 있다는 것을 정당화 하는가? 하나님의 영으로부터 생명의 힘을 갖추는 아담을 창조하신 야웨의 이야기는 그러한 보편성을 갖추고 있는 것으로 보인다. 분명히 그 이야기는 생명의 호흡을 말하고 있다. 하지만 아담 창조 이야기는 신적인 생명의 숨을 불어넣는 것을 직접적으로 언어 현상에 적용하지 않는다. 언어는 하나님이 지으신 동물을 인간에게 데리고 오셔서 "그들이 어떻게 이름을 짓는지 보자. 그들이 부르는 그것이 곧 이름이 될 것이다"(창 2:19)라고 말씀하신 부분에서 그저 언급될 뿐이다. 언어는 여기서 인간의 발명품으로 묘사된다. 헤르더(Johann Gottfried Herder)가 언어의 기원에 관한 그의 책에서 언어는 하나님의 초자연적 선물이 아니라고 강조했듯이 언어는 인간이 계발한 것으로 진술된다. 그러나 역사는 생명을 주는 하나님의 호흡으로 창조된 인간 영혼과 함께 시작되었음을 잊지 않아야 한다. 생명에 대한 모든 인간 영혼의 표현은 그러므로 생명을 주는 하나님의 호흡의 작용에 의존하고 있다고 볼 수 있다. 따라서 인간적 계발과 신적 영감은 상호 배타적이지 않다. 신적 영감이 인간 영혼의 영적인 능력을 지탱하고 활동하게 한다고 보는 것이 옳다.

언어와 종교의 관계에 관한 최근 논의에서, 그러한 현상은 크게 주목받지 않았다. 의식과 그 기원에 관한 에클스와 포퍼의 대화도 그러했다. 인간 의식의 문화적 활동과의 관련성 안에서 그들은 한두 번 정도 신화에 대해 언급했을 뿐이지, 카시러(Ernst Cassirer)가

상징 형식에 관한 그의 이론에서 그러했듯이 신화에 특별한 의미를 두지 않았다. 카시러는 주술과 신화를 언어의 기원으로 보았다. 비록 언어가 현실에 대한 주술적 탄원의 특성을 더 이상 지니지 않는다 해도 말이다. 언어의 기원을 신화로 보는 것은 인간 언어의 기술적(descriptive) 기능에 특별한 의미를 두는 것이다. 포퍼가 신화의 인간적 요소를 특별히 강조했듯이 말이다. 왜 인간 언어의 기술적 기능이 신화와 관계가 있는가? 대상을 명명하는 행위는 근본적으로는 무아적(ecstatic) 경험이다. 왜냐하면 대상 자체는 그 이름 안에 현존하는 것으로 경험되기 때문이다.[23] 카시러의 논문은 장 피아제(Jean Piaget)의 아동 기적 발달 과정에서의 언어 습득 과정에 관한 연구의 경험적 결과를 통해 타당성을 얻었다. 피아제는 초기 언어 능력의 발달은 아동의 놀이, 특히 상징적 놀이의 발전과 긴밀한 관계가 있다는 것을 발견했다. 아동 놀이의 실제 대상은 장난감으로 재현되며, 놀이하는 아동은 무아적으로 대상에 현존하며, 그 대상은 놀이하는 동안 발생하는 소리를 통해 불려진다는 것이다. 피아제는 17세가 될 때까지 아동의 직관과 즉흥적인 말에서 "신화적인 것"과 "정령적"(animistic)이라고 부를 수 있는 것을 식별해냈다.[24] 또

---

23) Ernst Cassirer, *Philosophie der symbolischen Formen*(Berlin: B. Cassirer, 1923-1929), 1:56-57 [English: *The Philosophy of Symbolic Forms*, trans. Ralph Mannheim (New Haven, Conn.: Yale University Press, 1953-57)], 이는 신화적이다. 언어와 신화의 구별은 대상이 단지 언어로 재현되느냐 아니면 그 자체로 현재한다고 보느냐에 있다 (2:53).
24) Jean Piaget, *La formation du symbole chez l'enfant; imitation, jeu et rêve, image et représentation* (Neuchâtel: Delachaux & Niestlé, 1945); English: *Play, Dreams, and Imitation in Childhood*, trans. C. Gattegno and F. M. Hodgson (New York: Norton; London: Heinemann, 1951); German: *Nachahmung, Spiel und Traum* (1975), 116ff.,

한 그는 객관적이고 자립적인(self sustaining) 세계를 의식함에 있어서 이러한 현상들의 역할을 강조했다. 그는 세계 내에 아동 자신의 몸과 "나"가 자리잡고 있다고 봤다. 피아제에 의하면, 그러한 객관적 실재의 첫 형식은 놀이의 감정적 경험 안에서의 신화적(mythos) 형식이다. 이러한 관찰은 가장 주목할 만하다. 왜냐하면 피아제는 카시러를 말하지 않았고 언어의 종교적 기원 이론과 같은 발달 과정에 아무 관심도 가지지 않았기 때문이다. 피아제의 이론적 구성은 꽤 다른 방향을 추구한다. 피아제는 행위의 현재적 원인을 주체로 돌리며, 따라서 아동들의 행위 역시 그들이 태어날 때부터 독립된 주체로서 행한 것으로 진술하기 때문이다. 모든 경험들은 주체의 행위로 설명된다.

그러나 포퍼가 제안한 것처럼 인간의 영혼이 분리된 실체도, 출생의 순간부터 경험의 주체도 아닐뿐더러 단지 주변 세계, 특별히 사회 문화적 세계의 발견의 과정 속에 존재하는 것일 뿐이라고 한다면, 인간 주체성의 기원은 그 과정 안에 내재해 있는 것이다. 인간 의식은 본래 존재하는 근본적인 주체로부터 나오는 것이 아니라, 불의 현상에 비견되는 과정과 같이 이해된다. 즉 가연성 물질로부터 커지는 불과 같이 말이다. 언어 이해에 대한 우리의 결론은 언어 습득 과정에서의 종교적이면서 신화적인 영성이 인간 주체성을 구성하는 문제에 있어서 근본적인 의미를 가진다는 것이다. 이러한 종교적 영성은 인간 역사에서 처음 언어가 발생한 맥락을 제공해

127ff., 310ff., 316ff.

왔다.[25] 그와 같은 관점은 사냥이나 도구를 만드는 과정에서 우선적으로 발달해왔다는 관점보다 특별히 기술적(descriptive) 기능 안에서 언어의 기이한 특징을 보다 잘 설명할 수 있다.[26]

영혼의 기원으로서의 하나님의 영이라는 성서적 개념과 따라서 의식의 기원으로서의 하나님 영 개념은 언어의 기술적 기능과 밀접한 관련이 있는 진리 인식과 관련하여 특별한 관심의 대상이 된다. 우리는 인간 의식과 언어가 사물의 본성을 파악한다는 사실을 어떻게 이해할 수 있을까? 인간적 제안이 진리일 수 있다는 가능성은 인간 의식이 전적으로 수동적이며 인지과정 내에서 수용적이라 한다면 담보하기 어렵다. 그러나 오늘날 우리는 상당히 다른 점들이 제시되고 있음을 본다. 그것은 바로 의식과 뇌가 무언가를 경험할 때 상당히 활성화된다는 것이다. 그렇다면 우리가 얻는 정보가 허무하게 오류화되지 않을 수 있는 가능성은 얼마나 되는가? 영과 의식에 관한 성서적 관점에 기초하여, 우리는 다음과 같이 말할 수 있다. 의식으로서 우리 자신의 바깥 현실을 파악할 수 있는(grasping) 가능성

---

25) Julian Jaynes, "The Evolution of Language in the Late Pleistocene," at the 1976 meeting of the New York Academy of Sciences (published in *Origins and Evolution of Language and Speech*, ed. Stevan R. Harnad, Horst D. Steklis, and Jane Lancaster, *Annals of the New York Academy of Sciences* 280 [New York: New York Academy of Sciences, 1976], 312-325, especially 319), 제인스(Julian Jaynes)는 언어, 예술, 종교 사이에 밀접한 상호관계가 있다고 보았다. 캥거(Susanne K. Kanger)는 초기 제의의 축제 의식으로부터 언어의 초기 발전이 일어났다고 주장한다 (*Mind: An Essays on Human Feeling* [Baltimore: Johns Hopkins University Press, 1967], 2:303ff., 307-308).

26) Bernhard Rosenkranz, *Der Ursprung der Sprache: Ein Linguistisch anthropologischer Versuch* (Heidelberg: C. Winter, 1961), 112-113; 114ff. 반대 입장을 살펴보기 위해서는 다음을 참고하라. Ashley Montague, "Toolmaking, Hunting and Language," in Stevan R. Harnad, Horst D. Steklis, and Jane Lancaster, eds., *Origins and Evolution of Language and Speech* (New York: New York Academy of Sciences, 1976), 266-274.

은 우리가 참여하는 성령이 우리 바깥의 모든 생명의 기원, 즉 피조된 현실의 다양한 모든 형태의 기원이라는 사실 안에서 발견된다는 점이다. 바로 그러한 면이 모든 생명체의 "이름"이 인간이 부른 대로 (창 2:19) 지어진다는 창조에 관한 야웨 이야기 속 기이하게 진술되는 것에 암시되어 있다. 우리가 고대 정신 세계 안에서 무언가의 이름이 사물 외부의 어떤 것이 아니라 사물 그 자체의 본성을 포함하고 있었다는 점을 기억한다면, 그러한 성서 본문은 하나님의 영에 참여하기 때문에 인간이 사물의 본성을 이해한다는 점을, 파악한다는 것을 말해준다는 것이 분명하다. 이 지점에서 성령이 의식의 기원일 뿐 아니라 모든 생명의 근원이 된다는 점이 중요하다. 성령이 모든 피조된 현실에 기초하고 있기 때문에 성령은 또한 현실의 생명체가 그들 자신을 이해하는 의식의 근원도 될 수 있는 것이다.

사물을 지각하는 의식의 능력은 생명체에만 한정되어 있지 않고, 모든 실재에도 해당한다. 인간의 경우, "생명체"(living soul)로서(창 2:7) 유기체의 본성과 특별한 관련성을 갖고 있긴 하지만 말이다. 비유기적 실재가 이해가능성을 갖고 있다는 근거들도 유사할 (analogous) 수 있다. 비록 내부적으로는 생명체들과 같이 성령에 의해 영혼을 수여받은 것은 아니라 하더라도 비유기적 실재 또한 하나님의 창조의 영에 기원을 두고 있다. 이러한 제안은 오늘날의 자연과학자들의 연구결과를 수용한다. 현대 물리학은 더 이상 우주에 관한 물질주의적 기술(description)을 제공하지 않는다. 몸의 근본적 개념에 관한 고전 물리학으로부터 시작해서 비물질적 상태로부터 물질 자체를 끌어내고자 하는 시도와 현대 물리학의 근본적 개념으로서의 장에 관한 사유와 발생에 이르기까지 물리학의 발달 과정 속에서, 포퍼는 "물질주의가 스스로 자신을 넘어선다"고 말한다.[27] 그와 유사한 맥락에서, 이론물리학자 게오르그 쥐스만(Georg Süßmann)은 "그러므로 모든 사물들의 재료(the material)는 마치 사유로부터 제조된 것 같아 보인다"고 진술했다.[28] 이를 철학적 관념론을 표현한 것으로 받아들여서는 안된다. 그 진술은 자연 과정의 기초로서 영의 역동성을 인정하는 것이 인간 의식이 자연 과정의 구조를 이해하고 주관할 수 있다는 것을 말한다.

쥐스만은 영과 생명 사이의 상호관계를 수용한다. 그는 생의 세 단계 혹은 과정을 제시한다. 그것들은 사물들 안에서 작용하고 있는 영적인 역동의 내면화의 단계를 가리킨다. 쉬스만은 식물과 동물에서 시작하지 않고, 불과 해류 현상(phenomena of currents and flames)에서 시작한다. 그는 식물과 동물의 감각적이고 생장하는 생명을 두 번째 단계에 놓고 인간 의식의 지적인 생명을 세 번째 단계로 설정한다.[29] 그러나 모든 생명체가 인간 의식과 공통적으로 지니는 것은 무엇인가? 이는 의식이 사물의 본성을 이해할 수 있게 해주는데 보다 기여할 수 있는 물음에 해당한다.

그러한 특성은 전체성 혹은 형태(Gestalt)의 특징에서 발견될 수 있다. 모든 생명체는 그 자신이 하나의 형태이며 다른 사물을 이해하

---

27) Popper and Eccles, *The Self and Its Brain*, 1-35.
28) Georg Süßmann, "Geist und Materie," in Hermann Dietzfelbinger and Lutz Mohaupt, eds., *Gott-Geist-Materie. Theologie und Naturwissenschaft in Gespräch*. Zur Sache, vol. 21 (Hamburg: Lutherisches Verlagshaus, 1980), 14-31, quotation at 20.
29) Ibid., 22-23.

며 그것들의 형태 혹은 모양에 대한 지각으로부터 확장해간다. 이러한 전개는 덜 추상적인 특징들을 나타내기 위해서 단순하게 생명체의 환경을 조사하는 형태들을 지각하는 원시적인 유형에서부터 시작한다. 그러한 행위는 종-특이성의 지각에 대한 틀(schemata) 내에 근거하는 것으로 볼 수 있다. 그리고 이러한 틀에 상응하는 특징적인 모양은 종-특이성의 응답을 촉진한다. 그러나 후기 발전단계에서, 형식의 질 또한 학습과정의 수단에 의해 구별된다. 그리고 지각 행위 역시 특정한 형식에 필수적인 요소들을 준비하게 된다. 우리가 지각하는 대부분의 형태들은 시간으로부터의 추상 작업 안에서 이해된다. 그러나 또한 시간 안에서 움직이고 발전하는 방식을 필수적으로 포함하는 형태를 지닌 생명체의 지각도 존재한다. 모든 동식물의 사유는 그러한 생명 형식을 포함한다. 그 형식은 생명 전개과정의 방식과 분리되어 있지 않다. 시간과 운동이 생명 형식에 우연적으로 부여된 것이 아니란 점은 생명 형식의 특별한 점이다. 모든 동물이 인간 인식과 같은 방식으로 생명 형태를 이해할 수 있는 것은 아니라 하더라도, 동물 역시 앞에서 언급한 생명 형식의 특성을 공유한다. 그러나 인간은 동물을 생명 형태로 이해할 뿐 아니라 식물과 심지어 무기적 현상 또한 계기(flame)로 작용하는 것으로 이해한다. 겉으로 보기에 활동적이고 자기 결정적인 체계를 우리는 본능적으로 살아있는 것으로 지각한다. 아동들은 그런 식으로 어른들이 경험하는 것보다 더 높은 정도로 환경을 경험하는 것으로 알려져 있다.

모든 생명 형식들은 개방 체계이다. 그것들은 열려져 있다. 왜냐하면 생명 과정은 불과 마찬가지로, 환경에 의존하고 있기 때문이다.

적어도 동물은 그들 생명 형식의 구조에 근거하고 있는 환경에 의존적이며, 생명의 미래에 있어서는 시간과 관계를 맺고 있다. 즉, 동물은 본능 자체가 미래로 이끌어간다는 것을 인지하지 못한다 하더라도 분명히 변화하고 있다. 비록 미래가 생명체의 현 상태를 초월한다고 하더라도, 그 자신의 생명 형식으로 미래 변화를 수용함으로써 시간을 내면화하는 것은 동물의 생명 형태의 한 부분이다. 따라서 생명은 자기 초월을 통한 자기 넘어섬으로 특징화된다. 그리고 생명체가 시간적 구조와 방향 안에서 생명 형식을 알고, 생명 형태로서의 자신을 지각하기만 한다면, 인간 의식이 그러하듯, 그 자신의 생명과 죽음을 넘어선 시간의 초월성 또한 지각할 수 있다.

흥미로운 사실은 히브리 언어가 이러한 자기 초월성과 생명체의 동시적 결핍(neediness)을 표현하는 단어를 발전시켜 왔다는 점이다. 대표적인 단어가 네페쉬(nephesh)이다.[30] 그런데 이 단어가 "영혼"(soul)으로 번역되면서 본래적 함의를 놓치고 말았다. 영의 구체적인 창조로서 야웨 창조 이야기에서 서술되는 것은 자기 초월 과정 속에 있는 생명체로서의 네페쉬이다. 따라서 영은 형태와 전체성에 관련된 것으로 이해된다. 보다 정확히 말하면 영은 생명 과정의 자기 초월성 안에서 생명 형식의 개방된 체계와 관련된 것으로 말해진다.

이러한 사유로부터 우리는 무엇을 깨닫는가? 그러한 사유는 생명체의 구조가 인간 의식의 활동과 공통성을 갖고 있으며, 우리가 영

---

30) Hans-Walter Wolff, *Anthropologie des Alten Testaments* (Munich: Kaiser, 1973), 25-40 [English: *Anthropology of the Old Testament*, trans. Margaret Kohl (Philadelphia: Fortress Press, 1974)].

의 역동 안에서 그러한 공통성의 뿌리를 찾을 수 있을 거라는 주제에 관해 대답을 줄 수 있는가? 우선적으로 우리는 인간의 지각적 의식(perceptive consciousness)에 대해 말할 수 있다. 인간의 지각적 의식은 특정한 전체의 감각 인식 자료를 파악하지 않고, 전체와 구별된 형태의 인상을 파악한다. 이를 넘어서서 의식의 분석 능력은 부분들을 통합하여 전체의 형태를 파악하는 것을 가능하게 해준다. 의식 그 자체는 구분하고 분석하는 능력을 갖추고 있으면서도 통합적이고 종합적인 활동으로 서술되어 왔다.[31] 칸트는 종합적이고 역동적인 지각적 본성을 강조했다. 개방적 체계로서, 지각은 생명 과정 자체의 구조에 상응한다. 그러나 인간 의식의 단계에서 지속적이고 자기를 능가하는 통합 과정은 오직 앎의 영역 안에서만 성취된다. 원시적인 지각 형태 안에서 이 앎은 추상적인 틀을 재인식하고 식별하는 일에 제한을 갖고 있거나 순간적인 특성을 지니고 있는 것으로 여겨진다. 반면에 인간 경험의 단계에서 이해된 형식은 부분으로 구

31) 포퍼와 마찬가지로 에클스 역시 셰링턴 경(Sir Charles Sherrington)의 견해를 따른다. 그는 인간 의식의 주요한 표식은 통합적으로 드러난다고 보았다 (John C. Eccles and William C. Gibson, *Sherrington, His Life and Thought* [Berlin: Springer Verlag, 1979]; Popper and Eccles, *The Self and Its Brain*, 524, with Popper's remarks at p. 127). 에클스는 정신의 통합적 행위를 신경 세포, 모듈의 다양성과 직접적으로 관련시킨다. "통합된 의식 경험은 신경계의 통합 작용으로부터 나오지 않는다"고 보면서, 에클스는 통합된 의식은 "뇌의 엄청난 신경 활동에서 나오는 자의식의 통합된 행위 속에" 위치해야 한다고 주장한다(356). 에클스는 자아 인식은 "가장 고등한 뇌의 활동"(362)에서 선택하고, 통합을 이룬다고 보았다. 그러나 이러한 견해는 정신은 "뇌"를 모른다는 사실과 충돌한다. 통합적인 의식 활동은 순간적인 인지와 기억에 적용된다. 순간적 인지에서의 종합적인 뇌의 과정과 인간의 자아 인식을 에클스는 "Animal Consciousness and Human Self-Consciousness," Experientia 38 (1982): 1384-1391, especially 1385ff., in regard to Donald R. Griffin, *The Question of Animal Awareness: Evolutionary Continuity of Mental Experience* (New York: Rockefeller University Press, 1976)에서 진술한다.

성된 전체로서 매 순간 지각되고, 따라서 더 큰 전체의 부분으로서, 즉 상황 속 요소들로, 시간과 공간 안에서 확장된 우주의 요소로서 지각된다. 인간은 그 자신의 몸과 몸에 적용된 명칭들을 사회적이면서 자연적인 세계의 우주와 관련지어 알아간다. 그리고 그 자신의 생명을 시간 내에서 제한된 과정으로 간주하며 이해한다. 그런데 이것은 필연적으로 이러한 한계를 넘어선 주제들과 관련된다. 그것은 죽음과 힘의 영역을 넘어선 것으로서, 겉으로 보이는 이 세계를 넘어서 있는 것으로 전개된다. 주어진 것을 넘어서 전개되는 통합 과정은 인간 의식과 모든 생명의 역동성을 연합하며, 영적 본성을 드러내주며, 영적 역동 안에서 의식의 참여, 즉 과정들을 초월하는 생의 과정을 가능하게 해준다.

심지어 개별적 생명과 의식을 넘어선 영적인 역동성의 그러한 초월적 측면까지도 공동체의 "영"(spirit)혹은 "영혼"(soul)에 관한 친숙한 단어로 표현된다. 다양한 형태의 인간 공동체는 유일한 형태가 아니라 하더라도 개별적 삶을 넘어 확장하는 영적 통합 과정을 보여준다. 그러나 공동체적 삶은 통합의 측면만으로 특징화되지 않는다. 공동체의 구성원 사이에 긴장과 적대감이 있을 수 있다. 성령론적으로 이러한 인간 현실에서 나타나는 현상들을 어떻게 적용할 수 있을까?

여타 고대 문화권에서와 같이 성서 전통에서도, 악령(evil spirits) 개념이 있었다. 어떻게 영적 현상이 악한 것으로 여겨지는가? 이는 영의 통합적인 역동적 과정과 관련하여 설명될 수 있다. 생명의 영적인 역동에 참여하는 것은 항상 자기 초월적 행위의 중심을 향하는 역동성을 내면화하는 생명의 형식에 근거를 둔다. 그러나 생명 과정의 자기 중심성이 자기 초월의 역동을 지배해서 생명체가 더 이상 더 큰 영적인 통합을 이룰 수 없게 되면, 자기 초월적 통합의 역동은 분리와 적대의 원리가 되고 만다. 바로 여기에 악의 가능성의 근원뿐 아니라 하나님의 영과 인간의 영, 즉 인간 의식 사이의 초기 기독교적 구별에 관한 더 나은 이해의 가능성이 놓여 있다. 비록 모든 생명체가 하나님의 영의 생명을 수여해주는 숨을 공유하고 그것을 통해서 살아간다해도, 생명체 그 자체가 성령의 역동과 동일할 수는 없다. 왜냐하면 자기 중심성 안에 있는 모든 생명체는 악해질 수 있기 때문이다. 이는 심지어 인간 의식에 있어서도 그러하다. 영적인 역동이 인간 의식 안에서 가장 높은 정도로 내면화된다 하더라도 말이다. 인간의 자기중심성은 파괴적인 방식으로 성령의 생명을 수여하는 활동과 충돌한다. 그러나 다른 한편으로는 바로 그와 같은 이유 때문에, 인간은 성령에 보다 충분한 참여를 이루고자 하는 갈망을 지닌다. 성령에의 참여를 통해 인간은 전체성과 정체성에 관한 자신의 갈망을 채울 수 있다. 그리고 인간은 모든 창조 세계와 평화를 이룬다. 그러나 그러한 갈망의 성취는 인간에게 확실한 소유의 형태로 주어지지 않는다. 그러한 성취는 인간 의식이 필연적으로 타자를 향한 의식적 자기 초월성을 능가하게 해준다. 그러므로 이 갈망은 오직 몰아적인 신앙적 경험과 희망, 그리고 그러한 믿음에서 나온 창조적 사랑으로 성취된다.

인격으로서의 인간
The Human Being as Person

칸트에 따르면, 철학의 세 가지 주된 문제들은 인간에 관한 문제로 집약된다. 그 세가지 주제란 "내가 무엇을 알 수 있는가? 나는 무엇을 해야 하는가? 나는 무엇을 희망할 수 있는가?"에 관한 것이다. 인간론의 주제는 인문과학, 특별히 중세 대학의 세 가지 고등과목(법학, 의학, 신학)에서 함께 다루어졌다. 성직자와 더불어 의사, 법학자, 판사들의 수고로 그것들이 인간을 대표하게 되었다. 그들은 (교사와 사회노동자와 함께) 더 넓고 복잡한 인간에 대한 개념을 필요로 한다. 그래야 각자의 전문적 영역에서 좁은 시야로 인간을 보거나 단편적으로 사람들을 대하지 않을 것이다. 그러므로 인간에 관한 문제는 특별히 간학문적인 대화를 필요로 한다.

인간 인격은 특히 인간론의 다양한 주제 중에 특별한 자리를 차지한다. 인격 개념은 개인으로서의 인간 존재의 구체적 현실뿐 아니라 인간 개인에게 부여하는 특별한 위엄과 불가침성에도 사실상 기초하고 있다. 이러한 관점은 우선적으로 법과 권리의 측면에 관심을 갖게 해준다. 인격으로서 인간은 인권을 지닌다. 그래서 독일연방공화국 헌법에서는 인권이 기본권 중 우선적으로 명시되어 있다(2조항): "인격"의 자유로운 발전에 대한 권리, 신체적 보호에 관한 권리 그리고 "인간"의 자유에 관한 권리. 이러한 인격적 자유는 "불가침적"이다. 그러므로 그것은 "인간의 위엄"과 밀접한 관련이 있다. 1조항에서는 인간의 위엄을 "불가침적"(unassailable)이라 하며, 인간의 위엄을 인권의 기초로 명시해놓고 있다.

따라서 인격은 모든 인간에게 부여한 특별한 자유와 위엄과 밀접한 관련이 있다. 그렇다면 무엇이 인간 인격을 구성하고, 자유와 위엄을 보장하는 것인가? 이 점에 관한 관점은 다양하다. 1966년에, 베를린 출신 철학자 토이니센(Michael Theunissen)은 인격에 대한 다른 관점을 제공해주었다. 그는 특별히 사회적 관계를 개인의 구성물이라 보는 입장과, 인격은 사회적 관계보다는 개인의 자아정체성에 기초해 있으며, 따라서 "자기 자신을 통해서 그리고 자기 자신에 의한 것(through-and-by-oneselfness)"[1]이라고 자아정체성을 해석한 사람들 사이에 대립을 강조했다. 이러한 여러 관점들은 인격 개념이 구체적 개인에게 항상 적용되어야 한다는 사실에 공통 근거를 가지고 있다. 동일한 점이 인간중심적 의료에도 해당한다.(Paul

---

1) Michael Theunissen, "Skeptische Betrachtungen über den anthropologischen Personbegriff," in *Die Frage nach dem Menschen: Aufriss einer philosophischen Anthropologie*, ed. Heinrich Rombach (Freiburg and Munich: Alber, 1966).

Christan)2) 여기서 인격 개념은 무엇보다 개인의 육체-영혼의 연합을 강조한다.

그런데 어느 정도까지 개별적 인간이 헌법에 명시된 것과 같은 불가침성을 지닌 자유와 위엄의 주체로서 인격일 수 있는가? 다시 말하면 어느 지점으로부터 인간이 인권의 주체로서 인격이 되느냐에 관한 것이다. 출생부터인가 아니면 출생 이전부터 그러한가? 우리 모두가 잘 알고 있듯이, 이에 관한 논쟁은 오늘날 매우 첨예하게 이뤄지고 있다. 특별히 낙태와 관련해서 그러하다. 그러므로 언제 인간이 법적 체계 안에서 인격으로 인정되느냐의 질문에 대한 대답은 상당한 영향을 가져다준다. 사람들은 모두 적용가능한 인간의 생물학적이거나 의료적인 기준을 찾고자 한다. 불가침 인격이 되는 때는 태아로부터 언제가 되는가? 그러한 경계 짓기가 가능하기나 한 것인가? 혹은 그것은 엄마의 자궁 안에서 영아가 발달하는 계속적인 과정이 아닌가? 즉, 태아가 인격이 되는 어느 한 지점을 결정하기란 쉽지 않다. 경험적으로 식별되는 도약이 아닐 경우, 인격에 관한 우리의 개념은 과연 입증 가능한 방식으로 설명이 가능한가?

동일한 물음이 개인의 일생 속에서 일어나는 쇠퇴, 노년기, 죽음의 국면과 관련해서도 제기될 수 있다. 혼수상태에서 깨어나지 못하는 인간은 여전히 인격일 수 있는가? 관념론적 전통 안에서 의식과 자의식이 인격 개념의 구성요소라 보는 이들은 이러한 부분에 있어

---

2) Se, for example, Paul Christian, *Das Personverständnis im modernen medizinischen Denken* (Tübingen: J. C. B. Mohr, 1952).

서 긍정적으로 답하기가 어려울 것이다. 그러나 쉽게 부정적으로 단정하기 어려운 이유도 있다. 적어도 다음과 같은 물음들이 제기될 수 있기 때문이다. "심각한 기억 손실을 입은 사람, 장기 기억과 언어 구사력을 상실한 사람, 더 이상 가까운 이들을 알아볼 수 없고 다른 이들과 개인적인 관계를 맺을 수 없는 사람도 여전히 인격일 수 있는가" 하는 것이다. 칸트(Kant)는 "인간이 자아 개념(ego-concept)을 갖고 있다는 사실은 지구상 어떤 생명체보다 그 자신이 무한하게 우월하다는 것을 나타내준다. 이로 인해 그는 인격이며, 이 의식을 통해서 사람은 모든 어려움 중에도 자신을 지켜갈 수 있다"고 말한 바 있다.[3] 그러나 그렇게 심각한 기억 상실을 입어서 언어 구사력 뿐 아니라 더 이상 근친도 식별하지 못하는 사람은 "그러한 모든 가변성에도 불구하고… 의식의 동일성(oneness of consciousness)"을 소유하기가 어렵다. 왜냐하면 의식의 동일성은 기억에 기초해 있기 때문이다. 그런 점에서 칸트가 말한 것과 같이 인간이 여전히 "자아 개념을 알고 있다"고 보는 것은 매우 불확실해진다. 우리는 이제 "나"라는 단어의 기원과 사용이 개인의 일생 안에서, 사회적 관계의 발전과 더불어 연관되어 있다는 걸 알고 있다. 그리고 그러한 "나"에 관한 개념은 질병에 걸린 사람에게는 실재하지 않는다는 것도 알고 있다. 칸트는 "나"에 관한 개념이 단지 의식의 통일성과 관련해서

---

3) Immanuel Kant, *Anthropologie in pragmastischer Hinsicht*, in *Werke*, vol. 7 (Berlin: Reimer, 1798); [English: *Anthropogy from a Pragmatic Point of View*, trans. Victor L. Dowdell, ed. Hans H. Rudnick; introduction by Frederick P. Van De Pitte (Carbondale: Southern Illinois University Press, 1978), ∬1].

만 가능하다고 봤다. 즉, 그는 그 개념이 기억을 상실했을 때 성립될 수 없다고 본 것이다. 따라서 기억에 문제가 있는 사람에게도 "나"에 관한 관념이 있느냐 하는 것은 의심스러운 것이 되고 만다. 자아 인식을 위한 조건에 관해 우리가 알고 있는 것도 그와 다르지 않다. 그렇다면 인격의 어떠한 것이 그러한 조건 안에 있는가? 칸트에 의하면, 비이성적인 짐승들보다 "무한정 인간을 우월하게 해주는" 인격이 "나"라는 사실과 의식의 통일성에 근거하고 있다면, 우리는 질병에 걸린 사람들에게서는 인격을 기대할 수 없다. 사법적 결과물은 매우 다양하다. 질병에 걸린 사람은 그 자신의 개인적 자유의 불가침성을 보호하는 것을 더 이상 누릴 수 없을 수도 있다. 개인의 위엄과 삶에 관한 권리는 또한 개인들에 속해 있는 것으로 볼 수도 있다. 즉, 그 권리는 인격 개념에 바탕을 두고 있고, 구체적인 적용에 있어서 인격의 존재에 토대를 두고 있다.

자아와 의식의 통일성이 해체되는 질병을 가진 자와 심각한 기억 손실을 갖고 있는 자는 유사한 문제를 갖고 있다. 나는 대부분의 물리학자들이 그러한 심각한 질환자들도 인격으로, 즉 인간으로 대하는 경향이 있다고 본다. 그러나 그러한 태도를 지지해주는 것은 무엇인가? 그러한 사람들도 인간으로 여기게 해주는 토대는 무엇인가? "나"에 의해 정의되는 인간 개념은 여기서 더 이상 충분하지 않다. 이는 그보다 깊은 차원에 인간 인격이 기초해 있음을 암시한다. 헌법에 명시되어 있는 것처럼, 인간 위엄이 불가침적이고 그러한 불가침성이 인간 인격과 관련이 있다고 한다면, 인격 개념은 자아 구성에 문제가 있는 사람들을 포함하여 모든 사람에게 적용되어야 마땅하다. 갓 태어났거나 자아 구성이 덜 발달한 태아에게도 마찬가지이다.

그렇다면 무엇이 개개인을 인격으로 만들어주는 것인가? 다시 인격의 불가침성과 신성함, 자유와 인간적 위엄에 관한 헌법의 진술로 돌아가보자. 이것들은 어떤 개념들인가? 그것들은 항상 인간 존재의 특징이어서 언제 어디서나 모든 인간 안에 발견되는 것들인가? 그렇지만은 않다. 우리는 직무에 의해서가 아니라 단순히 인간성으로서의 위엄을 나타내는 사람을 알고 있을 것이다. 또한 적어도 특정 상황에서 외적인 조건을 다스리며 독립적이고 인상적인 방식으로 살아가는 사람들도 있다. 그러나 그러한 위엄과 내적인 자유가 모든 인간에게 속한 것이라 말할 수 있을까? 물리학자들은 인간적 삶이 얼마나 자주 물리적인 면뿐 아니라 영적인 현실에서도 피폐해지는지 더 잘 알 것이다. 도덕적 악함과 비참함은 더 빈번하게 발생한다. 물리적 결핍, 영적 침체와 범행에 관하여 말하는 것이 아니다. 우리 중 누구도 물리적으로, 영적으로, 도덕적으로 완벽하지 않다. 인간이 되게 하는 내적 자유와 위엄은 좀처럼 인간의 경험적 현실로부터 도출되지 않는다. 그러나 좋은 의사는 그저 도움을 받는 자로 환자를 대하지 않고, 인간이라면 마땅히 되어야 하는 것과 될 수 있는 것, 그리고 특정한 인간이 한때 어땠는지에 대해 고려한다. 이러한 관점에서, 환자의 무력함을 인지하고 많은 경우에 환자의 상태가 말해주지 않는 인간의 위엄을 알아차릴 수 있다. 학생을 대하는 교사의 태도, 피고에 대한 판사의 태도, 재소자에 대한 교도관의 태도도 그러하고, 마땅히 그러해야 한다. 또한 경쟁자들, 반대자들, 승자와

208

패자, 우수한 자와 열등한 자 그리고 남편과 아내, 부모와 자녀 사이에서도 그러해야 한다.

인간이 인격이라는 것은 언제 어디서나 모든 인간 개인들에게 부여되는 특징적인 것만은 아니다. 이는 특별히 불가침성과 신성에 관하여 더욱 그러하다. 애석하게도, 경험적인 영역에서 생명이나 개인적인 자유는 모두 진정으로 불가침적인 것은 아니다. 인간은 질병이나 사기로 생명을 잃기도 할 뿐 아니라 자유까지 침해당하기도 한다. 그런 점에서 인간이 인격으로서의 자신의 위엄 때문에 인간은 신성불가침적이라는 진술은 근본적으로 조건적(counterfactual)이다. 즉, 현실을 묘사하는 진술이 아니라 당위적인 진술일 뿐이다. '해야 한다'는 것과 '-이다'는 여기서 명확하게 분리되지 않는다. 인간 존재 그 자체는 바로 이 '해야 한다'는 것에 의해서 갖추어진다. 그러므로 우리는 사실상 단지 명제적으로 다음과 같이 표현할 수 있을 뿐이다. "인간의 위엄은 불가침적이다."

이러한 존엄성이 항상 인격을 규정할 수 있는 것은 아니다. 헬라어와 라틴어의 어원을 살펴보면, 프로스폰(prosopon)이나 페르소나(persona)라는 단어는 우선적으로 얼굴을 가리키며, 배우들이 착용하는 가면을 의미하기도 한다. 여기서 페르존(Person)이라는 단어는 연극적인 맥락에서 배우들이 연기하는 사회적인 "역할"(roles)을 고안한다는 의미를 가진다. 이는 공적인 인격과 관련된 역할을 암시한다. 성서에서도 이와 유사한 예를 찾아볼 수 있다. 판단하는 이에게는 "너희는 재판할 때에 외모를 보지 말고"(신 1:17; 베드로전서 1:17과 비교)가 그것이다. 하나님은 공정하게 판단하신다. 하나님은 "가난

한 자들 앞에서 부자의 낯을 세워주지 아니하신다."(욥 34:19) 헬라
어나 로마어의 용법에서도, 페르존(Person)이라는 단어는 특별히 사
회적으로 높은 입장을 가리킨다. 그러나 고대 후기의 법정 용어에서
이 말은 개인들에게 꽤 보편적으로 사용되었다. 페르존이라는 말은
또한 개별적 사람을 의미하기도 한다. 여기서 개별적 인간은 특별한
위엄과 신성불가침적인 주체라기보다는 단지 "개인"이라는 범주 안
에 있는 하나의 예로만 간주되었다.

그러한 인간의 불가침성 개념은 인격에 관한 우리의 현재적 개념
과 밀접한 관련을 맺고 있으며, 그것은 구약성서에 기원한다. 구약
성서에서 인간의 불가침성 개념은 하나님 형상대로 인간이 창조되
었다는 점에서 드러난다. 그래서 모든 인간은 하나님 자신의 신성불
가침성을 공유한다. 창세기에서 살인하지 말라는 명령은 하나님이
자신의 형상대로 인간을 창조하셨다는 사실에 기초해 있다.(창 9:6)
그러므로 인격으로서의 인간 불가침성의 기원은 창조에 관한 성서
적 신앙에 근거해 있다고 할 수 있다. 다시 말해서 하나님 형상대로
인간을 창조했다는 진술은 인간의 운명에 관한 진술로 읽혀야 한다.
신약성서에서 예수는 하나님의 형상이다. 예수는 하나님의 형상으로
지음 받았을 뿐 아니라 바울은 예수 자신을 영원하고 보이지 않는 하
나님의 형상이라고 말한다.(고후 4:4; 골 1:15와 비교) 또한 모든 사람
은 하늘, 즉 하나님으로부터 오는 인간의 형상을 입을 것이다.(고전
15:49) 이 모든 것은 예수의 형상에 따라서 형성되는 것(롬 8:29)이
다. 이는 곧 예수 그리스도 안에서 인간의 운명이 실현되었고, 그것
은 곧 인간 운명이 이 세상에서 하나님을 나타냈다는 의미에서 인

간의 운명이 하나님의 형상으로 실현되었다는 것을 의미한다. 모든 인간의 불가침적인 운명은 그러한 운명에 기초해 있다. 기독론이 정립되는 과정에서, 이러한 사상이 인격 개념과 결합되었다. 451년 칼케돈 공의회에서 예수의 인격은 하나님의 아들의 인격으로 명시되었다. 비록 예수 그리스도 안에 인성과 신성의 차이를 인정했음에도 말이다. 예수 그리스도의 모습에서 우리는 하나님 자신을 발견한다. 아들의 아버지에 대한 순종 속에서 우리는 아버지를 발견하는 것이다. 이러한 진술은 기독론적일 뿐만 아니라 포괄적인 인간론과도 관계있다. 우리 모두가 예수 그리스도 안에 나타난 인간 형상을 갖고 있다고 한다면 말이다. 예수 그리스도의 인격 안에서 기독교인들은 모든 개별적 인간의 개인적인 위엄을 위한 기초가 되는 하나님과의 상호교제 속에 있는 인간의 운명을 발견한다.

우리 삶의 부조리와 약점을 무한히 넘어서는 인간의 운명을 고려하지 않는다면, 인격으로서의 모든 인간에게 주어진 신성한 존엄에 관한 이상의 근거는 찾기 어렵다. 그러나 인간의 신적인 운명을 고려할 때, 우리는 그 운명에 기초해 있는 개인적 존엄과 자유를 인간에게서 발견할 수 있다. 그럴 때 낯선 이들을 무관심이 아니라 사랑으로 대할 수 있다. 진실하게 사랑할 때, 타인은 자신의 바람을 충족시킬 상대가 아니라 인격으로서 '그래야만 한다는'(should) 특별한 소명을 지닌 대상이 된다. 그리고 그것은 어떤 방식으로든 항상 이미 그러했던 것임을 발견한다. 왜냐하면 '그래야만 한다는'(should) 것은 인간에 관한 창조주 하나님의 말씀이기 때문이다.

우리가 무엇이 될지는 아무도 모른다. 그러나 우리는 이미 어떠한 방식으로든지 각자의 모습을 갖고 있다. 나는 특별한 내 자신의 자아가 되는 과정 중에 있다. 그리고 나는 이미 그리고 항상 나 자신으로 있었다. 감정적 삶의 황홀경(ecstasy) 속에서 우리는 자신과 구별된 세계와 상관 관계를 맺는다. 그렇게 함으로써 우리는 다른 사람들의 시선과 그들의 평가와 기대에 따라 우리 자신을 이해한다. 감정적 황홀경은 이를 넘어선다. 감정적 황홀경에서 세계와 자아는 분리되지 않는다. 생명의 규정되지 않은 전체성은 감정 안에 현존하며, 세계와 자아는 특징적인 이성적 정신 활동을 통해서 생명의 전체성으로부터 출현한다. 그러나 그러한 명명할 수 없는 전체성은 우리 자신에 대한 생각과 세계에 대한 우리의 관점과 연결되어 있다. 그러므로 자아의 전체성과 우리의 관계는 다른 사람들의 눈에 보이는 모든 것을 넘어서서 감정적 삶 안에 토대를 두고 있다. 자아에 대한 이러한 관계성 안에서 우리는 인격이라는 것을 통해서 우리 자신의 운명과 관계를 맺는다.

정체성을 갖춘다는 것은 무엇보다 감정을 통해 우선적으로 주어진 자아와의 관계를 구체화하는 것이다. 정체성을 세워가는 과정은 우리 자신에 관한 보다 정확한 이해에 속하고, 그 이해는 우리 개별적 삶에 속한 모든 것을 이해한다는 것을 가리킨다. 우리는 자기를 성취하는 것으로 정체성을 세워가는 과정을 이해해서는 안된다. "내"가 이미 뚜렷하게 현존하며 자아의 내용에 관해 결정할 수 있다 여기는 것은 옳지 않다. 오히려 그 반대가 맞다. "나"를 그와 같이 생각하는 것은 오직 일시적으로만 가능하다. 언어적 연구가 알려주듯이, 일인칭 단수는 특정 상황 안에서의 특정한 발화자만을 가리킨다. 변화 속에서도 동일성을 유지하며 확장되는 "나"의 정체성은 아직 주어지지 않았다. "나"는 정체성을 세워가는 과정 안에서 성취된 자아의 정체성에 우선적으로 안정성을 확보한다. 이것이 우리 인격(personhood)과 우리 자신(ego) 사이의 관계를 이해하는 적절한 방식이다. 우리는 인간으로서의 우리의 운명 안에서 인격으로서의 우리 자신을 경험한다. 우리 자신은 항상 인격의 충만함을 향해 나아가지만, 아직은 우리의 "나"안에서 그것을 성취하지는 않았다. 우리가 하나님에게서 진실로 무엇이냐 하는 것이 아직은 지상의 삶의 역사, 즉 "나"의 시간의 거울 안에서 파편적인 것으로 나타난다. 그리고 키르케고르(Søren Kierkegaard)가 예리하게 묘사했듯이,[4] 바로 그 현실 속에서 "나"는 그 자신의 자아와 고통스럽게 분리되어 있다는 것을, 즉 그 자신으로 존재할 것인가 그렇지 않을 것인가에 대한 소리를 억누르고 있다는 것을 발견한다. 그러한 왜곡 속에서도 남아있는 것은 "나"를 넘어서 우리 자신이 되기 위한 운명이 현존하고 있다는 사실이다. 그 운명은 "나"의 시간 속에서도 우리 안에 현존하고 있다. 그런 점에서 인간이 인격이라는 사실은 자아(ego) 내에서 발견되지 않는다. 우리의 자아 의식(ego-consciousness)은 단지 이기성(selfness)이 우리에게 발견되는 자리일 뿐이다. 마치 자아가 우리 얼굴에서 나타나듯 말이다. 자아 의식은 인격 개념의 역사를 위한 출발지점으

---

4) Søren Kierkegaard, "Die Krankheit zum Tode," (1849) in *Gesammelte Werke*, ed. Emanuel Hirsch, 36 sections in 24 vols. (Düsseldorf: Diederichs, 1951-66), Section 24; English: *Fear and Trembling and the Sickness unto Death*, trans. with introduction and notes by Walter Lowrie (Garden City, N. Y.: Doubleday, 1954)].

로서의 얼굴(*face*)에 대한 보다 깊은 의미가 없이는 존재할 수 없다.

이 짧막한 글의 서론에서, "나"라는 의미로 인격을 이해한 전통적인 사유는 통합된 의식의 주체를 결여하고 있다는 점에서 적절하지 않다고 주장했다. 그러한 이해는 신성과 존엄 개념이 인격 개념과 관련이 있다는 것을 설명해주지 못한다. 그와 같은 관점은 특별히 안정적인 자아 구조를 발달시키지 못했거나 하나의 자아를 갖지 않은 것 같은 사람들을 인격에서 배제한다. 그러나 우리가 자아에 주어진 신적인 운명 속에 있는 인격을 고려한다면 얘기는 달라진다. 신적인 운명은 매 순간 무한하게 인간 존재를 넘어서며 "나"의 현존 안에서도 우리에게 드러난다. 바로 이러한 점은 "나"를 아직 구성하지 못했거나 "나"라는 정체성에 혼란을 갖고 있는 이들에 대해서도 인격을 말할 수 있는 적절한 근거가 된다. 우리는 그와 같은 인간의 운명에 대한 경의를 통해서 그들이 갖고 있는 인간 인격의 위엄을 인정할 수 있다.

공격성과 죄론
Aggression and the Theological Doctrine of Sin

로렌츠(Konrad Lorenz)는 그의 유명한 저서 『공격성에 대하여』(*On Aggression*, 1963)에서 공격성을 "소위 악한 것"으로 서술했다. 그는 공격성을 소위 악한 것으로 간주되는 무언가로 본 것이다.[1] 그러나 이 책의 독일어 제목은 그러한 관점이 수정되어야 할 필요가 있다는 점을 보여주기도 한다. 공격성은 본래 악한 것이 아니라, "소위" 악한 것으로 여겨지는 것이라 보기 때문이다. 이 책에서 로렌츠는 공격성의 본능적 근원이 생존과 관련되어 있다고 밝힌다. 그는 공격성이 "개체와 종의 생존을 보장해주는 자연적 상태의 본능과 같은 것"

---

1) Konrad Lorenz, *Das sogenannte Böse. Zur Naturgeschichte der Agression* (Vienna: Borotha-Schoeler Verlag, 1963). [편집자 주: 따라서 책의 독일어 제목은 "The So-Called Evil"; English translation: *On Aggression*, trans. Marjorie Kerr Wilson (New York: Harcourt Brace Jovanovich, 1966)].

이라고 보았다. 인간들 사이에서 공격성의 "악한 결과"를 가져오는 것은 오직 인간 종에게 해당된다는 것이다.

로렌츠는 공격성을 악으로 지정해서 "소위" 악을 말할 수 있는 사람이 누구인가에 관해 기술하면서, 프로이트(Sigmund Freud)의 죽음에 대한 소망(death wish) 이론을 언급한다.[2] 20세기, 프로이트는 1930년부터 문화 속의 불만을 연구하면서, 공격성을 "죽음에 관한 소망의 중요한 예시"로 보았고, 악이라 규정했다. 공격적 성향을 발견함으로써 프로이트는 인간이 천성적으로 "지지받지 못하는 환상"(unsupported illusion)을 "단순히 좋아한다"고 판단했다. 이 이론에 의하면 공산주의는 단지 "개인적 성향이 제도화된 것"으로서, 인간 본성을 부패시키는 것이었기 때문에, 프로이트는 공산주의를 반대했다. 그는 공격성으로 드러나는 인간 본성의 어두운 면을 의식적으로 억제하는 성향과 죽음으로의 소망을 관련지음으로써 그러한 반대의 이유를 밝혔다. "유아들은 '악', 즉 공격성, 파괴, 잔인성을 가진 성향에 대해 듣기 싫어한다." 폴 틸리히(Paul Tillich)가 강조한 프로이트의 관점과 죄론의 유사성이 위의 진술에서 명확하게 드러난다.[3] 동료 인간에게 해를 가하는 경향으로서의 공격성과 그와 반대인 사랑의 계명 사이의 대조는 공격성의 악한 특성을 나타내준다고 프로이트는 서술했다. 그는 그와 같은 악한 공격성은 "문화적

---

2) Sigmund Freud, *Das Unbehagen der Kultur* (Vienna: Internationaler Psychoanalytischer Verlag, 1930). [English translation: *Civilization and Its Discontents*, trans. Jean Riviere (New York: J. Cape and H. Smith, 1930)].
3) Paul Tillich, *Systematische Theologie* 2 (1958): 62. [English: *Systematic Theology*, 3 vols. (Chicago: University of Chicago Press, 1951-1963), 2: 53-55].

비용을 발생시킨다. 왜냐하면 인간 사이의 적대감의 결과로서, 사회적 문화는 파괴의 위협을 받기 때문이다"라고 진술했다. 그리고 프로이트는 "공격성과 자기 파괴적 욕구로 발생한 생명 파괴를 영원한 에로스로 극복할 것인가"에 대한 물음은 인류에게 중대한 문제라고 보았다.

프로이트 이전에도 타인에게 해를 입히는 악한 경향을 언급한 학자가 있었다. 쇼펜하우어(Arthur Schopenhauer)는 일찍이 단순한 이기주의와는 다른 측면에서 그와 같은 언급을 한 바 있다. 그는 악함은 "이득을 생각하지 않고 사심없이 다른 사람에게 고통을 가하고자 한다"고 진술했다.[4] 그러나 다른 한편, 목적을 갖지 않은 악과 같은 순수한 파괴성은 인간에게 있어서는 불가능해 보인다. 칸트는 이미 이 점을 강조했고, 그러한 점은 기독교 전통의 관점과 상응한다. 오직 사탄에게만 실제적인 것으로서 제안되는 근본악이 있다. 그러나 사탄의 경우에서도, 기독교 신학은 파괴성을 악의 근본적 뿌리로 보지 않는다.[5] 이는 기독교 신학이 신적인 사랑에 대한 근본적 대항마로서의 신화론적 이원론에 입각하여 사탄을 인지하는 것이 아니라 타락한 하나님의 피조물로 여기는 것과 관계가 있을 것이다. 아

---

4) Arthur Schopenhauer, *Die Welt als Wille und Vorstellung*, Book 4, ∬61. [English: *The World as Will and Idea*, trans. R. B. Haldane and J. Kemp, 3 vols. (London: Routledge & Kegan paul, 1964), 1:429].

5) This is overlooked when theories of original aggressiveness and wildness are categorized "naturally" with the "legends" of "innate depravity" or human original sin (so M. F. Ashley Montagu, "The New Litany of 'Innate Depravity,' or Original Sin Revised," in M. F. Ashley Montagu, ed., *Man and Aggression* [New York: Oxford University Press, 1968], 3-17).

우구스티누스에 의하면, 사탄적인 악의 뿌리는 그 자신이 신이 되지 못한 무능력이다. 아우구스티누스는 하나님의 자리에 자신을 두고자 하는 무제한적인 자기 사랑은 하나님이 창조한 모든 것에 반하는 하나님 혐오를 가져온다고 보았다. 파괴성은 사탄의 악의 근원이 아니라 그 결과이며 가시적인 형태이다.

　기독교적 관점에서, 순수한 파괴성에 대한 근본적 경향성이 사탄만큼은 아니라 하더라도 인간에게도 존재한다. 인간의 죄는 사탄과 같이 하나님 혐오의 즉각적 결과인 무제한적인 자기 사랑, 즉 노골적인 자기 사랑은 아니다. 감각적인(sensate) 피조물로서 인간은 그 자신의 세계 안에 목적을 두고 있다. 인간의 죄는 욕심, 즉 즐기고 소유하고자 하는 욕망이며, 이는 최고의 유인하는 힘으로서의 인간 욕정 안에 현재하고 있는 억제되지 않는 자기 사랑이다. 욕정은 목표를 위한 것을 찾는 것이 아니라 목표를 갈망하는 인간의 쾌락적 수단이 되는 것들을 찾아 나선다. 그러므로 욕정은 항상 자기 사랑을 추구한다. 욕정의 지배를 받는 인간은 이미 자기 자신을 하나님만이 거할 수 있는 자리에 올려놓고 있다. 왜냐하면 하나님만이 피조물을 위한 최고 선이며, 그것은 곧 하나님 자신에게서만 찾을 수 있는 목표이기 때문이다. 하나님 혐오는 인간의 자기 사랑의 정도에 따라 인간의 죄 안에 잠재적으로 현재한다. 또한 바로 그 이유 때문에, 인간의 죄는 치유받을 수 있다. 하나님은 인간의 갈망을 하나님의 현존과 함께 누리는 행복을 누리게 함으로써 치유할 수 있다. 이는 피조물을 향한 하나님 자신의 사랑에 기초해 있다.

　직접적인 유전설은 아니지만 원죄론의 기초를 제공한 아우구스티누스의 죄에 관한 고전적인 입장은 그의 사유가 죄에 대한 바울의 요약적 진술에 암시되어 있는 것을 명시화했다는 사실에 근거한다. 로마서에서 바울은 율법이 요구하는 모든 것의 의미를 "탐내지 말라"(롬 7:7)는 한 문장으로 요약한다. 그리고 이에 따라 그는 욕정으로서의 죄를 요약적으로 서술한다. 아우구스티누스는 그의 신조에서 욕정이 항상 목적이나 갈망의 특정한 대상과 다른 목표를 전제하며, 갈망하는 사람은 항상 그 자신을 그 목표에 도달하게 하고자 하며, 그 결과 통제되지 않는 자기 사랑의 이기주의를 가져오며, 그것이야말로 죄의 뿌리라는 욕정의 현상학의 논리적 함의를 드러냈을 뿐이다.6)

죄에 관한 아우구스티누스의 교리는 인간 성(sexuality) 내에서 주로 나타나는 성욕을 비극적인 발전을 위한 첫 출발점으로 삼았고, 성 자체에 대한 부정적인 인식뿐 아니라 기독교의 오랜 역사서 성을 압제하는 결과를 초래했다는 비판을 받는다.7) 사실, 이에 관한 아우구스티누스의 생각은 다른 고대 기독교 저술가들과 마찬가지로 고대 후기의 금욕적 영성의 분위기의 영향을 많이 받은 것이다. 그러나 그가 죄를 욕정으로 이해한 것의 기초는 또 다른 문제이다. 본질

---

6) 욕정에 대한 자기 사랑의 우위를 살펴보기 위해서는 Augustine, *De trinitate* 12, 9, 14.

7) Thus, for example, Adolf von Harnack, *Dogmengeschichte* III (1889; 4ᵗʰ ed., Tübingen: J. B. C. Mohr, 1910), 218, n. 2. [English: *History of Dogma*, trans. from the 3ʳᵈ German ed. by Neil Buchanan, 7 vols. in 4(New York: Dover Publications, 1961)]. For example, Joachim Kahl, *Das Elend des Christentums: order, Plädoyer für eine Humanität ohne Gott*, mit einer Einführung von Gerhard Szezesny (Reinbek bei Hamburg: Rowohlt, 1968) [English: *The Misery of Christianity: or, A Plea for a Humanity without God;* with a preface by Gerhard Szezesny, trans. N. D. Smith (Harmondsworth: Penguin, 1971)], 49ff., refers sweepingly to a "demonization of sexuality" in Christianity.

적으로, 죄의 본성에 관한 아우구스티누스의 진술은 행위의 "동기부여하는 힘의 전도(reversal)"에 관한 형식적인 분석으로서, 즉 칸트가 근본악의 교리라 부른 것과 통한다. 죄가 세계 질서의 근원이자 목표인 하나님에게 속해 있다는 것이며, 피조물들은 자신의 행동에 대한 궁극적 목표로서 하나님을 찾고자 한다는 것이다. 그 외 모든 것은 최고선이신 하나님에게 향하는 방법으로 사용되고 가치가 매겨져야 한다. 이러한 우주의 질서는 인간이 세계의 사물을 하나님이 아니라 그들 각자의 자기애를 지탱해주는 것으로 활용할 때 왜곡된다. 여기서 인간은 그들 자신을 하나님과의 관계 내에서 목적으로 삼고, 하나님을 단지 그들 자신의 쾌락을 위한 수단으로, 그래서 세계의 여타 사물과 다르지 않은 것으로 사용해버림으로써, 사용과 향유(uti and frui)를 교환하고 만다. 그와 같이 우주의 수단-목표 질서의 전도로서 죄를 이해하는 것을 성욕으로만 협소하게 이해하는 것은 적절하지 않다. 하지만 아우구스티누스에게 성은 인간 행동의 보편화된 왜곡의 명백한 예로 여겨졌다. 그리고 고대 후기의 금욕적 분위기는 그의 관점을 협소하게 만들었다. 그래서 그의 여러 저서에서, 아우구스티누스는 성적 행위의 왜곡을 행위 전반의 측면과 동일시했다. 아우구스티누스의 죄 유전 이론은 서구 기독교의 역사를 통틀어 치명적인 영향을 주었다. 그는 성욕과 욕정을 죄된 욕정이 후대로 전해진 것이라 간주했기 때문이다. 그러나 우리는 아우구스티누스의 죄 유전 이론이 죄의 본성에 관한 그의 구조적인 분석에 부차적인 가설로만 작용했다는 것을 기억해야 한다. 그는 죄의 유전을 죄에 대한 인간의 책임을 보호하기 위한 것으로 제안했다. 누군가가 방지될 수 있는 행위에 대해 유일한 책임을 갖는다면, 자기중심주의와 정욕으로 구조화된 인간 행위가 어떤 식으로 일어나는가에 대한 지식과 함께 문제는 발생하기 마련이다. 죄 개념을 인간이 범한 죄의 문제로 간주해버릴 때 존재의 왜곡이 일어나고, 그것은 불가피한 운명의 문제라고 말할 수 있지 않은가? 이 문제에 대한 아우구스티누스의 대답은 다음과 같다. 인간 행위가 항상 정욕으로 이미 결정되어 있다고 한다면, 첫 인간, 아담과 전체 인류의 전형은 그의 자유로운 결정으로 신적인 명령에 불복종하는 것이 된다. 바로 그것이 왜곡된 정욕과 같은 세계의 사물들에 대한 비뚤어진 관계가 발생하는 방식이다. 그러나 현재의 인간성에 대해서, 아담은 단지 이른 세대의 한 개인만을 가리키지 않는다. 첫 인간으로서 아담은 이후 세대의 인간의 본성을 보여주기 때문이다. 이러한 논의를 보다 인간론적으로 구체화하기 위해서, 아우구스티누스는 일찍이 테르툴리아누스가 제기했었던 죄의 유전에 관한 그의 의견을 제안했다. 아담의 죄가 출생하면서 발생하는 정욕적 방식에 의해 후세에 전해진다는 견해는 아담의 타락과 그의 책임에 대해 정욕적 방식이 참여한다는 보증으로서 아우구스티누스에게 작용했다. 이 지면에서 아우구스티누스의 죄 이론 가설에 관한 근대 시기에 전개된 모든 논의들을 다 다룰 필요는 없을 것이다. 성에 낙인을 찍은 것과 같은 그 가설이 오늘날 신학에서는 거부된다는 것을 언급하는 것으로 충분하다.

그러나 아우구스티누스가 제시한 죄와 성 사이의 관련성을 어느 정도 들여다보는 것은 필요하다. 왜냐하면 우리는 거기서 폭력의 내향성, 즉 내적인 폭력성의 자기 파괴적 전이의 측면을 발견할 수 있기 때문이다. 죄에 관한 기독교 교리는 폭력성의 뿌리에 대해 말해 줄 뿐 아니라 그러한 현상의 현현 자체에 대해서도 보여준다. 그러 므로 기독교적 죄론은 비록 하나님의 구원이라는 사랑에 관한 메시 지가 죄의 극복을 선언한다고 하더라도 기독교 자신이 양산한 공격 성을 드러내주는 예시들 안에 속해 있다.

자기 공격(self-aggression)의 충동적 층위가 전통적 죄의 교리에 있어서 소거되어왔지만, 죄의 본성에 대한 아우구스티누스의 영향 을 받은 진술과 유전적 특성에 관한 그의 가설 사이의 날카로운 대 립에서 본 것처럼 우리는 어떻게 죄가 공격성의 뿌리가 될 수 있는 가에 대한 층위를 말할 수 있다. 분명히 원죄의 개념에서 인간의 행 위를 구조화하는 죄성은 자주 구별없이 죄의 유전 개념과 연결된다. 이러한 사실은 죄와 유죄에 대한 전반적 소재들을 자기 공격의 표현 으로 간주할 수 있게 해주었다. 이는 니체(Friedrich Nietzsche)가 죄 에 관한 전통적 기독교 교리를 비판한 점이기도 하다. 그에게 있어 서 "악한 양심"은 "인간이 경험해왔던 가장 근본적인 변화의 충격 에 걸리는 심각한 병"으로 여겨졌다. 니체는 무엇을 병이라 보았는 가? "그 자신을 외부로 배출하지 못하는 모든 본능은 안으로 돌려진 다.(turn inward) 적대감, 잔인함, 박해와 공격에서의 쾌감 등은 그러 한 본능의 주인에게서 등을 돌린다. 그것이야말로 '악한 양심'의 근 원이다."[8] 수십 년 후에 아들러(Alfred Adler)와 프로이트는 동일한

---

8) Friedrich Nietzsche, *Zur Genealogie der Moral* (1887), 2, ∬16. [English: *On the Genealogy of Morals*, trans. Walter Kaufmann and R. J. Hollingdale (New York: Vintage, 1967)]. Oddly enough, Leo Kofler, *Aggression und Gewissen: Grundlegung einer*

관점에서 자기 공격에 있어서 의식의 기원에 대해 진술했다. 1887년 『도덕의 계보』(*Genealogie der Moral*)에서 니체는 "조상과 조상의 권력의 두려움"과 "조상에 대한 채무 의식"으로부터 신 관념이 출현한다는 것을 이미 예상했다.[9) 이 논문은 25년 뒤에 프로이트가 저술한 『토템과 타부』(*Totem and Taboo*, 1912)로 출판되었다. 한편으로 그는 죄책감이라는 자기 공격을 신앙의 기원으로 보았고, 다른 한편으로 그는 죄책감에서의 신앙의 극심한 역효과를 가정했다. "지금까지 하나님이 달성한 최대치로서의 기독교에서 하나님의 도래는 최대치의 죄책감을 수반한다."[10)

따라서 니체에게 있어서, 의식의 판단 현상과 신성을 향한 죄책뿐 아니라 기독교 신앙에서 정점을 이룬 하나님 자체에 대한 관념과 긴밀하게 연관된 것은 모두 내면화한 공격성의 결과물로 해석된다. 따라서 니체에게 있어서, 무신론은 그러한 압제적 짐으로부터의 해방의 약속을 가리킨다. "악한 양심"의 기원인 신 개념에 관한 니체의 이러한 "가설"에 암시되어 있는 전제와 인간의 "동물적 영혼"의 "질병" 안의 "신성을 향한 죄책" 개념은 물론 인류 역사가 기원한 본래적 동물적 상황이 건강과 완전의 조건이라는 점이다. 그러한 전제 없이도 "악한 양심"은 인간의 비동일성의 척도로서 여전히 유지되

anthropologischen Erkenntnistheorie (Munich: Hanser, 1973), 여기서 양심은 공격적 성향에 반하여 "상대를 대하는 관계를 개별적으로 통제하는 것"을 가리킨다. (57; compare 66), 니체나 프로이트가 지적한 양심의 공격성으로부터의 파생에 관한 언급은 나오지 않는다.
9) Nietzsche, *Zur Genealogie der Moral*, 2, ʃʃ19.
10) Ibid., 2, ʃʃ20.

지만, 그러한 비동일성은 더 이상 이전의 정체성의 손실로서 해석될 수 없다. 대신에 비동일성 인식은 인간 정체성이 아직 실현되지 않은 것을 아는 표식으로서 이해되어야 한다. 그러므로 "악한 양심"은 인간이 일찍부터 그 정체성을 사실적 상태를 넘어선 대담한 투사를 통해 인식해왔다는 상황의 이면이기도 하다. 또한 신적 능력을 경험하는 종교의 역사는 니체가 본 것처럼 자기 본래성을 상실한 질병의 역사라기보다는 자유를 향한 여정의 역사로서 이해될 수 있다. 죄를 범하는 경험과 죄 개념은 원리적으로는 인간이 아직 그 자신의 운명 (destiny)과 동일하지 않다는 통찰의 현실적인 표현으로서 받아들여야 한다. 그러한 비동일성을 자각하는 것은 자기 공격의 결과가 아니라 종교적 자기 초월에서 획득되어지는 자신의 운명을 자각하는 것의 한 측면이라 할 수 있다.

따라서 자신에 대한 통찰을 너머 인간의 고양과 종교적 해방을 경험하고 있는 사람은 신적인 운명을 따라 행하는 일을 통해서 비동일성과 관련된 괴리감을 극복한다. 그와 동시에 신적인 운명을 받아들이는 것은 여전히 목표와 동떨어진 인간 존재와 행위의 조건에 대한 책임을 수용하는 근거가 된다. 그러한 인지는 당위적 측면에서 유죄를 인지하는 것이기도 하다. 대체적으로 인간이 사회적 존재로서의 인간 운명을 인지함으로써 종교적 경험이 또한 사회 연합의 경험이 된다고 보는 것은 옳다. 니체의 생각은 거기까지는 옳았다. 프로이트도 그 점에서는 마찬가지이다. 그들은 의식과 인간의 사회화가 관련되어 있다고 보았다. 하지만 사회란 외부로부터 개인에게 가하는 힘이나 자기 공격의 자리로 몰아가는 실체만은 아니다. 사회는 개인적 정체성을 세워가는 장이기도 하다. 종교적 가르침 속에서도 개인과 사회가 서로 불가분하게 얽혀있다는 사실을 발견할 수 있다.

죄 인식과 인간 자신의 운명을 이루는 일에 실패하는 것은 그 근본에서부터 내부로 향하는 공격의 결과물로서 여겨지지 않는다고 해도, 그것은 그러한 자기 공격에 쉽게 연루된다. 그것은 자신의 비동일성을 지각하는 것으로부터 자기 혐오에 이르는 하나의 단계이다. 자존심은 비동일성을 의식하는 것과 자신의 충만한 자아를 이루는 것에 실패하는 것을 쉽게 용납하지 못한다. 그런가 하면 비동일성 자각으로부터 자기 혐오에 이르는 단계로 용이하게 전개되도록 자신의 자부심을 가진 정체성을 포기하는 것은, 타인을 향한 공격과 같은 죄의 표현으로 나아간다. 두 가지 경우에 있어서, 동기는 우리의 자존심이 자랑하고자 하는 어떤 것을 하나님과 동일시하려는 것의 실패 인식이다.

이제 우리는 공격의 근원을 해석하는 기독교적 죄론을 살펴보고자 한다. 타인뿐 아니라 자신의 자아를 공격하는 것이 죄의 표현이라는 사실은 아우구스티누스가 고안한 죄론에서 관찰되지 않는다. 그러나 아우구스티누스는 그 자신의 사상 안에서 자기 공격의 동기적 요소에 상당한 관심을 기울였다. 특별히 자신의 죄론을 특징짓는 성욕에 대한 낙인에서 말이다. 자아에 대한 공격의 가장 극단적인 형태인 자살을 죄로 분명하게 규정한 사람이 아우구스티누스이기도 하다. 그러나 자살이 또한 가룟 유다의 경우와 같이 살인이라는 이유 때문에, 자살은 하나님의 자비에 대한 절망을 표현하고 속

죄의 기회를 포기하는 것으로 여겨졌으며,11) 바로 그러한 점은 죄의 본성에 대한 심리학적 분석과 자살의 심리학을 연결하지 못했다. 물론 아우구스티누스는 교만의 죄와 파괴의 의지 사이 관련성을 확실히 인지하고 있었다. 하지만 단지 플라톤에게 거슬러 올라가는 시기 (envy)의 고전적 개념에 따라서 그 관련성을 이해하고 있었을 뿐이다. 교만한 천사 루시퍼는 자신의 교만의 결과, 시기심을 품었으며, 결국 하나님으로부터 분리되었다는 것이다. 루시퍼는 자신을 하나님 앞에서 대상화하기보다는 타자를 대상화했다. 루시퍼는 인간이 순결하다는 것을 시기하며 견디지 못했다. 그래서 루시퍼는 인간을 유혹했던 것이다.12) 아우구스티누스의 죄론은 헬무트 쇠크(Helmut Schoeck)의 논문의 근거로서 인용되기도 했다. 쇠크는 시기심이 "공격, 적대감, 갈등, 당혹"과 같은 행위를 유발하는 "근본적 현상"이라고 진술했다.13) 그러나 시기심으로 모든 것을 이해하고자 하는 아우구스티누스의 관점은 자신을 향한 공격 현상에 대해 적절한 설명이 되지 못했다. 아우구스티누스가 심지어 하나님의 적이라 하더라도 하나님에게 어떠한 해를 가할 수 없으며, 단지 타락 속에서 그들 스스로 해를 입힌다고 강조한 것은 옳다.14) 그러나 이러한 점은 아우구스티누스가 죄인의 교만이 그 자신뿐만 아니라 다른 사람에게도 해를 입

---

11) Augustine, *De civitate Dei* I, 17.
12) Ibid., XIV, 11. 2. 인간을 유혹한 것이 살해의 특성으로 진술되고 있다. 이에 관해서는 XI, 13,
13) Helmut Schoeck, *Der Neid. Eine Theorie der Gesellschaft* (2nd ed.; Freiburg: Herder, 1968), 14-15; compare 90ff.; 118ff., and frequently. [English: *Envy: A Theory of Social Behaviour*, trans. Michael Glenny and Betty Ross (Indianapolis: Liberty Press, 1987)].
14) Augustine, *De civitate Dei*, XII, 3.

히는 경향을 초래한다는 통찰을 갖도록 하지는 못했다. 그러므로 자기 공격 현상은 시기 개념이 죄와 공격 사이의 관계를 충분히 설명해주기엔 충분하지 않다는 점을 보여준다. 따라서 시기심은 모든 공격의 뿌리로서 다른 사람에 대한 공격의 표현 형식 중 하나로 봐야지, 역으로 이해해서는 안된다.

죄에 관한 신학적 해석은 아우구스티누스의 시기 개념을 넘어서지 못하고 있다. 그러나 아우구스티누스가 남겨놓은 문제를 풀어내기 위한 중요한 예비 작업이 있었다. 우선, 우리는 불안과 죄 사이 관계에 대한 키르케고르의 진술을 언급해야 한다. 1844년도에 낸 『불안의 개념』(The Concept of Anxiety)에서 그는 불안과 공격성 사이 관계를 분명하게 명시하지 않았다. 그러나 그 관련성은 공격성 증후군(aggressive complex)에 관한 현대의 연구에서 중요하게 다뤄지고 있다.[15] 공격성에 관한 심리학적 해석에 있어서 가장 중요한 가설 중 하나의 중심에 있는 욕구불만(frustration)은[16] 불안을 야기할 뿐 아니라 그 자체가 취약성과 위험을 자각하는 것을 포함한 모든 욕구불만에 선행하는 실존론적 불안(Angst)의 대상이다.[17] 그 정도

---

15) On this see Rolf Denker, *Angst und Aggression* (Stuttgart: Kohlhammer, 1974).

16) John Dollard, Neal E. Miller, Leonard W. Doob, O. H. Mowrer, Robert S. Sears et al., *Frustration and Aggression* (New Haven, Conn.: Yale University Press for the Institute of Human Relations, 1939).

17) Thus, Denker, *Angst und Aggression*, 89; compare 37. 이러한 두려움에 관한 협소한 개념은 덴커가 키르케고르가 구분한 대상을 향한 구체적인 공포(fear)와 보다 포괄적인 불안(anxiety)을 무시했기 때문에 나왔다. 대상은 항상 실존론적 불안을 한 방향 혹은 여러 방향으로 구체화한다. 그러나 그러한 점이 불안이 공포보다 선재한다는 사실을 폐기하지 못한다. 그러므로 대상이 없고, 대상에 대한 두려움이 없어도 불안은 있을 수 있지만 그 역은 성립되지 않는다. 불안을 수반하지 않는 공포는 없다. .

로 잠재적인 것으로 여겨지는 불안은 욕구불만의 경험과 얽혀있다. 최근에 욕구불만이 공격성의 유일한 원인이 아니라는 주장이 제기되고 있는 것도 사실이지만, 그럼에도 공격적 행동을 가져오는 핵심적인 요소로서 욕구불만의 중요성은 부정할 수 없다. 물론 모든 욕구불만이 즉각적으로나 혹은 필연적으로 공격성으로 이어지는 것은 아니다. 욕구불만은 우울증으로 이어지기도 하고, 긍정적인 행동 변화, 즉 사회 환경에 건설적인 적응을 가져오는 출발점이 되기도 한다. 따라서 욕구불만이 공격성으로 드러난다고 할 때, 개인적 성향과 개인 행동에 영향을 주는 사회적 조건들과 같은 여타의 요소들 또한 추가되어야만 한다. 공격적 욕구에 대한 일면적인 이론은 욕구불만으로부터 공격성으로의 지나친 단순화된 경로를 강조하다가 다른 부분들을 간과할 수 있다. 또한 욕구불만과 관련이 없는 공격성도 있을 수 있다.

그러나 이와 같은 경우 우리는 공격성의 일반적인 출발점으로서 불안을 가정할 필요가 있다. 욕구불만으로부터 추동된 불안은 경우에 따라 조증(flight)이나 우울증으로 발전하기도 하고, 때로는 공격성으로 옮겨가기도 한다.[18] 그러나 욕구불만에 선행하는 실존론적 불안이 욕구불만에 의해 자극되지 않은 공격적 행동을 위한 출발점으로 간주되어야 한다. 자신의 사회적 가치를 드러내는 능력에 관한 불안이 특별히 공격적 예시들을 모방하는 데 있어서 주된

---

18) Denker, *Angst und Aggression*, 30ff.

작용을 한다.[19] 그러므로 어떤 경우에, 불안은 공격적 행위의 일반적인 전제조건으로 간주되어야 한다. 비록 불안으로부터 공격으로의 전환이 추가적인 요소의 영향을 받는 것도 사실이긴 하지만 말이다. 불안과 공격성의 결합은 키르케고르가 제시한 바와 같이 공격성의 주제에 있어서 죄와 불안 사이 관련성에 관해 보다 깊은 차원의 설명을 제공해준다.

죄 교리에 관한 키르케고르의 관심은 근대의 비평에 맞선 첫 인간 본래의 완벽함에 관한 성서의 진술을 옹호하고자 하는 노력에 있었다. 특별히 슐라이어마허(Friedrich Schleiermacher)는 자신의 교의 신학에서 현재 인간의 죄된 상태는 선행하는 무죄 상황을 이어받지 못했다는 견해에 반대 입장을 취했다. 그는 성서의 타락 이야기 속 아담과 이브의 죄가 어떻게 발생했는지에 대해, 즉 "죄성 없이 본래부터 존재하는 것"을 심리학적으로 이해하기란 불가능하다고 봤다.[20] 왜냐하면 이브가 뱀의 속삭임에 귀를 기울였고, 아담이 그에게 주어진 열매를 먹었다는 것 자체가, 이미 그들 안에 "죄로 기울어짐"이 있었다는 것을 말해주는 것이기 때문이라는 것이다. 그러나 키르케고르는 아직 죄를 갖지 않고, 하나님과 그의 계명에 반하지 않으며, 무죄로부터 유죄로 변화하는 심리학적 "중간적 상황"을 가

---

19) 좌절로 자극받지 않은 공격 행위의 직접적 모방 학습은 불안에 기초하고 있다는(57-58) 덴커의 주장은 구체적인 좌절에 선행하는 실존론적 불안의 맥락에서만 성립될 수 있다.
20) Friedrich Schleiermacher, *Der christliche Glaube nach den Grundsätzen der evangelischen Kirche im Zusammenhange dargestellt* (Berlin: G. Reimer, 1821-1822), ∬ 72, 2. [Editor's note: Compare the English translation, based on the second German edition (1830), *The Christian Faith*, ed. and trans. H. R. Mackintosh and J. S. Stewart (Edinburgh: T & T Clark, 1989), 292-295].

리키는 심리학적 동기를 제안할 수 있다고 본다.[21] 그는 이러한 심리학적 중간 상태를 불안에서 찾을 수 있다고 생각했다. 키르케고르는 불안을 두려움과 특정한 대상을 향하고 있는 공포와 구별되는 것으로 보았다. 이러한 불안의 부정성(indeterminacy)은 인간이 결국 자기 자신을 두려워한다는 것, 즉 인간 개별적 연합을 두려워한다는 걸 암시한다는 것이다.[22] 이를 보다 잘 이해하기 위해서 우리는 키르케고르가 그로부터 5년 뒤에 저술한 『죽음에 이르는 병』(The Sickness unto Death)을 살펴볼 필요가 있다. 이 책에서 그는 인간은 무한자와의 관계 속에서 구성되며, 인간 스스로 그 사실을 잘 알고 있다고 진술했다. 그러나 비록 인간이 그들 스스로 알고 있다 하더라도, 인간은 자기 결정적(self-determining)이고 자기 실현적(self-realizing) 존재가 될 수 없는데, 그것은 바로 무한자와의 관계 안에서 인간은 오직 무한자이신 하나님을 통해서만 현실화할 수 있기 때문이다. 그래서 (하나님과 구별된) 자기 안에서 근거를 찾고자 할 때 인간은 오히려 자기 자신을 잃고 만다. 그러나 자의식을 통해서 인간은 자기 자신과 관계를 맺고 있으며, 그 자신에 대해 염려한다. 이러한 불안을 키르케고르는 "영이 통합을 받아들이고자 할 때 발생하는 자유의 현기

---

21) Søren Kerkeggard, Samlede Vaerker [1st edition = SV 1], ed. J. L. Heiberg (Copenhagen: Gyldendal, 1901-1906), IV, 320; German translation by Emanuel Hirsch in his edition, Gesammetle Werke. 36 Sections in 26 vols. (Düsseldorf: E. Diederich, 1951-1966), Section II, 48. [English trans. in The Concept of Anxiety: A Simple Psychologically Orienting Deliberation on the Dogmatic Issue of Hereditary Sin (Kierkegaard's Writings, VIII), ed. and trans. Reidar Thomte in collaboration with Albert B. Anderson (Princeton, N. J.: Princeton University Press, 1980), 49-50].

22) SV I, IV, 315 = Hirsch Section II, 42 [The Concept of Anxiety, 43-44].

증23)과 자유가 유한성을 붙잡고 있는 자신의 가능성을 들여다보며, 이러한 현기증 속에서 자유는 무너진다"24)고 진술했다.

과연 키르케고르는 불안의 심리학으로 죄의 발생을 심리학적으로 이해가능하도록 전달하고자 하는 자신의 목적을 달성했는가? 그는 과연 슐라이어마허가 비판했던 인간의 무죄의 본래적 상태와 타락에 대한 성서의 진술에 대해 완벽하게 진술했는가? 이는 여전히 의문으로 남아있다. 물론 틸리히가 키르케고르의 저서에 기초하여 자신의 죄 교리를 발전시키기는 했더라도 말이다.25)

자기 자신에 관한 불안, 즉 자각이 보여주는 자유에 대한 현기증나는 경험은 죄를 전제하고 있는 것은 것은 아닌가? 그러하다면, 자신에 대한 불안은 처음부터 하나님에 대한 신뢰와 충돌하는 것이며, 그런 점에서 불신앙과 죄로서 불안을 특징짓는 것이 가능하다고 볼 수 있지 않을까? 하이데거(Martin Heidegger)는 두려움 혹은 염려(Sorge)의 근본적 구조에 대한 패러다임으로서의 불안 현상을 다음과 같이 해석했다. "사실상 불안은 세계와의 관계 속에 있는 인

---

23) "불안 개념"은 본래 영을 통한 몸과 영혼의 통합에 관한 것이었다(SV I, IV, 315 = Hirsch Section. II, 42). 그러나 이는 단지 "죽음에 이르는 병"의 주제인 "유한자와 무한자의 통합"에 관한 특별한 한 형태일 뿐이다. SV I, XI, 127 = Hirsch Section 24, 60-61). *The Concept of Anxiety*, 43-44, and *The Sickness unto Death: A Christian Psychological Exposition for Upbuilding and Awakening* and Kierkegaard's Writings. XIX, eds. and trans, Howard V. Hong and Edna H. Hong (Princeton, N. J.: Princeton University Press, 1980), 13.

24) *SV I*, IV, 331 = Hirsh Section II, 60-61.

25) Paul Tilllich, *Systematische Theologie* (1958), 2: 35ff., especially 39ff. [English: *Systematic Theology* 2: 44-59]. 정신분석에서의 불안 개념에 대한 틸리히의 해석은 다음을 참고하라. Helmut Elsässer, *Paul Tillichs Lehre vom Menschem als Gespräch mit der Tiefenpsychologie* (Stuttgart: Sprint-Druck, 1973), 38ff., 50ff., 103-104, 특히 116ff. 이 책은 저자의 박사논문이기도 하다(Marburg, 1973).

간이 근본적으로 그들 스스로에 대해 염려하고 있다는 것을 드러낸다는 것"이다.[26)]

자신에 대한 염려가 인간 생명의 근본적 구조라는 사실은 본질적으로 아우구스티누스가 말한 자기 사랑(amor sui)의 지배적 역할의 표현이기도 하다. 그래서 불트만(Rudolf Bultmann)이 두려움을 죄인으로서 인간 존재의 "신앙 이전의 실존"(pre-believing existence)의 근본적 구조와 관련된 순간이라고 본 것은 옳았다. 왜냐하면 우리가 하이데거의 신중한 경계를 의식하며 우리 자신을 걱정하는 정도까지, 우리는 전체적인 삶을 지탱하는 믿음에 의해서, 그리고 믿음으로 사는 것이 아니라 확신(assurance)을 통해 살고자 하기 때문이다.[27)] 확신과 안전을 추구하는 염려와 갈망이 단순하게 불필요하다고 말할 수는 없다.

그러나 이는 자신 속으로 함몰될 위험이 있다는 걸 암시한다. 우리가 모든 것을 통제하고 안전만을 추구하면 할수록 아우구스티누스가 말한 자기 사랑에 더욱 지배받게 된다. 하이데거가 발견한 바에 따라서, 불안의 현상 속에서 염려하는 인간 실존의 근본적 구조가 드러난다. 하이데거의 그와 같은 분석은 불안이 죄의 표현이라는 것을 암시하는데, 그 이유는 불안이 인간 스스로에 대한 염려의 표

---

26) Martin Heidegger, *Sein und Zeit* (Tübingen Max Niemeyer Verlag 1927), 182ff., 191ff. [English: *Being and Time*, trans. Joan Stambaugh (Albany, N. Y.: SUNY Press, 1996)].

27) Rudolf Bultmann, *Theologie des Neuen Testaments* (1953), 237, 239-40 (for the relationship between worry and anxiety) [English: *Theology of the New Testament,* trans. Kendrick Grobel, 2 vols. (New York: Scribner, 1951-1955), 240, 243, 247]. 이 주제에 관해서는 마태복음 6장25절에 기록된 예수의 말씀을 비교해보라(눅 12:22ff.).

현이기 때문이다. 하지만 이는 또한 키르케고르가 말한 죄의 기원의 심리학과 관련된 면에 국한되지 않는 불안의 중요한 의미를 가리키기도 한다. 그것은 바로 인간의 자아 인식에 대한 죄의 영향에 관한 것과 관계가 있다.

이러한 결론은 공격성에 대한 신학적 사유에 직접적인 영향을 준다. 공격성의 형식은 단지 시기(envy)로부터 나온 것만이 아니라 불안과 낙담으로부터 발전한 것이기도 하며, 따라서 공격성의 형식은 신학적 용어로 죄라고 진술되는 인간 실존의 완전한 형식을 달성하지 못하는 근본적 실패에 대한 표현으로 볼 수 있다. 우리는 이러한 특성이 곧 공격적인 개인들을 사회 구성원과 별개의 악한 집단과 동일하게 보는 것은 아니라는 점을 주지해야 한다. 죄 개념으로 설명되는 개인의 실패는 보편 인간의 특성이기 때문이다.

이차적인 이유로 공격성은 사회 구성원들 중에서도 공격적인 사람들 안에서 다양하게 나타난다. 그러므로 공격성에 대한 진술은 공격성을 단순히 파괴성으로 간주하는 이분법적 논리와는 상반된 입장을 취한다고 할 수 있다. 죄에 관한 신학적 논의 속에서 공격성을 진술하는 것은 하나님에게 사랑받고, 하나님의 형상이 되는 운명을 갖고 있는 여타 인간과 같이 공격적인 사람을 가정하는 것을 가리킨다. 그러나 궁극적으로는 모든 인간과 관계된 행위의 구조적 형식으로 인해서, 인간은 그들 자신의 운명에 도달하지 못하고 실패하며 절망한다. 하지만, 여기서 제시된 공격성에 대한 신학적 해석은 공격적 행위를 욕구 좌절 공격 이론과 관련하여 자기 보전의 욕구로 보려는 입장에 반대한다.[28] 본질적으로 공격성이 오직 자기 보전과 자기 발전을 위한 자기 노력에만 속하는 것이라 한다면, 공격성은 각 개인에게 정당화되며, 이는 결국 공격성 자체를 가볍게 여기며 공격성에 대한 변명의 이유를 제공하는 셈이 되고 말 것이다. 좌절 이론의 창시자인 헬무트 놀테(Helmut Nolte)는 이러한 경향의 문제성을 다음과 같이 간파했다. "자기 주장과 자기 발전의 측면에서 공격성을 정당화하는 것은 파괴의 정당화를 가져온다."[29] 그러나 놀테 자신이 공격성의 역할을 "자기 보전과 자기 실현의 개인적 성취의 발전을 지탱하며, 생리학적 패턴에 기반한 외부적 저항에 대한 선천적인 반응이며, 각 개인에게 필요한 것"[30]이라고 보았을 때, 그는 사실상 공격성에 대한 변명을 제공하고 공격성을 가볍게 여긴 것이나 다름 없었다. 이러한 배경에는 욕구에 관한 기계적 모델이 자리하고 있다. 이 모델은 어떤 식으로든지 좌절로 인한 공격성은 "분출될 수밖에" 없다고 여긴다. 이러한 기계적 관점은 카타르시스 이론과 같은 고대 비극에 대한 미학적 이론으로부터 나온 개념에 의해 다소 모호하게 기술되어 왔다. 가령, 카타르시스를 만족시키는 공격적 욕구를 완화시키는 것에 대한 학습을 비판하는 심리학으로부터 그러한 기계적 관점은 출현했다. 공격성을 표현하는 것은 사회적 맥락

---

28) Alfred Adler, "Der Aggresionstrieb im Leben und in der Neurose" (1908) in *Kritische Studienausgabe*, ed. Almuth Bruder-Bezzel (Munich: DGIP, 1989), part I, vol. 2, *Aufsätze 1908/1911*.

29) Helmute Nolte, "Über Aggression," in Wolf Lepenies and Helmut Nolte, *Kritik der Anthropologie: Marx und Frueud, Gehlen und Habermas über Aggression* (Munich: Hanser, 1971), 103-140, quotation at 125.

30) Ibid., 131.

과 개인 양 측면에서 보다 광범위하고 깊은 차원의 공격성으로 나아간다. 반대로 공격적인 행위의 재통합(reunification)은 공격성의 경향을 가질 수 있는 낙담한 이들의 새로운 사회화를 용이하게 해줄 수 있다. 본래적 의미에서 정화를 의미하는 카타르시스는 공격적 행위에 깔려있는 자기 몰입의 협소한 속박으로부터의 탈피와 개인이 각자의 적당한 자리를 찾을 수 있는 공동체의 사회적 지평 안에 있는 보편적 지점으로 고양함으로써 공격성을 극복하는 것을 가리킨다.

그러므로 이제 우리는 공격성을 극복하거나 억제하는 데 기여할 수 있는 공격성에 관한 신학적 해석과 명확화에 관한 주제를 살펴볼 필요가 있다. 물론 우리는 이에 관해서 신학적으로 이론적인 구성이 가져올 효과를 과장할 필요는 없다. 그러나 공격성을 무조건 악마화해 버리거나 혹은 심각하게 다루지 않음으로써 평가절하하지 않고, 신학적으로 기여할 수 있는 부분이 있다. 공격성을 악마화하는 것은 공격성 자체를 억누르는 형태들을 상기시켜 준다. 그리고 공격성을 가볍게 여기는 것은 전체 사회적 상황에서 공격성의 증가를 그저 특정한 공격적 욕구의 불만족으로만 바라보게 해준다.

횡행하는 공격적 행위를 억제하고 따라서 사회 구성원들을 보호해줄 수 있는 건설적인 제안들이 무엇이냐에 관해서 신학이 우선적으로 대답할 수 있는 것은 아니다. 그러한 주제는 다른 학문들의 범주에 우선 속하기 때문이다. 그럼에도 신학이 할 수 있는 것은 기독교 자체 안에 공격성을 옹호하는 요소들을 제거하는 데 일조하는 것이다. 그러한 요소로는, 우리가 앞에서 살펴본 것처럼 원죄론에 속박된 자기 공격이 있는데, 이는 성에 관한 왜곡된 기독론적 관점과 더불어 지옥과 연옥에 대한 두려움으로 확장되는 왜곡된 참회의 태도까지 포함한다. 기독교적 경건에서 공격성의 생성을 옹호하는 요소 중에는, "여러 다양한 상황에서 급진적인 금욕주의적 경건의 초기 기독교 집단에 의해 교육된 기독교 윤리 안에서의 과도하고 끊임없는 명령"[31]을 들 수 있다. 그러한 심한 요구들은 필연적으로 좌절을 가져왔다. 특히 그러한 요구들이 삶의 현실성과 무관하거나 의미가 없는 추상적인 것으로 여겨질 때 더욱 그러했다. 벌을 주는 하나님의 이미지는 죄책감을 가져왔는데, 이는 윤리적 요구의 내면화와 직접적으로 관계가 있다.[32] 결국 그러한 이미지는 학습의 심리학적 의미에서 자기 공격의 근원으로 작용하고, 외부로 향하는 공격의 예시로 작용할 수도 있다. 여기서 신학은 행위와 결과 사이의 관계에 대해 성찰할 수 있다. 여기서 행위와 결과는 사물들의 본성 안에 발견되는 것으로써, 구약 성서에서는 하나님의 형벌 사상으로 반영되며,[33] 따라서 임의적인 응징적 형벌로 표현되지 않는다. 여기서 신적 형벌 사상은 단지 신적인 전능성에 행위와 결과의 복잡성을 관련시키는 기능을 한다. 그래서 이 사상은 하나님의 행위와 독립된 행위와 결과의 무법적인 치명적 얽힘을 허용하지 않는다. 대신에 행위

---

31) Walter Neidhart, "Was erzeugt Aggression? Hypothesen der Forschung aus theologischer Sicht," *Lutherische Monatshefte* 13 (1974): 418-424, quotation at 422.

32) See ibid., 422-423.

33) This form of Old Testament thinking was first pointed out by Klaus Koch in his essay, "Gibt es ein Vergeltungsdogma im Alten Testament?" *Zeitschrift für Theologie und Kirche* 52 (1955): 1ff. See also Gerhard von Rad, *Theologie des Alten Testaments* (1957), I: 382 [English: *Old Testament Theology*, trans. D. M. G. Stalker, 2 vols. (New York: Harper, 1962-1965), I: 385].

와 결과의 내적 관계에 대한 이러한 시각은 그 내적 관계를 신적 전능성에 관련지으려는 노력을 위한 출발점이 된다. 동일한 사상이 죄와 죽음의 본질적 관련성에 대한 바울의 이해에도 반영되어 있다.

강화되는 공격으로 언급했던 모든 요소들은 우선적으로 자기 공격을 옹호한다. 그리고 자기 공격은 언제든지 또 다른 상대를 향한 공격으로 이어진다. 이러한 점들이 기독교 역사, 특히 배타적인 계시적 진리에 대한 인식으로부터 생겨난 편협과 관련된 기독교 역사에서 일어나곤 했다. 오늘날 우리는 잘 알고 있다. 이러한 편협한 배제는 기독교 신앙의 근본적인 지식과 대비된다는 것을 말이다. 그러한 태도는 하나님 통치의 종말론적 완성에 대한 지식과 충돌한다. 아버지의 아들로서 예수의 순종에 표현된 다양성을 지각하는 것과 십자가에 대한 바울의 신학을 인지하는 것은 기독교 신앙이 자랑스럽게 여기는 하나님과 함께 하는 공동체를 위한 요건이 된다.

기독교 역사, 특히 기독교 교리 자체에서 공격을 심화했던 동기의 외양은 죄와 공격 사이 관계에 대해 진술한 것과의 관련성 속에서 교회 안에서 죄의 효과적인 작용의 신호로서 간주된다. 비록 교회의 생명은 예수 그리스도 안의 하나님의 구원 행위를 통한 죄의 극복으로부터 비롯되었다 하더라도 말이다. 기독교 안에서 그러한 왜곡은 예상하지 못한 신학적 통찰의 결과에 따라 완전하게 극복될 수 있다. 어쨌든 우리는 동일한 문제에 대한 다른 형태의 세계를 예상해야만 할 것이다. 그러나 그러한 냉철한 상황 평가는 결국 사회적 삶의 보편적 구조의 빛 안에서 공격 현상이 우리 자신이 공격 억제 이상으로 무언가를 희망하는 진실한 존재가 되는 것에 도달하지 못하는 경향성과 인간 행위의 전체 구조에 지나치게 얽혀있다는 것을 예상하게 해줄 것이다. 그럼에도 불안과 공격 사이의 관련성은 우리가 사회적 맥락에서 각 개인을 위한 의미있는 정체성의 경험과 신뢰를 통해서 불안을 극복하는 일에 성공하면 할수록 공격은 그 기초에서부터 줄어들 거라는 것을 알려줄 것이다. 물론, 불안은 인간이 다양한 정도로, 다양한 형태의 현상이다. 불안은 삶의 안정적인 조건과 외부적 질서에 따라 경감될 수 있는 것은 아니다. 자아에 관한 인간의 불안은 결정적으로는 의미있는 삶을 목표로 두고 있다. 이 중요한 문제는 불안을 극복하는 것이 예수 그리스도 십자가 사건에서 드러난 하나님의 사랑을 요구했다고 보는 이들에 의해 과소평가될 수 없다. 그래서 요한복음서에서는 이렇게 기록되어 있다. "이것을 너희에게 이르는 것은 너희로 내 안에서 평안을 누리게 하려 함이라 세상에서는 너희가 환난을 당하나 담대하라 내가 세상을 이기었노라." (요 16:33)

4부

의미와 형이상학

Meaning and Metaphysics

의미, 종교 그리고 하나님에 관한 물음
Meaning, Religion, and the Question of God

현대 사회에서 의미있는 삶은 위협받고 있다. 의미 이후의 탐구와 그에 관한 물음과 함께 의미의 부재와 상실에 대한 불안은 우리 시대의 주요 주제가 되었다. 1925년 초, 폴 틸리히(Paul Tillich)는 의미에 관한 물음이 근대인들에게 근본적인 의미로 자리잡았다고 말했다. 고대인들에게는 덧없음(transitoriness)을 극복하는 것이, 중세인들에게는 죄로부터 용서받는 것이 그러했던 것처럼 말이다. 틸리히는 모든 개별적 의미가 무조건적인 "의미의 근원"(ground of meaning)에 기초하고 있다고 보았다. 그가 보기에, 의미의 근원은 모든 의미를 가진 (meaning-related) 내용들의 전체를 위한 기초로서 작용한다.[1] 비슷

---

1) Paul Tillich, "The Philosophy of Religion," in *What Is Religion?* ed. James Luther Adams (New York: Harper & Row, 1969), chap. I [German edition: *Religionsphilosophie* (1925); republished in an Urban-Reihe edition, vol. 63 (1962), 42, 44 ff.].

한 의미로 제2차 세계대전 이후에 빅터 프랭클(Viktor Frankl)은 인간에게 필수적인 존재의 의미가 기초하고 있는 "초월적 의미"[Über-Sinn]를 언급했다.[2] 틸리히와 같이, 프랭클은 종교적 탐구에 관한 마지막 분석에서 그와 관련된 것을 명확히 인지했다. 그럼에도 "의미의 결핍"을 수반하며 세속사회로부터 출현하는 우리 시대의 가시적인 악은 하나님을 무시하며, 수많은 신경증적 질환을 유발하며 특히 자살이 발생하는 요인이 되고 있다.

의미에 대한 연구들은 의미를 갖는다는 것이 무엇인지에 관한 탐구이기도 하다. 다시 말해서 심지어 고난 중에서도 생명의 가능성이 경험되고 의미있는 것으로 인정될 수 있는 것과 관련된다. 의미로 충만한 삶은 제한되거나 당연한 것으로 여겨지지 않는다. 다수의 사람들은 인간은 자신만의 의미를 창조하고 무의미해보이는 현실에 의미를 가져다 주어야 한다고 생각한다. 실제로 그러한 관점은 후설(Edmund Husserl), 쉬츠(Alfred Schütz), 레싱(Theodor Lessing)의 영향 하에 있는 현대 사회학에서 지배적이다. 따라서 피터 버거(Peter Berger)에게 있어서 인간적인 문화의 형태란 근본적으로 의미의 창조 문제에 속한다. 그와 마찬가지로 루만(Niklas Luhmann) 역시 "우연성의 극복"(the overcoming of contingency)을 사회 체계의 가장 근본적인 성취로 보았다. 이처럼 무의미성으로부터 해방하기 위

---

2) Viktor E. Frankle, *The Will to Meaning: Foundations and Applications of Logotherapy* (New York: New American Library, Plume Books, 1969), 156 [German edition: *Der Wille zum Sinn* (1972), 117]. 이 책은 the Perkins School of Theology, Southern Methodist University, Dellas, Texas, summer 1966 내용을 출간한 것이다.

해서 의미를 자신에게 부여하는 능력에 모든 것이 달려있다는 관점이 지배적이었다.

그러나 의미를 경험한다는 것은 이미 주어진 의미를 발견하는 것인가 아니면 의미를 창조하는 문제인가? 이 물음에 초점을 맞추다 보면, 의미가 충만한 삶(meaning-filled life)과 일반적인 의미의 개념(concept of meaning)을 구별할 필요가 있음을 알 수 있다. 의미 개념 자체는 실제로 의미를 경험하는 것보다 더 포괄적이다. 가령, 의미의 결핍 경험은 의미론적으로 구조화되어 있으며, 따라서 의미 자체가 부재하다는 것을 가리키지 않는다. 그와 동일한 원리가 의미있는 세계에 대한 허무주의적 부정에도 적용된다. 실제로 삶의 무의미성에 대한 확신을 표현할 수 있는 것은 의미론적 혹은 의미와 관련된 구조 때문이다.

실제적으로 의미가 충만한 내용(자우터, Gerhard Sauter)으로부터 의미있는 것이 무엇인가에 관한 형식적인 개념을 구별하는 것은 언어적으로 이해되는 담화나 텍스트의 문장에 포함된 것을 연구하는 것을 통해 제안되었다. 이러한 유형의 의미는 담화적 맥락 내에서 문장과 문장을 구성하는 단어의 의미와 관련되어 있다. 각각의 단어는 대상과 사건의 상황을 지정하는 의미와 더불어 문장의 위치에 따라 다른 의미를 지닌다.

사상가들은 두 가지 의미, 즉 "지시체"(meaning, *Bedeutung*)와 "뜻"(sense, *Sinn*)을 분명하게 구별해 보고자 했다. 가령, 프레게(Gottlob Frege)는 단어들의 지시체(meaning)를 대상에 대한 이름으로 보고자 했고, 문장의 전체 뜻(sense)과는 다른 개념으로 여겼다. 그는 뜻

(sense)이 단어들이 문장의 구성요소로 정리된 전체와 관련되어 있다고 보았다. 그래서 뜻(sense) 개념은 사실상 우선적으로 문장과 단어의 지시체(meaning) 개념에 관련되어 있다고 서술했다. 그러나 문장 안에서 단어들은 처음부터 각각의 지시체(meanings)를 지니고 있으며, 그러한 지시체는 개별적 문장의 맥락으로부터 완전히 분리될 수는 없다. 문장은 단지 지시체(meaning)를 갖고 있는 단어들의 기계적 조합으로만 볼 수 없다. 단어란 항상 어느 정도의 불확정성(indeterminacy)을 가지고 있다. 그런 점에서 사전상에 어휘의 여러 가지 지시체가 기록되어 있는 것은 당연하다. 단어의 지시체는 실제로는 문장 내에서 실제적인 용례에 따라서 규정되기 때문이다.

개별적 단어는 문장 안에서 의미론적 확정성(semantic determinacy)을 획득한다. 문장 안에서 단어는 두 번째 뜻(sense), 즉 문장의 구성요소로서 지시체(meaning)를 지니기 때문이다. 그런 점에서 우리는 단어의 뜻(sense)을 문장의 맥락 안에서 바르게 말할 수 있다. 그 의미는 문장 전체의 맥락뿐 아니라 개별적 구성요소로서의 단어의 의미와도 관계가 있다. 단어들로 문장의 의미는 표현되는 것이다. 그러므로 뜻(sense)으로서의 의미와 지시체(meaning)로서의 의미는 상호적으로 관련된다. 그 둘은 문장과 단어라는 단순한 구분을 거부한다. 물론 단어의 "지시체"(meaning) 개념 안에서 두 가지 측면(대상에 대한 설명과 문장 안에서 개별적 단어의 위치)을 구별하는 것은 중요하다. 지시체(meaning)는 전체 맥락 속에서 차지하고 있는 구성요소의 위치와 관련되기 때문에, 보다 큰 범주의 담화나 텍스트 안에서 특정한 문장의 의미를 진술하는 것도 가능하다.

그러므로 언어적 지시체는 담화의 맥락 속에 있는 전체와 부분의 관계와 관련되어 있다. 그와 동시에 우리는 문장을 구성하는 단어들의 지시체(meaning)의 중재를 통해서 "재현되고(represented)" 말해지는 주체와도 관련되어 있다. 물론 언어는 재현적인 기능을 할 뿐 아니라 의사소통의 기능도 있다. 언어적 표현 형식이란 것이 존재하고 있으며, 그 형식 안에서 다른 기능들은 전면에 드러난다. 그럼에도 재현적 기능은 선언적(assertorial) 문장 안에서 항상 존재하며 전면에 드러날 때가 있다. 여기서 이 기능은 그러한 문장들의 지시체(meaning)가 객관적으로 존재하는 지시체(meaning), 즉 사건들의 상태를 재현하고자 한다는 점에서 진리를 드러내준다. 선언적 문장들을 가져오고 뜻(sense)을 구성하는 것이 바로 진리 주장(truth claim)이다.

언어적 표현이 갖고 있는 뜻(sense)은 인간이 지시체(meaning)를 부여해주는 것에 따라 결정되는가? 언뜻 그렇게 보이기도 한다. 가령 문장들은 인간에 의해 말해지며, 문장의 지시체는 인간적 노력으로 얻어지는 결과처럼 보이기도 한다. 지시체(meaning)는 오로지 언어적으로만 이해되기에, 언어가 인간 행위의 결과물이라는 신념은 모든 지시체(meaning)가 인간의 의미 부여의 결과물이라고 여기도록 이끄는 면이 있다. 그러나 정말 그러하다면, 언어적 표현의 의미론적 구성에 있어서 중요한 두 가지 요소를 무시한 셈이 되고 만다.

무엇보다, 그러한 관점은 이미 주어진 현실을 재현하는 언어 자체의 본성의 역할을 고려하지 않는다. 몇몇 주장이 "진리"라 하더라도, 모든 제기된 지시체(meaning)가 단지 인간의 지시체 부여를 나타낸 것이라고 볼 수는 없다. 진실된 주장들은 그 내용이 주장된 사건들의 상태와 상응할 경우에 있어서는 분명히 진실하다. 그러한 경우, 기록되고 발화된 문장은 인간 행위의 결과물일 수 있다. 그럼에도 진리를 담고 있는 문장들과 진리 주장은 의미 부여 이상으로 지시체(meaning) 발견과 관련하여 사건의 실제와 더욱 관련이 있다.

두 번째 중요한 요소는 언어적 표현의 지시체(meaning)에 대하여 다양한 층위(layers)가 있다는 점이다. 발화된 문장은 항상 발화자가 의도하고 예상한 것을 넘어서거나 보다 상위적인 무언가를 표현한다. 우리가 말하려고 했던 것과 다른 어떤 것을 말한다는 것은 현실 속에서 자주 일어나는 일이다. 이는 한 번 발화된 문장의 지시체(meaning)가 단어 자체의 결합으로부터 나온 것이기에 그러하다. 이때 이 단어들의 결합은 발화자가 말하려고 했던 의도로부터 사실상 독립되어 있다. 하나의 문장은 발화자가 실제로 말하려고 했던 것 이상을 말할 수 있다. 문장은 또한 인간이 표현하고자 했고, 인간의 말의 맥락으로부터 독립적으로 추론될 수 있는 사상에 못 미칠 수도 있다. 결국 문장은 인간이 의도했던 것과는 완전히 다른 무언가를 전하는 셈이다. 이러한 모든 것은 말해진 것의 해석에 관한 문제일 것이다. 모든 언어적 표현은 청자나 독자의 해석을 필요로 한다.

그럼에도 해석은 저자가 의도했던 의미를 놓칠 수도 있다. 이러한 오독의 가능성은 해석은 단지 지시체의 부여라는 관점과 상충된다. 해석과정에서 대상의 의미를 놓치게 된다면, 담화나 문장 혹은 텍스트의 의미는 해석자에 국한되지 않는다. 그럼에도 우리가 살펴본 것처럼, 지시체는 단지 발화자나 저자에게서만 나오는 것도 아니다. 그러한 이유로, 해석하는 텍스트의 의미론적(semantic) 구조는 독립적인 실체와도 같으며, 해석자의 이해나 오해는 그와 관련하여 분별되어야 한다.

그와 비슷하게, 주장들 또한 사건의 상응하는 상태의 지시체를 생산하기보다는 전제한다. 선언적 문장들은 불가피하게 사건들의 의미 구조에 기초를 두고 있다. 이 의미 구조는 언어로 표현되는 인간의 지각과 언어적 표현보다 선언적 문장들에 우선적으로 영향을 준다. 그러나 선언적 문장과 관련된 모든 설명은 잘못 전해질 수 있다. 주장들이 인간의 경험과 경험된 현실과 관련된 원리를 표현한다면, 현실은 언어로 파악하기 이전에 의미론적으로 구조화된 것일 수 있다. 물론 언어가 그러한 의미 구조를 나타내는 유일한 방식이긴 해도 말이다. 언어는 실제의 의미론적 구조를 파악할 수도 있고, 놓칠 수도 있다. 의미론적 구조는 바로 그런 점에서 언어를 통해서 처음 출현하는 것은 아니다. 언어의 지시체를 축소하는 것은 모든 지시체가 단지 인간 행위를 통해서 나온다고 보는 입상, 즉 지시체는 지시체 부여의 결과물이라는 관점을 고수하는 것이다.

그러나 이러한 입장은 실제로 주어진 것을 무시함으로써 사건의 실제 상태를 왜곡할 수도 있다. 본래부터 인간은 의미를 지각함으로써 행동한다. 인간은 목표를 설정하고 목표와 관련된 의미를 선택함으로써 행동하기 때문이다. 이러한 과정은 항상 의미론적 내용(semantic content)을 파악하는 것과 세계 지향성(orientation)을 전제한다. 의미론적 내용을 파악하는 행위는 말 그대로 행위[activity, *Tätigkeit*]이다. 그러나 그 행위는 단순한 동작[action, *Handeln*]은 아니다. 이 행위는 또한 수단들을 동원하여 자기 선택적으로 목표를 이루는 것과도 다르다. 이는 또한 언어를 통한 실제의 파악과 발화와도 같지 않다. 우리는 단지 부차적으로 구어적 표현을 만든다. 그러나 그것이 구어의 근본적 특징은 아니다.

지시체를 부여하는 행위로 지시체를 언어적으로 파악하는 일을 한정하는 것에 대한 비판은 우리가 다루고 있는 주제와 관련하여 매우 중요하다. 종교와 지시체 경험 사이의 연관성은 경험된 지시체가 인간의 지시체 수여의 결과로서만 이해되는 것이 아니며, 인간의 이해보다 선행한다는 점이 고려될 때에만 바르게 개념화될 수 있다. 만일 인간의 지시체 부여로 경험된 지시체를 이해한다면, 종교는 단지 인간의 투사일 뿐이며, 따라서 인간 의식을 능가하는 진리의 내용을 갖고 있다고 볼 수 없을 것이다. 앞에서 확인했듯이, 지시체를 지각하고 이해하는 행위를 지시체 부여로 환원하는 것은 진리를 주장하는 종교적 진술뿐 아니라 진리 주장 그 자체의 사상으로부터 단절되는 것을 말한다.

종교와 지시체 경험 사이의 관련성은 언어적 표현의 의미 구조로부터 인간의 체험[Erleben]이 유의미한 것이 될 수 있는 방식으로의 전환이 있을 때 파악할 수 있다. 인간 경험은 실제 자체의 의미론적 구조의 특별한 경우이다. 우리는 인간 경험을 언어적 재현을 가져오는 보다 선행적인 것으로 고려해야 한다. 경험은 언어를 사용할 수 있는 사람의 존재론적 구조와 관련되며, 그런 점에서 언어를 사용하는 사회적 맥락과도 관계있다. 바로 그러한 이유로, 우리는 전언어적(prelinguistic) 의미 구조에서 언어적으로 표현된 지시체의 기초를 특별한 방식으로 지각할 수 있다.

우리는 딜타이(Wilhelm Dilthey)에게서 의미 경험에 관한 근본적인 분석을 살펴볼 수 있다. 딜타이는 그의 후기 연구에서 경험의 의미론적 구조를 다루었고, 이는 하이데거의 현존재[Dasein]에도 영향을 주었다. 딜타이는 단어에 관한 논의를 경험 구조의 관점에서 연구하는 방식으로 바꾸었다. 그는 그 변화를 명시적으로 논의하지는 않았다. 왜냐하면 그는 언어에서 발견되는 의미 구조 자체는 단지 정신적(psychic) 삶이 지니는 지시체를 표현한 것에 지나지 않는다고 보았기 때문이다. 그런 이유로 딜타이는 정신(psyche) 영역에서 발견되는 지시체와 그 관계들에 관해서만 말할 수 있다고 믿었다.

그러나 언어적 지시체로부터 전언어적 실재(reality)에 대한 의미론적 구조를 상정하는 것으로의 변화는 언어적 표현을 통해서만 획득될 수 있는 정당성이 필요하다. 앞서 언급했듯이, 언어는 재현적 기능을 갖는다. 이는 특별히 선언적 구조에 있어서 그러하며, 언어적인 영역을 넘어서 확장되는 의미 구조를 정당화해 주는 역할을 한다. 그렇게 함으로써 우리는 의미론적 구조를 정신적 삶의 영역에 국한한 딜타이보다 깊은 차원에서 의미론적 구조를 보다 넓게 수용한다. 딜타이와 달리, 우리는 이제 특별한 출현들이 실재의 모든 영역 내에 있는 보다 완전한 의미 형태[Sinngestalten]의 일부로서 이해될 수 있다는 점을 기대할 수 있다. 다시 말해서 딜타이 식의 의미의 맥락은 유기적이며 정신적인 삶의 현상 영역 너머 어디에나 존재하다는 것이다.

비록 나는 넓은 범주에서 논의했지만, 딜타이의 인간의 삶의 맥락에 대한 특별한 관심은 지시체 지각에 있어서 여전히 특별한 중요성을 갖고 있다. 인간 삶의 전체성은 개개 인간의 경험과 깊이 관련되어 있기 때문이다. 딜타이는 바로 그러한 경험의 중요성을 자기만의 방식으로 표현했다. 개별적 사건은 전체의 생명을 구체적으로 드러내는 경험이 될 수 있다. 다만 딜타이는 경험 개념을 개별적 삶의 전체성에만 관련시킴으로써 경험 개념을 지나치게 협소하게 이해했다고 볼 수 있다.

하이데거가 『존재와 시간』에서 제시한 현존재(Dasein) 개념 역시 전체적 삶이 아닌 개별적 삶에 초점을 맞춘 것이라 할 수 있다. 우리는 매순간 우리 자신의 삶의 전체성에 대해 구체적으로 의식하지 않는다. 그러나 우리 감정뿐 아니라 우리 자신의 삶 전체에 현존하는 것은 실재의 전체성이다. 그러한 실재 자체의 모호한 현존 안에서 세계와 자아 그리고 신은 완벽하게 구분되지 않는다. 전체성은 특정 경험 안에서만 명확한 경계를 지닐 뿐이다. 그럼에도 개별적 사건 경험은 그 자체로 특별한 경험이 되지는 않는다. 실재의 전체성은 마치 개별적 단어와 문장 안에서 담화가 지닌 의미의 맥락이 드러나는 것과 같이 경험에 현존한다. 경험에서, 실재의 전체성이 개별적 경험 차원에서 완전하게 나타나지는 않는다. 단지 "위와 너머"(above and beyond)라는 모호한 요소들을 포함할 뿐이다. 데카르트의 근대 철학에서 발견되고, 중세 스콜라 사상이 나타내는 비결정적인 무한에 대한 모호한 지각이 있다. 이 무한은 항상 결정적이고 유한한 무언가에 대한 모든 이해에 앞서 있는 것이다. 데카르트가 언급한 것과 같이, 유한은 무한을 제한함으로써만 이해가능하다.

이와 같은 배경 속에서 딜타이는 자신의 경험 개념을 진술했다. 딜타이는 데카르트보다는 슐라이어마허(Friedrich Schleiermacher)와 스피노자(Benedictus de Spiniza)의 영향을 더욱 받았다. 그러나 사실 스피노자 역시 데카르트의 영향을 받았다. 딜타이는 인간의 감정에서 개별적 경험의 지평으로서 현재하는 비결정적인 무한과 전체성의 지평을 개인 삶의 전체로만 간주했다. 그는 그와 같은 관점에서 삶의 개념에 대한 자신의 철학의 기초를 개진했고, 인간 경험을 자기 해석의 과정으로 이해했다. 또한 그는 삶의 역사가 앞선 경험들의 의미 구조를 변화시킨다고 보았다. 왜냐하면 전체 삶이 새로운 전망, 즉 새로운 경험의 관점으로부터 계속해서 출현하기 때문이다. 중요한 것으로 일찍이 경험했던 것이 중요하지 않게 되고, 덜 주목받던 것이 더 중요해지기도 한다. 그래서 딜타이는 다음과 같이 진술했다. "생의 마지막 순간에 와서야 지시체에 대한 최종적 평가는 완결된다."[3] 생의 마지막 순간까지, 특정 순간의 경험의 의미는 바뀔 수 있다. 전체로서의 삶에 관한 우리의 지식은 어디까지나 불완전하다. 우리는 결코 삶의 전체 의미에 대한 포괄적인 그림을 그려 낼 수 없다. 우리가 전체로서의 삶과 아무 관련이 없어서가 아니라, 오직 특정한 경험의 제한된 관점으로만 그것과 관계를 맺고 있고, 바로 그러한 제한된 시각으로 이전 경험을 기억하고 향후의 일들을 기대하기 때문이다. 이러한 우리의 관점은 시간이 지남에 따라 변화

---

3) Wilhelm Dilthey, *Gesammelte Schriften*, ed. Bernhard Groethuysen (Leipizig: Tiibner, and Göttingen: Vandenhoeck & Ruprecht, 1914-1972), 7: 237.

하기 마련이다. 우리는 결국 각각의 개인적인 경험 속에서 재현되는 방식으로만 삶이라는 전체 지시체를 소유할 수 있다.

경험의 의미론적 구조에 관한 딜타이의 그러한 진술이 슐라이어마허가 『종교론』(1799)에서 진술한 종교적 경험과 상당히 유사하다는 점은 매우 놀랍다. 슐라이어마허는 종교적 경험을 개별적인 유한 안에 있는 전체와 무한을 직관[Anschauung]하는 것으로 보았다. 우리가 유한은 스스로 존재할 수 없고 무한과 전체와 구별되어 개별성을 구성하는 경계에 머물고 있다는 점을 인지할 때 비로소 우리는 우주(universe)의 시각에 이르게 된다. 이러한 점은 데카르트의 사상과도 유사하다. 그 역시 인간은 무한을 통해서만 유한한 사물을 이해할 수 있다고 보았다. 그러나 슐라이어마허가 보다 자세히 지적한 것처럼 우리는 매번 그러한 사실을 기억하지는 못한다. 그러한 깨달음은 종교적 경험 안에서만 가능하며, "우주"(universe), 즉 무한과 전체를 통해서 구성되는 개별 사물들의 실제적이고도 심오한 실체를 알 수 있다는 것이다. 슐라이어마허는 이러한 고양된 지각이 종교적 경험의 기이한 본질을 구성한다고 보았다. 그러나 종교적 앎은 유한한 것과 사건들의 직관을 통해서만 우주를 이해할 수 있다. 이런 이유로, 슐라이어마허는 우주가 이해되는 것에 의해 형성되는 개별적 직관의 특징에 따른 종교적 의식의 다양한 형식을 인정했다. 그가 보기에, 각각의 직관은 전체를 반영하며, 그런 점에서 그것은 전체의 계시였기 때문이다.

여기서 슐라이어마허와 딜타이의 공통점을 엿볼 수 있다. 인간은 생의 전체성, 즉 생이라는 지시체를 오로지 개별적이고 구체적인 차원에서 "소유하며", 바로 거기서 전체성 자체가 드러난다는 점에서 그러하다. 이제 인간의 경험은 다양한 직관과 인상(impressions) 속에서 모든 것과 관련되어 있는 주도적인 직관에 의해 연합을 이루게 된다. 그러나 그러한 통합적인 직관이 지배적일 때조차도 그 직관은 여전히 특정한 관점으로 제한되어 있다. 이는 딜타이가 인간 자신의 생의 의미와 경험에 관해 서술한 입장과 상당히 유사하다.

딜타이는 슐라이어마허보다 더욱 그 과정의 역사성을 강조했다. 그는 생의 최종적 경험의 의미 가능성을 진술한 바 있다. 하지만 이러한 종말론적인 가능성은 실제로 생의 너머 어느 지점에 실재하는 것이다. 왜냐하면 생은 "마지막 순간"에 그야말로 끝이 나기 때문이다. 딜타이는 이를 생의 전체 의미에 대한 최종적 앎을 획득할 수 없는 지점을 강조하는 것으로 이해했다. 바로 그 점에서 딜타이는 슐라이어마허와 상당히 일치했다.

슐라이어마허와 딜타이의 유사성은 갑자기 생겨난 것이 아니다. 딜타이는 수십 년간 슐라이어마허의 사상에 심취했다. 그는 슐라이어마허의 전기를 집필하기도 했다. 그래서 딜타이가 자신의 사상에 있어서 슐라이어마허의 영향을 받았다는 것은 놀랍지 않다. 그는 생의 전체를 이해함에 있어서 개별자와 유한의 이해라는 슐라이어마허의 관점을 수용했다. 그러나 관념의 형태 안에서 무한한 전체를 이해하는 것이 가능하다고 믿었던 헤겔(G. W. F. Hegel)의 입장에 반대하며, 딜타이는 각자의 역사 속에서 특정한 경험에 대한 지식의 상대성을 고려하는 슐라이어마허의 입장을 수용했다.

인간은 단지 부분적으로만 전체를 이해한다는 이러한 관점은 딜타이와 슐라이어마허가 일치한다. 그러나 딜타이는 전체에 대해서는 슐라이어마허와 다른 입장을 나타냈다. 그는 슐라이어마허와 달리 전체를 우주 자체로 보지 않았다. 딜타이에게 전체란 역사 과정 안에 있는 "생"의 전체였던 것이다. 이러한 차이는 생이라는 지시체 개념에 대한 딜타이의 제한에 근거하고 있다. 딜타이는 슐라이어마허와 달리, 전체의 현존이라는 종교적 방식 대신에 자아의 경험이라는 주제로 생의 의미를 진술하고자 했다.

우리는 딜타이에 대해 자세하게 살펴보았다. 인간 경험의 의미론적 구조에 대한 그의 분석은 충분히 탁월하기 때문이다. 이는 오늘날에도 여전히 중요하다. 특별히 전체의 맥락 속에 있는 개별적 순간들의 지시체에 관한 딜타이의 입장은 여전히 눈길을 끈다. 그는 전체가 역사 과정 중에 있는 개별자들의 경험 안에 미완성의 형태로 현존한다고 보았다. 지시체에 관한 주제가 생의 전체 그리고 경험된 실재의 전체와 관련되는 곳이면 어디든지, 딜타이의 분석은 일리가 있다. 프랭클(Frankl)의 심리학에서도 우리는 이러한 지시체 이해를 발견한다. 그는 주로 전체와 생의 부분들과 전체의 관계, 개별적 경험 안에 현존하는 전체에 관한 주제를 다룬다. 딜타이와 대조적으로, 프랭클은 경험의 의미 구조를 진술하는 것보다 더 깊이 이 주제를 연구한다. 경험의 의미 구조에 관한 진술이 생이 실제로 의미있게 경험되는가 아니면 무의미하게 경험되는 것인가에 대한 질문을 가져온 반면에, 프랭클은 전체로서 생을 둘러싸고 있는 전체 의미[Gesamitsinn]를 통해서 생의 유의미성에 대한 신뢰를 북돋우려고 한다. 비록 그 자신에게 그러한 전체 의미는 구체적인 생의 한가

운데에서, 그리고 그것의 중재를 통해서만 감지될 수 있는 것이지만 말이다. 다시 말해서 경험의 의미론적 구조는 종교적 주제와 관련되어 있다고 볼 수 있다.

인간 경험의 의미론적 구조와 지시체에 관한 종교적 관심의 관계를 파악하기 앞서, 우리는 먼저 딜타이가 제시한 경험 맥락 속에 있는 의미 분석의 중요한 점을 재차 주목해야 한다. 딜타이는 인간의 활동이 아닌 생 그 자체의 관계들로부터 비롯되는 의미에 대해 진술했다. 생 그 자체의 관계들이란 생의 맥락 안에 현존하는 전체에 대해 여러 순간들이 맺고 있는 관계를 의미한다. 그러한 맥락에서 사건들은 이미 지시체를 지니고 있다. 이러한 관점은 인간의 해석을 통해 지시체가 부여되는 것이 아닌 역사적 사건들에도 적용된다. 역사적 사건들은 생의 전체에 기여한다는 점에서 지시체를 가지고 있다. 개별적 사건들의 의미는 역사를 바라보는 관점에 의해서만 결정된다.

딜타이는 역사 의식의 역사성에 대한 반성을 통해서 역사적 사건에 대한 해석의 다양성을 인정했을 뿐 아니라, 역사의 종말에 가서야 결정되는 개별적 사건들의 의미도 수용했다. 생의 순간들은 각자의 지시체[Bedeutung]를 지니고 있으나, 인간은 특정한 역사적 입각점 위에서 관점의 영향사 안에 있는 해석의 과정을 통해서만 의미(significance)를 발견할 수 있다. 이러한 통찰은 전체 역사뿐 아니라 개인적 삶의 경험에 있어서도 타당하다. 오직 역사의 종말로부터 인간은 역사적 사건의 본질적인 의미를 온전히 이해할 수 있다. 따라서 역사의 종말에 지시체의 진리 혹은 거짓 여부가 최종적으로 가려진다. 지시체에 대한 현대적 경험이 제공하는 증거는 신앙의 형식을 취하며, 아직 최종적으로 드러나지 않은 지시체의 예기적 재현의 형식을 가진다.

일상 속 지시체 경험에 대한 딜타이의 진술과 지시체에 대한 종교적 의식 사이의 관계는 슐라이어마허에 의해 이미 진술된 바 있다. 슐라이어마허는 일상적 의식이 본래 유한한 사물과 관계를 향하고 있다고 했고, 반면에 종교적 의식은 유한한 실재가 무한과 전체에 기초하고 있다고 보았다. 그래서 유한은 유한한 것들 속에서 무한한 것을 직관할 수 있다는 것이다. 1925년, 폴 틸리히는 모든 개별적인 의미가 전체 의미, 즉 의미의 무조건적인 근거에 의거하고 있는 의미 맥락 안에서 조건 지어진다고 보았다. 이러한 의미의 무조건적인 근거는 오직 종교적 의식에 있어서만 명시적인 주제가 된다. 문화적 의식은 바로 이 무조건적인 의미를 전제하지, 그것을 제한하지 못한다. "모든 문화적 행위는 무조건적인 의미를 포함하며, 의미의 근거에 기초하고 있다. 그런 점에서 그것은 본질적으로 종교적이다." 그러나 그것은 외면적으로 종교적이지 않다. "종교는 무조건적인 것을 향해 있고, 문화는 조건적 형식과 그 연합을 향해 있다."[4]

나는 『신학과 과학 철학』(*Theology and the Philosophy of Science*)에서 일상 경험의 의미론적 구조와 종교적 의식 사이의 관계에 대해 틸리히보다는 딜타이가 제시한 의미에 대한 해석학적 분석에 가깝

---

4) Tillich, "The Philosophy of Religion," 59 (= *Religionsphilosophie*, 44).

게 진술한 바 있다.[5] 그 책에서 나는 종교적 의식은 분명한 주제를 갖고 있다고 주장했다. 그 주제란 모든 일상적인 지시체 경험 안에 전체 지시체가 전제되어 있다는 것이었다. 종교는 무엇보다 자연적이고 세속적인 세계의 의미를 생성하고 완성하는 신적 실재와 관련이 있다. 그런 점에서 종교는 세계 자체라는 지시체와 간접적인 관계를 갖는다. 그러나 종교적 의식에 의해 형성되는 진리 주장은 신이 실제로 경험되는 실재로서, 그리고 세계의 창조주와 완성자로서 이해될 수 있다는 점을 스스로 나타내야만 한다. 종교적 전통 안에서 형성된 여러 주장들은 삶의 의미를 추구한다. 그러나 이 주장들도 스스로 입증해내야 한다. 모든 개별적 지시체가 기초하는 지시체의 맥락 안에서 일상적인 지시체 경험들을 통합해낼 수 있다는 것을 말이다. 무의미, 고통 그리고 악의 경험들은 지시체에 대한 종교적 의식이 통합해야 하는 삶의 경험들이기도 하다. 특정한 종교적 전통이 이러한 통합을 해내지 못한다면, 전통의 진리성은 보장받지 못한다. 그 전통 안에서 선언된 신이 실제로 인간들이 경험한 세계의 창조주이며 완성자라는 신앙은 심각하게 위협받고 마는 것이다.

신에 관한 기독교적 진리 주장들 또한 동일한 물음에 직면한다. 전체로서의 실재 이해에 관한 내용과 지시체 경험의 확신에 관한 질문은 기독교에도 여전히 해당한다. 오늘날 팽배한 무의미성의 감정은 지시체의 부재 경험과 관련이 있다. 그리고 그러한 감정은 전통

---

5) Wolfhart Pannenberg, *Theology and the Philosophy of Science*, trans, Francis McDonagh (Philadelphia: Westminster, 1976)을 참고하라.

적으로 전해져 온 기독교적 응답이 세계 안에서의 경험과 오늘날 직면하는 삶의 문제들에 대해 충분하게 기능하고 있지 않다는 점을 보여준다. 이러한 실패의 다양한 원인을 여기서 다 제시할 수는 없다. 그러나 지시체 부재 경험과 깊은 연관이 있는 오늘날의 의미에 관한 문제를 기독교 신학에서 단지 우상숭배적인 문제로 치부해서는 안된다.[6] 신학은 지시체를 자기 파괴적인 인간 행위로 환원하는 경향을 마땅히 거부해야 한다.[7] 물론 지시체와 진리가 항상 같을 수는 없다.[8] 미혹하는 형상이 가장 의미있는 것으로 여겨질 수 있는 것처럼 말이다.

　무의미성의 고통에 관심을 갖는다는 것이때로는 삶이 의미있는 것이라 느끼는 감각을 인간에게 제공함으로써 쉽게 해결된다는 인상을 가져다 줄 수도 있다. 실제 내용은 지엽적이고, 진리냐 거짓이냐의 문제는 진지하게 따지지 않은 채 말이다.[9] 그런 식으로 허무주의적 경험을 단지 마비시키는 것으로 의미의 문제에 접근하는 것은 상당한 오해를 가져올 수 있다. 지시체에 관해 진지하게 접근한다는 것은 지시체를 의식하는 것을 불가능하게 하는 문제에 대한 근본적인 대답을 찾아간다는 것을 가리킨다.

　그러므로 지시체의 문제는 진리의 문제와 분리되어 있지 않다. 이는 모든 것을 포괄하는 지시체(encompassing meaning)를 추구함으로

---

6) Gerhard Sauter, *Was heisst nach Sinn fragen? Eine theologischphilosophische Orientierung* (Munich: C. Kaiser, 1982), 145, 163를 참고하라.

7) 위의 책, 39ff., 46ff., 56ff., 130-131.

8) 위의 책, 61-62, 88.

9) 이러한 입장에 대한 비판은 위의 책, 105, 107-108을 참고하라.

써 입증된다. 왜냐하면 다른 진리들과 모순되지 않는 개별적 진리의 동시적 현존과도 같은 여타 진리의 연합이 진리 개념을 구성하기 때문이다. 바로 이러한 맥락에서, 전체 실재의 지시체 맥락(meaning-context)의 문제는 신학적 주제가 된다.[10] 현실을 포괄하는 지시체를 찾는다는 것이 곧 교만한(presumptuousness) 인간의 표현일 수는 없다. 이 주제는 인간이라면 어디서나 전체에 의해 조건 지어지고, 사건들에 대해 지각하는 것이 곧 인간이 된다는 것을 의미하는 것에 속한다는 사실과 깊은 관련이 있다. 물론 우리가 전체 실재를 분명히 알 수 있는 것은 아니란 걸 아는 것 또한 우리가 인간임을 알려주는 진실이다. 이 진실을 망각할 때 전체 실재에 대해 논하는 것은 교만한 행위(presumptuousness)가 될 것이다.

실재 전체와 그 기초에 관해 아는 것과 그러한 교만이 혼동되어서는 안된다. 교만함은 전체에 관해 확정적인 관점을 부여하고자 하는 것과 관련된다. 그럴 때 인간은 자신의 유한성을 망각하고 자기 자신을 신의 자리에 올려 놓는다. 이와 달리, 유한성을 자각하며 실재 전체를 알고자 하는 것은 인간 주체와는 구별되는 신에 관한 완전한 지식에 도달하게 해준다. 그러한 하나님 지식은 항상 전체 실재의 지시체에 관한 물음에 대한 대답이다. 이 물음을 배제하고자 하는 이는 종교적 의식을 통해 하나님을 우리 자신과 세계의 창조주로

---

10) 자우터(Sauter)는 그가 의미 문제를 단지 "터무니없고 주제넘은"것이라고 단정한 것에 비해서는(위의 책, 167.), 이 논제에 대해 자세히 접근한다. 자우터는 욥과 전도서에서 이 문제를 부정적으로 다룬 것을 제시하며 하나님의 형상을 만드는 것을 금지하는 구약 성서의 규정을 언급했다. 그럼에도 자우터는 의미에 대한 문제는 삶 그 자체와 관련된다는 것을 말한다(128-129). 그리고 그는 "그리스도의 십자가에서 전해지는 의미"를 말한다(152ff.).

기리는 것을 금할 것이다.

신적 불가해성(inscrutability)을 염두에 두고서 하나님을 이해하고 자 하는 태도는 분명히 적절하다. 그러나 그러한 태도가 전체 실재 의 지시체 맥락에 관한 물음에 대답하는 것을 회피하는 이유가 되 어서는 안된다. 그러한 관점이 인간 이해의 한계를 넘어서 있는 전 체로서의 세계의 지시체가 근거한 하나님의 우위성을 강조하는 한, 그 역시 일종의 대답의 한 차원이 될 수도 있다. 심지어 미지의 하나 님의 개념을 넘어서길 거부하는 부정 신학 역시 의미에 대한 하나의 대답일 수 있다. 그러나 부정 신학의 대답이 기독교적인 대답이라고 할 수는 없다. 왜냐하면 기독교는 나사렛 예수 안에서 신적인 로고 스가 인간이 되셨다는 것을 고백하기 때문이다. 그리스 낱말 로고스 는 "말"(word)과 더불어 "지시체"(meaning)를 암시한다. 그러므로 구 약성서의 신적인 말씀 개념과 로고스라는 그리스 개념을 관련시키 는 것은 전체 창조세계와 역사를 둘러싸고 있는 지시체 맥락이 예수 그리스도 안에서 종말론적 완성을 통해 드러난다는 것을 가리킨다.

영원, 시간 그리고 공간
Eternity, Time, and Space

공간과 시간 개념은 물리학과 기하학에서 중요할 뿐 아니라 인간의 삶에서 가장 기본적이면서 필수적인 요건이다. 공간과 시간 개념에 대한 정의는 비단 기하학과 물리학에서만 이뤄지는 것은 아니다. 물론 공간과 시간의 관계를 측정하는 것은 기하학자와 물리학자의 특별한 과제이다. 그러나 공간과 시간 개념은 공간과 시간의 관계를 측정하는 것 이상의 의미를 갖는다.

대개 인간은 공간을 동시적 현상의 공존적(togetherness) 질서로, 시간은 그러한 질서의 연속으로 경험한다. 시간은 공간보다 더 근본적인 것으로 이해되어 왔다. 왜냐하면 공존적 질서로서 이해되는 공간 개념은 이미 동시성이라는 시간적 개념을 전제하고 있기 때문이다. 공간은 그런 점에서 물리적 실체와 같은 동시적으로 실재하는 현상의 공존적 질서이다. 그러므로 상대성 이론이 엄밀한 의미에서 동시성은 없다는 것을 보여준 것은 곧 공간 개념에 새로운 지평을 열어준 것이나 마찬가지였다. 시간과 공간을 구별하는 것은 여전히 인간 경험에서는 유효하다. 또한 공간과 시간의 특정한 조건들은 시공(space-time) 개념에도 적용된다. 그 중 하나의 조건을 칸트(Immanuel Kant)는 『순수이성비판』(Critique of Pure Reason, 1781)에서 공간과 시간 개념을 분석함으로써 조명했다. 칸트는 공간과 특정한 시간에 대해 인간이 갖고 있는 개념은 무한한 전체로서의 시간과 공간에 대한 선험적 직관을 전제한다고 주장했다. 개별 공간은 항상 선재적인 공간이 있어야만 규정될 수 있으며, 개별적 시간 역시 선재적인 시간이 있어야만 그 부분으로서 인식 가능하다고 보았기 때문이다. 공간적 구분과 구성은 포괄적인 공간 안에서만 성립된다. 시간 역시 동일하다. 시간적 구분은 시간 내에서만 가능하다. 그러므로 무한하고 비분할적인 공간과 시간의 전체는 공간 혹은 시간 단위 개념 형식에 있어서 선재적인 조건이다. 이는 다음과 같은 중요한 의미를 함축한다. 무한한 전체로서의 시간과 공간 개념은 모든 기하학보다 선재적이라는 것이다. 측정에 필요한 공간과 시간의 단위는 공간과 시간의 일부이기 때문이다. 공간과 시간은 무한한 전체로서 모든 부분적 공간과 시간 관념보다 선재적이다. 그런 점에서 공간을 정의하는 것은 기하학에만 국한되지 않고, 심지어 철학에서도 주요한 주제라고 할 수 있다.

칸트에게 있어 무한한 전체로서 공간과 시간이 특정한 공간과 시간을 인식하기 위한 선재 조건이라는 주장은 자신의 인간 의식 분석에도 적용되었다. 하지만 그 주장의 타당성은 공간과 시간에 관한 인간의 의식에만 한정되지 않고, 경험의 객관적 내용에도 적용되었다. 칸트는 라이프니츠(Leibniz)에 대한 클라크(Samuel Clarke)의 응답을 차용했다. 클라크는 피조물에 대한 창조주의 편재성을 표현하면서 신성과 공간 개념을 관련지은 뉴턴(Newton)을 옹호하면서 모든 공간적 구분과 구성은 그것을 가능하게 하는 무한하고 비분할적인 공간을 전제한다고 주장했다. 그는 이 무한하고 비분할적인 공간을 피조 세계와 관계를 맺고 있는 하나님의 무한성의 결과이자 하나님이 편재하고 있는 공간으로 보았다. 라이프니츠는 클라크가 공간 지각에 있어서 무한적이며 비분할적인 공간을 상정한 것에 대해 비판했다. 라이프니츠는 뉴턴이 피조세계와 관계를 맺고 있는 하나님 현존의 도구(organon)으로서 절대 공간을 신학적으로 해석한 것에 동의하지 않았다.[1] 라이프니츠는 뉴턴의 가정이 하나님을 부분으로 분할가능한 것으로 인식하게 한다고 주장했다. 이에 대해 클라크는 하나님의 편재적인 무한한 공간은 모든 부분과 구성보다 선재적이며 분할되지 않기 때문에 하나님이 부분으로 구성되거나 부분으로 나뉘어지는 것은 아니라고 응답했다. 여기서 핵심은 뉴턴이 피조물과 관계를 맺고 있는 하나님 현존의 감각(sensorium)으로서 공간을 신학적으로 해석한 것이 범신론적 의미를 지닌 것은 아니라는 사실이다. 그러나 하나님의 편재 공간이 무한할 뿐 아니라 비분할적이라는 클라크의 주장은 뉴턴이 제시한 절대 공간 개념과 동일하

---

1) Wolfhart Pannenberg, "God and Nature," in Toward a Theology of Nature: *Essays on Science and Faith*, ed. Ted Peters (Louisville, Ky.: [Westminster, 1993], 50-71, 61-62와 70페이지 각주 51번을 참고하라.

지 않았다. 왜냐하면 절대 공간은 측량가능한(metrical) 구조를 지녀야만 했기 때문이다. 뉴턴은 자신의 관성 원리에서 공간 내 직선 개념을 전제했다.

현대적 관점에서 클라크는 분할되지 않는 무한 공간의 다양성을 제시함으로써 절대 공간 개념 자체를 폐기하는 일반 상대성 이론으로부터 자신의 관점을 지켜내고자 했다. 클라크와 칸트에 의하면, 시공의 상대적 개념조차도 선재적이고, 무한하며 비분할적인 공간 안에서만 인식가능한 측정 단위를 필요로 한다는 것이었다. 그런 점에서 상대성 이론의 시공 개념은 시간과 공간에 대한 기초적인 철학적 분석을 해체하지 않았다. 상대성이 공간과 시간에 관해 철학적으로 영향을 주긴 했으나, 공간과 시간 개념 자체를 완전히 재구성한 것은 아니었다. 일련의 최근의 저작들, 특히 『시간과 영원: 시간과 하나님의 관계 탐구』(Time and Eternity: Exploring God's Relationship to Time, 2001)에서 크레이그(William Lane Craig)는 "과학적 설명이란 것은 기껏해야 시간에 관한 인간의 측정만을 말할 뿐 시간 그 자체에 대해서는 아무것도 말해주지 않는다"[2]라고 진술했고, "휘어진 시공은 또 하나의 중력의 기하학적 모델일 뿐"[3]이라고 보았다. 그렇다면 무한한 공간과 시간에 관한 클라크의 신학적 해석은 어떻게 평가할 수 있을까? 칸트는 일찍이 이러한 질문을 제기한 바 있다. 『순수이성비판』을 출간하기 10년 전부터 그는 클라크의 무한하

---

2) William Lane Craig, *Time and Eternity: Exploring God's Relationship to Time* (Wheaton,Ill.: Crossway Books, 2001), 66을 참고하라.
3) 위의 책, 178.

고 비분할적인 공간과 시간이라는 신학적 해석을 공유하고 있었다. 칸트는 자신의 논문인 「감성계와 지성계의 형식과 원리들」(*De Mundi Sensibilis atque Intelligibilis Forma et Principiis*, 1770)에서 모든 공간 개념의 요건이 되는 무한하고 비분할적인 공간이 세계 안에 현존하는 신적인 편재의 형식이라고 보았다. 마찬가지로, 무한한 시간 전체는 세계와 관계를 맺고 있는 신의 영원을 표현하는 것이라 진술했다. 그러나 10년 후에, 칸트는 『순수이성비판』에서 공간과 시간에 관한 신학적 해석을 다소 수정했다. 그는 무한한 공간과 시간의 단위가 인간의 주체적 경험에 기초한다고 진술했다. 물론 어떻게 인간 주체 안에 형성되는지 명확하게 규정하진 않았지만 말이다. 무한한 공간과 시간이 함의하는 신학적 의미에 대한 칸트의 이러한 관점의 변화는 세계에 대한 신의 초월성에 관한 입장 때문인 것으로 설명되었다.(H. Heimsoeth) 인간 경험 내에 전제되어 있는 무한한 공간과 시간이 신적인 영원과 편재를 드러내준다고 하는 가정은 세계 내에 현존하는 신이라는 범신론적 개념을 가져왔다. 그러나 이러한 논리는 무한한 공간이 유클리드 기하학에서의 공간과 뉴턴의 절대 공간과 동일하다는 조건 하에서만 가능한 것이었다. 칸트는 클라크가 했던 것처럼, 신의 편재적 공간의 비분할적 본성을 주장함으로써 범신론이라는 비판에 대해 대응했다. 그는 그러한 비분할적인 무한한 공간이 뉴턴이 제시한 만물의 용기(container)와 같은 절대 공간과 어떻게 관련되는지에 대한 문제는 진술하지 않았다. 칸트는 만물을 담는 무한하고 비어있는 용기로 공간을 이해하는 것에 동의하지 않았다. 그는 공간은 정신과 관계맺고 있는 체계로서, 더 이상 신의 정신 속에 있지 않고 인간 경험의 주관, 즉 선험적(transcendental) 자아 내에 있는 것이라고 본 라이프니츠의 입장을 수용했다. 그러나 이러한 입장의 난점은, 앞서 진술한 대로, 어떻게 유한한 인간의 주관이 인간이 경험하는 공간과 시간의 객관적 통일을 보증할 수 있느냐에 관해 합당한 대답을 줄 수 없다는 사실이다.

칸트는 아인슈타인의 상대성 이론 이후 합당한 대안을 내놓지 못했다. 아인슈타인의 상대성 이론에 따르면, 시간과 공간의 통일은 시공 개념으로 집약되며, 시공 개념은 시간과 공간을 수적으로 통합할 뿐 아니라 질량과 에너지 개념을 통합한다. 왜냐하면 시간과 공간의 수적 구조는 더 이상 실재하는 물리적 대상으로부터 추상하여 알 수 있는 것이 아니기 때문이다.[4] 물리적 대상은 시공의 중력 장의 효과로서 간주된다. 1953년도에 출판된 공간 개념에 관한 막스 얌머(Max Jammer)의 『공간 개념』(Concept of Space, 1960) 서문에서 아인슈타인은 장 개념의 중요성을 강조했다. 이를 통해 아인슈타인은 물리학에서 물리적 실체 개념의 근본적 역할을 대체했고 또한 물리적 실체의 텅 빈 공간으로서의 공간 개념 역시 폐기했다.[5]

그렇다면 시공 개념은 영원과 어떠한 관련이 있는가? 클라크가 하나님의 영원과 편재를 하나님과 피조물과의 관계로 표현함으로써 무한한 공간과 시간을 신학적으로 재해석함으로써 야기된 범신

---

4) Max-Jammer, *Concepts of Space: The History of Theories of Space in Physics*, foreword by Albert Einstein (Cambridge, Mass.: Harvard University Press, 1954); German translation, *Das Problem des Raumes* (1960), 178-179.
5) 위의 책, xiv-xv.

론적 결과를 칸트가 피하는 데 시공 개념은 어떻게 도움을 주는가? 이에 대한 대답을 얻기 위한 첫 번째 단계는 시공은 클라크의 무한하며 비분할적인 공간(그리고 시간)에서 특정한 공간(그리고 시간)을 구별해주는 포괄적인 선재 조건으로 여겨지지 않는다는 점을 인식하는 것이다.

기하학적 개념으로서의 시공은 모든 유한한 현상, 특히 질량과 물질이 통합되는 장을 만들어낸다. 따라서 시공은 클라크가 생각하는 무한하고 비분할적 공간(그리고 시간)과 구별된다. 무한하고 비분할적인 공간은 모든 기하학보다 선재적인 개념이며 결과적으로는 시공보다 선재적이다. 칸트가 신과 세계를 분명하게 구별하기 위해 노력하는 중에 시공 개념을 알았더라면 어땠을까 싶다. 왜냐하면 시공 개념은 우주 안에서 벌어지는 질량과 물질적인 현상과 관련되어 있기 때문이다. 칸트는 신이 편재하는 공간의 비분할적인 본질에 관한 클라크의 견해에 보다 확신을 가질 수도 있었을 것이다. 만일 칸트 자신이 시공 개념의 기하학적 장을 염두에 두고 신의 영원과 편재를 자연 세계, 즉 유한한 경험의 세계와 구별했다면 말이다. 분명히 시공 자체에 관한 범신론적 해석의 가능성은 있을 수 있다. 아인슈타인이 스피노자(Spinoza)를 지지한 만큼 말이다. 그러나 시공이 곧 영원은 아니다. 유클리드식의 세 가지 측면의 공간보다 더욱 다층적인 공간의 관점에서 시간을 진술한다는 것은, 곧 영원 개념과 시공의 유사성을 말하는 것일 수도 있다. 여기서 영원은 모든 것이 동시적이란 의미를 가진다. 그러나 이러한 관점은 시간을 극히 제한적으로 이해할 때에만 설득력이 있다. 그러나 시간에 대한 이러한 이해는 시제의 다양성, 즉 현재, 과거, 미래를 소거해버린다. 영원한 현재 속에서, 동시성은 그러한 추상화로 성립되는 것이 아니다. 다양한 시제의 구분은 모든 생명의 영원한 소유 안에서 보존된다.

시공에 관한 범신론적 관점은 무한한 공간(그리고 시간)의 비분할적 본성이 공간(그리고 시간)에 관한 기하학적 기술로부터 나오기 때문에 구별되지 않는다고 볼 때만 타당하다. 그러므로 공간과 시간 단위의 특정 개념과 관련하여 비분할적인 무한한 공간(그리고 시간)의 우선성과 그러한 가능성의 요건으로서의 무한한 공간(그리고 시간)의 우선성은 중요하다. 비분할적인 무한한 공간과 시간의 선재성은 곧 신이 편재하는 공간이 단순한 용기와 같은 것이 아니라는 것을 의미한다. 신의 편재에 대한 사유는 공간 개념을 빼놓고는 사실 설명될 수가 없다. 그러나 그렇다고 신의 편재적 공간이 반드시 기하학적인 공간과 시간과 같은 형식이어야 한다는 것은 아니다. 영원한 신은 피조물 내에서 물리적 세계의 부속품과는 다른 방식으로 현존하신다. 영원한 신은 자신의 성육신을 통해서 하나의 개별적인 인간으로 현존하신다.

초월성과 내재성의 이러한 관계는 영원과 시간의 관계에 관한 논의로부터 보다 심도깊은 내용으로 전개된다. 영원 개념은 시간적으로 전개되는 사건들의 피할 수 없는 무상함과는 반대된다. 그래서 영원은 시간과는 정반대의 개념이며, 끊임없이 변화하는 우리 인간의 현재와는 별개의 변하지 않는(nunc stans) 현재와 같은 것으로 여겨져 왔다. 이는 아우구스티누스의 영원에 관한 관점으로, 영원은 신적인 불변성(immutability) 개념으로부터 나온 것으로 간주되었다. 그러나 비시간적 영원 개념과는 다른 영원에 대한 관점도 있다. 지금 나는 영원한 생명에 관한 개념을 말하고자 하는 것이 아니다. 왜냐하면 영원한 생명 개념은 너무나 모호하기 때문이다. 영원이 단지 끝나지 않고 지속되는 삶이며 현재의 삶의 형태와 동일하다고 한다면, 그것은 영원이 아니라 단지 끝이 없는 삶일 뿐이다. 그와 반대로, 시간성이 없는 영원에 대한 대안은 현재적으로 경험하는 삶의 전체성과 관련이 있다. 이러한 관점은 플로티누스(Plotinus) 전통으로부터 발전해왔다. 삶의 전체성을 소유하고 삶의 전체성이 동시적으로 현존하는 것을 영원으로 보는 입장은 플로티누스의 『엔네아데스』(Enneads) 3장에서 전개된 관점이기도 하다. 플로티누스는 시간의 흐름으로 인해 분리되는 인간의 경험은 모두 영원 안에서 동시적으로 현존하고 있다고 보았다. 이러한 사상은 이후에 보에티우스(Boethius)가 『철학의 위안』(Consolation of Philosophy)에서 영원은 끝없이 계속되는 삶의 완전한 동시적 소유(V, 6, 4: interminabilis vitae tota simul et perfecta possessio)라고 한 문장에서도 표현되었다. 이러한 영원 개념과 시간성이 없다는 것을 혼동하지 않아야 한다. 왜냐하면 이 영원 개념은 일련의 사건들이 하나의 전체로서 동시적으로 향유된다면(enjoyed) 각 사건들을 배제하지 않기 때문이다. 시간성이 없는 영원의 경우, 변하지 않는 정체성이라는 사상이 깔려있다. 그러나 생명의 전체성이라는 개념은 각 생명의 사건의 다양성을 수용하며, 각각의 사건은 각각의 변화를 가져오지만, 생명의 전체성 안에서 통합됨을 함의한다. 즉 각각의 사건은 사라지지 않고, 전체 안에서 현재로서 향유되는 것이다. 이러한 영원에 대한 관점은 다분히 모든 시간을 다 포괄하는 것(omnitemporal)처럼 보인다. 이 영원 개념은 삶 전체를 포함하지만, 무한정 지속하는(everlasting) 과정이 아니라 계속되는 생명 전체의 현존으로서 삶 전체를 포함하기 때문이다. 이러한 영원 개념은 칸트가 밝힌 시간의 무한한 통일성이 모든 개별적인 순간 속에 선재해 있다는 것과 상통한다. 그러나 칸트는 무한한 시간을 텅빈 시간이라고 본 반면에, 영원 개념은 동시적 현재로서 각 개별적인 삶의 충만함으로 구성된다. 신론에 적용하면 영원의 이 같은 개념은 세계 창조에 선행하는 하나님의 무시간적(atemporal) 존재만으로 구성되는 것이 아니다. 그와 더불어 삶의 충만함의 동시적 소유로서의 영원 개념은 창조세계의 역사 속으로 영원하신 하나님이 참여하시는 것까지도 포함한다. 그러한 하나님의 경륜은 결국 하나님의 영원한 생명 안으로 창조세계가 종말론적으로 참여함으로써 완성된다. 바로 이것이 바울 사도가 로마서 8장에서 진술한 모든 창조세계의 운명이다. 그 운명은 판단과 변화의 요소를 함의한다. 왜냐하면 썩는 것은 썩지 아니하는 것을 유업으로 받지 못하며 (고전 15:50) "썩을 것이 반드시 썩지 아니할 것을 입을 것이기 때문이다."(고전 15:53)

그런 점에서 영원하신 하나님은 창조세계에 대하여 초월적이면서도 내재적이시다. 유한한 존재자에게 시간적 과정은 마땅한 형식으로 주어져 있다. 즉, 현재는 과거와 다르고 미래와 구별된다. 그러나 이러한 시간적 순서는 모두 하나님의 영원한 생명에 참여한다. 영원하신 하나님은 피조물들을 첫 순간부터 미래까지 이끌어감으로써 피조물의 역사 내에서 활동하신다. 그러므로 하나님의 영원한 현재이기도 한 하나님의 미래는 피조물의 운명에 관여함으로써 피조물의 창조적 근원이 된다고 할 수 있다. 그 미래는 각 개체의 우연적인 존재의 근원이면서, 고유의 정체성의 근원이기도 하다. 만일 생명 전체의 동시적 현존과 향유와 관련된 신적인 영원을 자기 구별(self-differentiation)을 본질로 삼는 삼위일체 하나님의 영원으로 본다면, 그러한 신적인 영원은 서로 구별되면서 하나님으로부터도 구별되는 창조세계까지도 수용한다. 창조세계는 하나님의 편재 내에 존재하며, 창조주 하나님과 다른 자신만의 고유성과 본성을 상실하지 않은 채 하나님의 영원 안으로 참여하는 운명을 따른다. 창조세계는 하나님의 영원, 즉 그의 영원한 생명에 그들 자신의 고유성을 인정하고 수용함으로써 참여한다. 왜냐하면 그러한 수용이야말로 하나님과의 소통을 위한 근거가 되기 때문이다.

그러므로 피조물의 시간은 영원으로부터 완전히 단절되어 있지 않다. 플로티누스가 진술했듯이, 시간의 변화는 과정 속에 있는 포괄하는 통일성(encompassing unity)을 전제한다. 포괄적인 통일성이 없다면 현재는 과거 속으로 사라져버리고, 아직 오지 않은 미래에 직면하고 말 것이기 때문이다. 플로티누스는 그와 같은 현재, 과거, 미래의 분리 속에서 삶의 전체성을 상실하는 것은 본래적 삶의 전체성으로부터의 "타락" 때문이라고 보았다. 그는 영원과 시간의 분리가 필연적이지 않다고 보았다. 이후에 칸트 역시 유사한 내용을 말한 바 있다. 심지어 시간의 한 순간일지라도 전체로서의 시간에 대한 인식이 없다면 식별가능하지 않다는 것이다. 포괄적인 전체 안에서만 시간의 한 순간은 분간될 수 있다는 것이 칸트의 생각이었다. 그러므로 무한한 전체로서의 시간의 통일성은 영원 개념과 결부되어 있으며, 시간의 통일성은 시간의 흐름 안에 어떻게든 현존해 있다. 특히 아우구스티누스가 『고백록』 6장에서 분석했듯이 기억과 기대로 채워지는 지속(duration)의 경험 내에서 그러하다. 시간적 과정의 왜곡에도 불구하고 지속의 경험은 음악의 멜로디의 연합을 어떻게 인간이 경험하는가에 관한 유명한 예화로 설명할 수 있다. 그러한 지속 경험은 영원을 떠올려준다. 비록 인간의 시간적 경험에서 지속은 항상 제한되고 왜곡되기 마련이지만, 지속 경험은 삶 전체를 향유하며 동시적으로 거기에 현존하는 영원을 떠올려준다.

지속의 경험은 멜로디를 알아가는 것처럼 시간적 과정의 연속보다는 영원 개념에 보다 가깝다. 플로티누스에 의하면 시간적 과정의 연속에도 결합 요건으로서 영원한 생명의 통일성이 현존하고 있다 하더라도 말이다. 물론 이 경우에도, 시간적 과정은 전체로서 인지되기 때문에 영원과는 다소 유사한 면이 있다. 하지만 과정 자체를 인간은 보통 전체로 이해하지 못한다는 점에서는 상이한 면도 있다. 노래가 불려질 때 멜로디 전체를 인간이 다 파악하지 못하는 것처럼 말이다. 멜로디로 비유하는 것은 우주의 과정에도 적용할 수 있다. 이때 우주의 과정은 "우주의 노래"(carmen universitatis)라고 할 수 있을 것이다.

시간적 과정의 모델을 전체로서 인지하는 관점은 시공 모델에도 적용 가능하다. 시공에 관한 기하학적 모델에서 우주의 과정은 유사 동시적(quasi-simultaneous) 통일성으로 간주된다. 그러나 이론가에게 그러한 통일성은 자연스러워 보이진 않는다. 그 과정은 모든 것이 영원한 하나님에게 속해있다는 설명에 대한 비유와 같이 특별한 자연적 과정에 가깝다. 그러나 창조세계와 하나님에 관한 이해에 있어서, 다른 점은 피조물에게 과거와 현재, 미래와 같은 시간적 차이가 보존된다는 사실이다. 시간은 창조주에게 있어서 환상이 아니다. 시간을 비롯한 모든 것에 하나님은 현존하신다.

시간은 환상이 아니다. 왜냐하면 창조주는 피조물이 독립적인 실재가 되길 원하셨고, 그런 이유로 시간을 창조했기 때문이다. 시간은 그런 점에서 유한한 실재들의 실존 요건인 셈이다. 피조물은 각자 고유의 시간과 공간에서 존재한다. 가장 원시적인 형태를 제외하고, 피조물은 또한 지속하기도 한다. 물론 제한적이긴 하지만, 그러한 피조물의 지속 역시 창조행위 안에 의도된 것이기도 하다. 무언가를 창조한다는 것은 피조물에게 독립적인 실존을 어느 정도 부여한다는 것이기도 하다. 유기체의 경우, 환경과의 관계 속에서 보다 독립적인 실존 방식을 취한다. 여기에 시간이 필요하다. 그런 점에서 피조물이 자신을 조직화하고 보다 다양한 실존 형태를 획득하는 것은 시간의 흐름 속에서 가능하다고 말할 수 있다. 우리는 이러한 창조의 목적이 오직 시간 속에서 이뤄진다는 것을 이해할 수 있다. 피조물이 자신만의 존재 형식을 갖고 나면, 영원 안에서 보존된다. 그것이 성서에 기록된 약속이기도 하다. 그러나 그 과정에서 시간은 유한한 존재자의 형태가 형성되기 위한 필요조건이다. 따라서 플로티누스가 생각한 대로 시간은 생명의 원초적 연합으로부터 타락한 결과가 아니라 피조물의 독립적 실존을 위한 조건이다. 특히 자기 조직화를 위한 조건으로서 말이다. 그러므로 창조에 관한 기독교적 관점에서 시간은 창조주 하나님이 그의 피조물의 독립적 실존을 위한 조건으로서 창조한 것이라 할 수 있다. 공간에 대해서도 동일한 사유를 적용할 수 있다. 피조물의 존재를 보존하고 발전하기 위해서 피조물은 서로 관계를 맺고 성장할 수 있는 공간을 필요로 한다. 하나님의 영원 안에서 동시성, 공간의 원리와 영원한 지속은 결합되어 있다. 또한 피조물의 세계에서 피조물들은 그들 자신의 유한한 존재를 위한 조건인 시간과 공간에 따라 구별된다.

그런 점에서 공간과 시간은 영원으로부터 구별되어 있긴 하지만, 그렇다고 독립적인 실재라고 볼 수는 없다. 공간을 용기로 보는 아리스토텔레스의 관점은 토렌스가 밝힌 것처럼,[6] 니케아 신학에서 수용되지 않았지만 중세 서방 사상에서는 채택되고 뉴턴이 자신의 절대 공간 개념을 제시하는데 사용되었다.[7] 뉴턴이 제시한 절대 공간 개념은 유클리드 기하학과 결합하는데 있어서 공간을 용기로 보는 관점 중 가장 영향력있는 개념이었다. 부분적 공간에 대한 선재적 조건으로서의 무한하고 비분할적 공간 개념을 제시한 사무엘 클라크는 다른 입장이었다. 클라크가 진술한 무한하고 비분할적인 공간은 비록 기하학적 공간과는 완전히 구별된다 하더라도, 무한한 신체적 용기 개념이 아니라 피조물에 대한 하나님의 역동적인 편재에 가까웠다. 그에 반해 절대적 기하학적 공간은 사실 물질적으로 텅 빈 용기이고, 그러한 개념은 상대성 이론에 의해 반박되었다. 상대성 이론

---

6) T. F. Torrance, *Space, Time and Incarnation* (London: Oxford University Press, 1969), 13ff.와 동일 책, 7-8을 비교하라.
7) 위의 책, 63.

은 시간과 공간에 대한 사유를 중요하게 다룬다. 상대성 이론에 따르면, 물리적 대상과 그것의 시간과 공간적 측면 사이에는 상호의존성이 있다. 물질을 배제한 채 시간과 공간을 측정하는 것은 가능하지 않다. 시공과 관련된 이러한 개념을 기하학적으로 서술하는 것은 단지 근사치에 불과하다. 우리가 아인슈타인과 신(新)로렌츠주의자들(Neo-Lorentzians)이 제기한 상대성에 대한 대안적 해석을 고려한다면 말이다.[8] 그러나 물질과 에너지와 공간과 시간의 상호관계성에 대한 사유는 철학자와 신학자의 담론 속에서도 유한한 실체의 조건에 대한 이해에 지속적인 도움이 될 것이다. 그와 같은 관점은 하나님이 유한한 세계를 창조하실 때 피조물의 존재를 위한 차원으로서 시간과 공간을 창조하셨다는 것을 가리킨다.

이는 측량가능한 시간과 공간의 경우에도 적용된다. 그렇다면 이러한 발견은 부분적인 시간과 공간 개념은 무한하고 비분할적인 전체 시간과 공간을 필요로 한다는 클라크와 칸트의 견해와 어떠한 관계가 있는가? 이 무한하고 비분할적인 전체 시간과 공간 또한 유한한 실체에 속해 있는 특성인 것인가, 아니면 클라크와 칸트가 1770년도까지 믿었던 피조물에 대한 하나님의 영원과 편재의 결과인 것인가? 측량가능한 공간과 시간이 공간과 시간 내에 존재하는 유한한 실체에 속한 반면, 비분할적인 무한한 공간과 시간은 영원 개념, 즉 동시성과 피조물이 존재하게 하는 편재 개념에 더 가깝다고 할 수 있다.

---

8) W.L. Craig, *The Tenseless Theory of Time: A Critical Examination* (London-Dordrecht: Kluwer, 2000), 105ff를 보시오.

유한한 존재는 측량가능한 시간과 공간 안에서 형성되지만, 그러한 형성은 보다 포괄적이고 무한하며 비분할적인 공간과 시간 내에서 일어나는 것이다. 이러한 피조물의 형성은 하나님의 영원과 편재의 궤도 안에서 일어난다. 하나님의 영원과 편재를 무한한 용기로 오해해서는 안된다. 하나님의 영원과 편재는 분할가능하지 않기 때문이다. 그것은 나름의 시간과 공간 속에 있는 피조물과 함께 하고자 하시는 하나님의 강력한 현존의 매개이다. 하나님은 자신의 영원 안에서 창조세계에 내재할 뿐 아니라 초월하신다. 피조물들은 측량가능한 시간과 공간, 그리고 초월하시면서도 창조세계와 동떨어져 있지 않은 영원한 하나님의 임재 속에 있는 시공의 우주 속에 존재한다.

원자론, 지속, 형성
Atomism, Duration, Form

과정철학과 관련된 난점들

오늘날 과정철학은 화이트헤드(Alfred North Whitehead)의 철학 사상과는 다른 형태를 띠고 있다. 1963년도 시카고대학교 신학부(나는 철학부라고 말하고 싶지만) 객원교수로 있으면서 화이트헤드를 지지하는 학파를 만났을 때 나 역시 그러한 경험을 했다. 필자는 당시 유럽 사회에 좀처럼 알려져 있지 않았던 화이트헤드의 저작들을 탐독해야만 했다.

그때 필자는 여러 다양한 경험을 했다. 과정철학은 독일 관념론의 전통에서 결핍되어 있던 것들을 보완해주었기 때문이다. 누구나 관념론을 연구하다 보면, 인문학과 사회과학이 드러내주는 인간 경험과 관련된 자연에 대한 현대적 지식으로 중재되는 세계에 대한 지식을 처음부터 통합해줄 수 있는 자연철학이 필요하다고 여긴다. 그러나 화이트헤드의 사상을 알면 알수록, 나는 미국 내 저명한 학교의 과정신학에 대한 다소 교조주의적인 관점으로 인해 충격을 받았다. 학계에서 화이트헤드는 전적으로 완벽하고 체계적인 사상가였고, 13세기 스콜라주의에 있어서 아리스토텔레스와 같은 권위있는 인물로 간주되었다. 그러나 화이트헤드는 여러 접근 가능한 철학 사상 중 하나를 대표하는 인물이지, 광범위한 과정사상의 주창자는 아니다.

누군가가 베르그송(Henri Bergson)과 알렉산더(Samuel Alexander)와 같은 사상가와 화이트헤드 철학의 관계를 고려한다면, 그들 사이에 결이 다른 과정사상의 관점을 알 수 있을 것이다. 무시간적으로 규정된 실체에 대한 사유를 거부하는 과정철학적 접근은 화이트헤드가 개진한 특정한 논리에 국한되지 않는다. 화이트헤드는 개별적으로 창발하는 "계기들" 또는 기본적 사건들이 궁극적 실재라고 주장했다.[1] 그리고 그는 그러한 계기들의 자기 실현을 위한 잠재태를 "영원한 객체"(eternal objects)라고 명명했다.

첫 번째 가정, 즉 "계기" 혹은 "현실적 존재"가 세계를 구성하는 최종적인 실제 사물들을 형성한다는 주장[2]을 살펴보자. 이 견해는 원

---

1) 보다 구체적으로 말하면, "현실적 계기"(actual occasion)가 사건의 주요한 구성요소를 만들어낸다. "현실적 계기는 단 하나의 요소로 사건을 제한하는 유형이다." *Alfred North Whitehead, Process and Reality: An Essays in Cosmology*, corrected edited by David Ray Griffin and Donald W. Sherburne (New York: Free Press, 1978), 73; *Process and Reality: An Essays in Cosmology* (New York: Macmillan, 1929), 113. [두 저서 모두 아래에 소개된다.]
2) 위의 책, 18 (27).

자론적 존재론을 암시한다. 화이트헤드는 "궁극적인 형이상학적 진리는 원자론"이라고 밝혔고, 그는 자신의 철학을 "현실태의 원자론"(an atomic theory of actuality)이라고 명명했다.[3] 화이트헤드는 실재의 연속성을 개별적으로 창발하는 현실적 존재들로부터 파생되는 현상으로 보았다. 여기서 연속성은 단지 가능태, 즉 "분할을 위한 가능성"일 뿐이다.[4] 그것은 현실적 존재를 통해 분할된다. 이와 같은 화이트헤드의 주장은 절대 공간과 시간을 주장한 뉴턴뿐 아니라 베르그송의 관점과도 충돌했다. 베르그송의 과정철학에서, "지속"(duration)은 근본적인 것이다. 베르그송에게 있어서, "지속"은 자기 자신이 되는 연속체를 말한다. 반면에 화이트헤드는 무언가가 되어감(becoming)을 연속적인 것으로 보지 않았다. 제논(Zeno)의 역설에 따라, 화이트헤드는 "되어감의 무한한 계속은 없다"고 주장했다.[5]

이 문제에 대해 알렉산더는 베르그송의 편을 들었다. 비록 화이트헤드의 이후 발언을 예상하면서[6] 알렉산더가 베르그송이 공간과 시간을 서로 대비시킨 것에 대해 비판했다 하더라도 말이다. 알렉산더는 시간의 공간화(spatialization)를 시간의 본질로 이해했다.[7] 오직 공간만이 지속을 가능하게 해줄 수 있다. 다른 장소에서는 시간이 동일하게 적용되지 않을 뿐 아니라 무엇보다 동일한 장소에서 연속적 사

---

3) 위의 책, 35 (53), 27 (40).
4) 위의 책, 67 (104).
5) 위의 책, 35 (53).
6) 위의 책, 321 (489-490).
7) Samuel Alexander, *Space, Time and Deity* (1920; New York: Macmillan, 1966), 1:143; 149와 비교해보라.

건이 일어날 수 있기 때문이다.[8] 연속적 순간들은 지속성이 없을 수도 있다. "지속성은 사라지는 순간들로 구성된다."[9] 화이트헤드가 "영원한 객체"에 관한 이론과 영원한 객체가 현실적 계기의 세계로 통합되는 것을 통해 확보하고자 했던 지속성은 알렉산더의 사상으로 보증되었다. 알렉산더는 공간을 아직 상대화되지 않은 것으로 간주했다. 이처럼 알렉산더는 화이트헤드의 선도자 격인 인물이었다.

그러나 알렉산더가 제시한 유한이 성립되기 위한 요건으로서의 시공의 무한성에 관한 개념은 화이트헤드의 생각과 달랐다. 알렉산더는 클라크(Samuel Clarke)와 칸트(Immanuel Kant)의 선험적 미학 (Transcendental Aesthetic)을 따르며 유한과 개별적 순간을 제한된 무한으로 간주했다. "무한은 유한이 아닌 것이며, 유한은 무한이 아닌 것이다."[10]

오늘날 레비나스(Emmanuel Lévinas)와 같이, 알렉산더는 유한을 인식하게 해주는 무한의 구성적인 의미를 규정하면서 데카르트를 재소환한다. 이는 원자론이 최종적인 형이상학적 진리가 될 수 없다는 것을 가리킨다. 알렉산더는 운동은 원시적(primordial)이며, 따라서 항상 통전적(holistic)이고 지속적이라는 베르그송의 견해를 공유한다.[11] "운동은 순간들의 연속이 아니며, 순간들은 운동이 제한된 경우라 할 수 있다."[12] 순간들을 구별하는 것은 지적인 추상화

---

8) 위의 책, 1:48-49.
9) 위의 책, 1:45.
10) 위의 책, 1:42.
11) 위의 책, 1:149.
12) 위의 책, 1:321.

로 이뤄진다. "순간들은 사실… 우주적 운동과 분리되어 있지 않다. 순간들은 연속체의 구성요소인 셈이다."13) 알렉산더는 결국 스피노자(Benedictus de Spinoza)와 비슷한 입장을 가진다. 시공간(spacetime)은 존재하는 모든 것, 즉 모든 유한한 실체를 선행하는 무한이라는 것이다.14)

우리는 한편으로는 베르그송과 알렉산더, 다른 한편으로는 화이트헤드의 사건 원자론(event-atomism) 개념을 통해 근본적이며 대안적인 차원에서 과정사상에 접근할 수 있다. 분명히 알렉산더는 무한한 시공을 실체의 영역과 각 부분들을 선행하는 전체의 영역으로부터 구별하고자 했다.15) 알렉산더는 전체를 부분으로 구성되어 있는 것으로 보았기 때문이다. 그러나 그는 운동에 관해서만은 개별적인 시공의 순간들보다 전체 운동이 앞선다고 서술했다.16) 그와 달리 화이트헤드는 개별적 사건 혹은 그 구성요소를 보다 존재론적으로 선행하는 것으로 여긴다. 그러나 화이트헤드는 모든 원자론적 형이상학이 지니는 논리적 오류에 빠져 있진 않은가? 이미 오래전에 플라톤은 이와 관련된 견해를 진술한 바 있다. 일자(the One)가 없다면 다른 것들 역시 개별적으로나 복수로나 존재할 수 없다는 것이며, 이는 절대적으로 무와 같다는 것이었다.17) 여러 개별자들은 일자로부터 나온 것이지만, 그것들은 관계 속에서

---

13) 위의 책, 1:325.
14) 위의 책, 1:339ff.
15) 위의 책, 1:338ff.
16) 위의 책, 1:321.
17) Plato, *Parmenides*, 165ff.

다양하며, 그렇게 전체의 부분들을 이룬다. 혹 개별자들이 전체성을 형성하지 못하면, 그것들은 동일한 일자의 부분으로 볼 수 없다는 것이다. 즉, 원자가 전체와 통일을 이루기 위해서는 포괄하는 연합(통일) (encompassing unity)이 선행되어야 한다.

화이트헤드는 비록 『관념의 모험』(*Adventure of Ideas*)에서 다양한 원자론의 형식을 진술하긴 했으나 원자론의 개념 안에 내재해 있는 논리적 결함을 어디에서도 밝힌 적이 없다.[18] 화이트헤드는 데모크리토스(Democritus)와 에피쿠로스(Epicurus), 루크레티우스(Lucretius)로 소급되는 원자론과 근대 자연과학에서 나온 실증주의적 해석을 경계했다. 실증주의적 해석에 따르면, 원자는 단지 무작위성의 원리에 따라 관계를 맺는 것일 뿐이다. 뉴턴 물리학에서 그 관계는 외부적이다. 이는 법칙이 신의 의지로부터 나온 것임을 함의한다.[19] 뉴턴과 달리 화이트헤드는 플라톤을 사물 내에 법칙이 내재한 것으로 이해한 사람으로 본다.[20] 화이트헤드 자신도 그러한 경향을 따랐다.

보다 일찍이 『과학과 근대 세계』(*Science and the Modern World*)에서 화이트헤드는 외적인 관점으로만 사건의 관계를 진술하는 경향을 비판했다.[21] 그는 개별적 사건들이 관계들로 구성되는 한, 사건들은 내부적이라고 주장했다. "사건의 관계는 내적이다. 그것들

---

18) A. N. Whitehead, *Adventure of Ideas* (New York: Macmillan Free Press, 1933). 125ff.
19) 위의 책, 127.
20) 위의 책, 121ff.
21) A. N. Whitehead, *Science and the Modern World*, 2nd ed. (New York: Macmillan Free Press, 1925), 115.

이 사건 그 자체를 구성요소로 삼고 있을 때는 그러하다."[22] 화이트헤드는 그러한 내적 관계를 수용한다는 것은 개별적 사건을 주체적인 것으로 이해하는 것과 같다고 진술했다. 이 주체성은 사건을 구성하는 다양한 관계들을 통합해내는 것을 말한다.[23] 이 통합이 일어날 때, 이 내적인 관계들은 그 자체를 행위로서 드러낸다. 화이트헤드는 이를 "파악"(prehension)이라고 명명했다. 화이트헤드는 『과정과 실재』(Process and Reality)에서 "파악" 개념을 중요하게 다루었다. 반면에 외적, 내적 관계들은 배경으로 사라진다.(그러나 여기에서도 "파악"은 여전히 "구체적인 관계의 사실"로 정의된다)[24] 각각의 사건은 자신이 알고 있는 세계의 모든 다른 사건들을 파악한다. 이 사건들은 자신의 것으로 전유되어야 한다. "각각의 현실적 존재는 우주 안의 모든 요소에 대한 확실한 지향을 통해서 우주를 포함한다."[25]

이로 인해 원자론의 일방성이 어느 정도 상쇄되는 것처럼 보이기도 한다. 모든 개별적 사건들이 모든 다른 사건들 전체의 영향을 받

---

22) 위의 책, 98.

23) 위의 책, 115.

24) Whitehead, *Process and Reality*, 22 (32). 배경으로 사라져버리는 관계는 상호성("상호적 파악의 복잡성", *Process and Reality*, 194 [295])으로 특징화되는 관계들이라는 사실과 관련될 수 있다. 반면에 *Science and the Modern World*에서 화이트헤드는 여전히 아리스토텔레스의 관점에 따라 이 둘을 내적인 것과 외적인 관계로 구별한다. *Process and Reality*, 222-223 (340)과 50 (79)를 비교하라.

25) Whitehead, *Process and Reality*, 45 (71-72). 80 (123)에 나오는 "각각의 현실적 존재는 우주의 중요한 자리(locus)이다"를 비교하라. 보다 초기의 관점을 *The Concept of Nature* (Cambridge: Cambridge University Press, 1920), 152에서 살펴볼 수 있다. 이후에 화이트헤드는 이러한 사상을 물리적 영역 개념과도 관련시킨다. (*Process and Reality*, 80 [123-124]).

는다는 명제는 개별자를 위한 전체의 구성적 의미를 정당하게 다루고 있는 것처럼 보인다. 그러나 우리는 화이트헤드가 개별자를 위한 의미를 갖고 있는 우주를 직접적으로 언급하지 않고, 모든 사건들이 우주의 모든 다른 "요소들"과 갖는 관계에 기초해서 단지 힌트만을 간접적으로 주고 있음을 주목할 필요가 있다. 화이트헤드는 "모든 현실적 존재는 자신을 담아내고 있는 우주로부터 나온다"[26]고 진술한 바 있다. 우주(혹은 시공 연속체)는 개별적 사건에 실제적인 전체로 주어지지 않는다. 개별 사건은 항상 자신이 출현한 전체의 다양한 관계 속으로 통합해 가야만 한다. 따라서 우주에 대한 사유는 여러 사건이 출현하는 것만큼 다양할 수밖에 없다. 바로 이 지점에서 화이트헤드는 라이프니츠(Gottfried Wilhelm Leibniz)를 거론했다. 그는 라이프니츠의 모나드(monads) 이론을 명시적으로 언급했다. "나 역시 같은 생각을 한다. 그러나 나는 모나드를 공간과 시간 안에 있는 통합된 사건으로 보고자 한다."[27] 하지만 라이프니츠가 제시한 "창이 없는"(windowlessness) 모나드 이론은 상호적 관계의 구체성을 인정하지 않는다. 라이프니츠에게 있어서, 모나드는 상호 간 실제적 관계를 맺지 않으며, 주요한 모나드와 우주를 모방할 뿐이다. 그는 자연법을 데카르트가 주장한 것과 같이 세계에 외부적으로 (신에 의해) 도입된 것으로 보았다.[28] 그러나 화이트헤드는 자연법을 사물 간 상호적 관계로부터 출현한 것으로 이해하고자 한다. 그러므로 개

---

26) Whitehead, *Process and Reality*, 80 (124).
27) Whitehead, *Science and the Modern World*, 68.
28) *Adventure of Ideas*, 138을 비교하라.

별적 사건은 우주의 반향일 뿐 아니라 우주를 구성하는 다양한 관계들의 창조적 통합인 셈이다. 시공연속체(spatiotemporal continuum)는 구체적 사건 자체가 추상화한 결과이다. 즉 현실적 존재들 사이 관계들로부터 출현한 것이나 마찬가지이다.[29]

결국 파악에 관한 화이트헤드의 견해는 원자론의 일방성의 문제를 완전히 해결하지 못했다. 화이트헤드에 따르면, 전체 우주(즉 시공연속체)는 모나드적 사건이 그러하듯 그 자체 안에서 내적인 통합을 갖지 않는다. 라이프니츠는 우주가 신의 정신 안에서 생겨난 것으로 이해했다. 그래서 우주는 각 피조물보다 우선하며 피조물이 우주를 반영한다. 그러나 화이트헤드의 입장은 그와 다르다. 신은 창조주가 아니며 단지 모든 현실적 사건들에 대한 공동창조자(cocreator)일 뿐이다. 결과적으로 자기 구성적인 현실적 계기야말로 자신의 관계망(nexus)을 표현하는 연속체의 근거라고 할 수 있다.

화이트헤드는 개별적 사건의 주체성을 자기 구성적 관계의 다양성을 통합하는 주된 요인으로 여긴다. 그는 자연적 과정을 물리주의적으로 기술하는 것을 경계한다. 그는 외적인 관계만을 고려하는 물리주의적 관점에 보다 심오한 전망을 제공하고자 한다.[30] 그러나 현실적 계기의 자기 구성적 주체성에 대한 관념은 새로운 어려움에 직면한다. 그 어려움이란 현실적 계기나 현실적 존재가 물리적 우주의 궁극적인 구성요소가 되어야 하지만, 이 우주의 궁극적인 구성요소

---

29) *Concept of Nature*, 78을 비교하라.
30) Whitehead, *Science and the Modern World*, 97-98.

는 관계나 "파악" 정도로 축소된다는 점이다. 화이트헤드가 고안한 "현실적 존재" 개념은 다분히 사변적이다. "현실적 존재는 분할가능하다. 그러나 사실상 나누어져 있지 않다."[31] 현실적 계기를 파악(혹은 내적 관계)으로 분석하는 것이 오직 정신적 추상화를 통해서만 가능하다면, 문제가 생긴다. 현실적 계기 자체를 다른 측면의 과정으로 해석하는 것이 어떻게 가능한가? 그 과정의 마지막 지점이 사건의 완전한 지속과 동일하다고 주장하면서 말이다.[32]

『과정과 실재』에서 자기 구성적 사건의 다양한 단계를 보여주면서,[33] 화이트헤드는 추상성과 구체성을 혼동했다. 그는 자신이 다른 사람들을 비판하면서 자주 제기한 "잘못 놓여진 구체성의 오류"를 범했다. 화이트헤드는 실질적으로는 현실적 계기를 분할할 수 없고, 추상적으로만 본질을 구성하는 관계에 변화를 줄 수 있다고 본다. 그렇다면 그는 현실적 계기를 추상적으로만 구별가능한 관계가 통합된 과정의 결과라고 말할 수도 없다. 그러나 의아한 점은, 화이트헤드는 그 관계 자체가 오직 현실적 계기로 구성된다고 보고 있다는 점이다.

물론 화이트헤드가 현실적 계기의 주체성을 자기 원인(causae sui)으로 확증하고자 한다면 그러한 관점은 불가피하다.[34] 현실적 계기를 순간적으로 충돌을 일으키는 교차적 관계로만 간주하는 것은 현

---

31) Whitehead, *Process and Reality*, 227 (347).
32) 위의 책, 26 (39), 283 (434).
33) 위의 책, 26-27 (40)과 248-249 (380-381)을 비교하라.
34) 위의 책, 26 (39), 283 (434).

실적 계기를 주체가 아닌 객체로 보는 것이다. 그러할 경우 현실적 계기는 장과 구분되지 않고, 장의 특이점 그 이상 그 이하도 아닌 것이 된다.("장의 변화에 대해 조직적으로 적응한 형태")35) 사건 주체성은 사건 독립성과 관련되어 있다. 화이트헤드가 실재를 원자론적으로 해석할 때 사건 주체성은 필수적인 요건이다. 현실적 계기의 독립성을 자기 구성으로 간주한다면 현실적 계기는 자신을 선행하는 것을 통합함으로써 자신의 정체성을 구성하는 하나의 과정으로 볼 수 있다. 그러나 이러한 개념은 자기 모순적이다. 왜냐하면 현실적 계기는 실재의 주요한 구성요소이지, 보다 근본적인 요소의 통합은 아니기 때문이다. 이 근본적인 명제는 현실적 계기의 자기 구성적 개념과 충돌한다.

화이트헤드가 현실적 계기를 "유전적으로(generic) 분석한 것"은 보다 고차원적인 유기적 생명 형식의 경험적 구조를 현실적 계기로 설명하고자 하는 것과 관련이 있다. 그는 이러한 추정적 사고 과정을 상상적 일반화의 과정이라 본다. 그리고 이러한 사유를 적용을 가져오는 창조적인 자기 구성의 원리로 제시한다.36)

현실적 계기의 주체성에 관한 화이트헤드의 이론은 윌리엄 제임스(William James)의 철학적 심리학과 유사하다. 제임스가 자아(ego)

---

35) Whitehead, *The Concept of Nature*, 190. 화이트헤드는 여전히 "인화점"(point-flash)이나 "사건입자"(event-particle)를 자연 세계의 실제적인 구성요소로 보지 않는다. "당신은 세계가 모든 입자들로 이뤄졌다고 보아서는 안된다"고 그는 진술한다(172, 59를 비교하라). 세계는 "겹침과 상호간 포괄하고 구분하는 과정을 통한 사건들의 연속적인 흐름이다"(172-173, 161을 비교하라).
36) Whitehead, *Process and Reality*, 5 (8), 7 (11)과 4ff. (7ff.)을 비교하라.

의 일시적 특성을 제시하고, 다른 한편으로는 경험의 일시적 통합으로서의 일시적인 자아 출현(ego-instant)과 일시적 자아의 과거와의 통합을 언급한다는 점에서 그러하다. 현실적 계기의 주체성에 관한 화이트헤드의 이론은 보다 광범위한 차원에서는 윌리엄 제임스 심리학에서의 자아에 대한 포괄적 개념으로 해석될 수 있으며, 이는 또한 물리학의 기초에 대한 해석으로도 연결될 수 있을 것이다. 화이트헤드가 베르그송과 존 듀이(John Dewey), 그리고 윌리엄 제임스의 영향을 받았다는 것은 분명하다.『과학과 근대 세계』에서 그는 심지어 철학의 새 시대를 열어낸 인물로서 데카르트와 제임스를 비교하기도 했다.[37]

그와 같은 관련성을 밝히는 것이 곧 화이트헤드의 비판에 관한 합당한 근거가 되는 것은 아니다. 획기적인 일반화 과정은 분명히 철학 개념의 형성에 있어서 상당한 영향을 준다. 그러나 그것은 화이트헤드가 밝힌 것처럼, 여전히 "의심스러운 것"이며, 내적인 정합성에 따른 사실에 대한 확신이 필요하다. "불확실한 대담함은 논리와 사실 앞에서 겸손함을 겸비해야 한다."[38]

이러한 맥락에서 볼 때, 현실적 계기를 해석하기 위해 주체성의 구조를 사용하는 것은 합당하지 않다. 제임스는 주체의 심리학은 경험적 순간들의 연속과 관계있다고 보았다. 반면에 화이트헤드는 각각의 현실적 계기의 연속적 출현을 주장할 수 없었다. 제임스의 자

---

37) Whitehead, *Science and the Modern World*, 129-130.
38) Whitehead, *Process and Reality*, 8 (12)과 17 (25)을 비교하라.

아 심리학은 개별적인 경험을 이전 경험의 새로운 통합으로 간주한다. 연속적 순간들은 별개의 것이며 이전 경험과의 관계는 경험, 반성과 기억의 매개 안에서 인간의 특별한 성격과 주체적 행위를 구성한다고 보기 때문이다. 화이트헤드는 제임스의 주체성 모델을 새로운 창발적 사건과 모든 다른 사건(보다 선재적인 것을 포함하여) 사이에서 형성되는 관계로 적용하기 위한 기초로서 모든 사건의 사실적인 보편적 관련성만을 호소할 수 있다.

따라서 제임스와 화이트헤드가 유사하다는 관점은 한편으로 적절하지 않다. 제임스는 새롭게 출현하는 자아가 모든 선재적 사건과 관계하는 것이 아니라 단지 기억으로 만들어진 경험과 관계있다고 본다. 그러나 인간의 기억력은 자연적 과정만으로는 설명되지 않는 특별한 자질이다. 특히, 인간 신체와 "사회적 자아"로 규정되는 인간 자아의 계속적 출현으로 수행되는 통합은 일정하게 일어나지 않는다. 자아는 창조적이고도 고차원적 원리에 따라 기능한다.

화이트헤드가 구상한 계속적으로 출현하는 주체적 통합원리는 실제 세계에서 벌어지는 일관성을 지나치게 강조한 것일 수도 있다. 제임스가 이해한 인간 자아 구조의 일반화는 역설적으로 자연적 진화, 특별히 생명 진화의 고차원적 형태의 특별한 입장을 과정의 한 단계로 환원시켜버린다. 보다 복잡한 자연적 진화의 형태를 화이트헤드는 현실적 계기들의 "사회" 혹은 다양하게 질서화된 연속으로 여길 뿐이다. 어떤 추상적인 구조적 요소가 각 개별적 과정 속에서 조직적으로 수정되어 재생산되기 때문에, 사회는 안정화된 연합체로 드러난다. 화이트헤드는 『과정과 실재』에서 이 주제에 관해 짧게 언급한다. 그는 존재론적으로 안정된 형태의 운명은 현실적 계기의 구조에 있어서 부차적이라고 보았다. 만일 우리가 현실적 계기에 관한 진술이 이론적으로 고차원적 형태의 형성에 관한 코드를 알아낸다고 가정한다면, 우리는 화이트헤드가 도전하고자 했던 유물론적 사유로 전락하는 것이나 마찬가지이다.

광범위한 형태의 출현이 그것을 구성하는 현실적 계기로부터 나올 수 없다는 사실은 장의 연합이 단지 일률적인 사건으로 환원될 수 없다는 점을 암시한다. 화이트헤드가 말한 "영원한 객체"와 관련된 구조가 아니라 실재성과 관련해서, 우리는 실재에 관한 원자론적 해석이 얼마나 일방적인 것인지 알 수 있다. 그러한 관점으로는 전체성과 개별적 독특성을 제대로 이해할 수 없다.

하지만 화이트헤드의 현실적 계기에 대한 유전학적 분석은 건설적인 새로운 관점을 제공해준다. 그는 형성의 국면을 시간적으로 연속되는 것으로 보지 않았다. 왜냐하면 현실적 계기는 비분할적 통일체이기 때문이다. 그러므로 계기를 하나의 형성 과정으로 나타내는 것은 우리에게 역설적인 것으로 보인다. 그러나 화이트헤드의 분석은 과정에 대한 우리의 이해를 확장시켜준다. 분명히 이 과정의 국면들을 시간의 연속으로 볼 수 있다. 그러나 과정 안에는 형상을 위한 생성의 목표가 언제나 현존한다. 모든 생명과정은 이러한 본성을 따른다. 형성 과정에 있어서 식물이나 동물은 비록 제각각의 본성이 오직 형성의 결과로 나온다 하더라도 여전히 식물이나 동물로 머물러 있다. 예기(anticipation)로서 항상 그러한 일은 일어난다. 존재의 정체성은 순간적 계기와는 다르다. 그것은 본성의 정체성 안에 있는 것이다. 이 정체성은 시간이 지나도 영속한다. 형성 과정 속에서 본질적 형상을 예기하면서, 존재의 정체성은 과정 개념과 연결된다.

화이트헤드의 초기 과정에 대한 유전적 분석에는, "주체적 지향"(subjective aim)과 "자기초월체"(superject) 개념이 동일하게 사용된다. 이미 『과정과 실재』에서, 화이트헤드는 주체적 지향 개념을 사용하면서 예기적 감정에 대해 진술한 바 있다. 그는 이를 『관념의 모험』에서 보다 확장한다.[39) 그는 『관념의 모험』에서 예기의 의미를 주체 형성에 초점을 맞춰 진술하지 않는다. 주체성은 어디까지나 미래로부터 구성되는 것이며, 미래는 이미 예기를 통해서 현존한다는 것이다. 여기서 주체는 자기 구성적 행위를 하는 타자들까지도 포함한다.

화이트헤드는 "주체적 지향" 개념을 암시하는 예기 개념의 이론적 잠재성을 남용하지 않는다. 과정에 관한 목적론적 해석을 전제하고 있는 아리스토텔레스의 운동 분석이 이 예기 개념을 사용하고 있다. 자연적 운동에 관해 아리스토텔레스는 운동하는 객체 안의 최종적 상태의 예기를 엔텔레키(entelechy)로 해석했다. 그는 유기체의 씨앗을 미래적 목표를 향해 가는 현재 안에 미래적 목표의 효과가 있다는 것으로 해석했다. 아리스토텔레스는 그럼에도 이 되어감의 과정 안에 끝이 있다고 보았다. 화이트헤드는 이와 달랐다. 그는 자기 구성적인 측면에서 이 되어감의 주제를 이해했기 때문이다. 바로 이

---

39) *Process and Reality* 278 (424-425), 214-215 (327-328)과 *Adventure of Ideas*, 194-195를 비교하라.

점이 화이트헤드 역시 목적론적 언어를 사용하긴 하지만, 예기적 요소가 그의 주체성 해석에 있어서 구성적이라고 할 수 없는 이유이다.

각각의 현실적 계기의 급진적인 자기 창조에 대한 이러한 사유는 기독교적 신의 창조 개념과 충돌한다. 미국의 과정신학은 화이트헤드의 창조성 개념을 신적인 창조 행위로 해석하고자 했다.[40] 그러나 이는 화이트헤드의 의도와 다르다. 각각의 현실적 존재의 주체성을 구성하는 것은 항상 자기 안에서 이뤄진다는 것으로 화이트헤드는 이해하고 있기 때문이다. 비록 각각의 현실적 존재가 "최초의 지향"(initial aim)을 통한 자기 실현의 요건을 제공하는 신에 의존하고 있다 하더라도 말이다. 화이트헤드는 이러한 과정을 현실적 계기의 목적론적 형성 구조로 설명하고자 했다. 그는 현실적 계기가 시간 안에서 이뤄지는 연속적 측면에서의 확장이 아닌 과정적 특성을 갖고 있다고 주장한다. 모든 것을 구성하는 현실적 계기는 순간적이고도 비분할적이다.

화이트헤드가 말하는 유전적 분석(genetic analysis)을 시간 안에서 발생하는 과정으로 국한한다면 그를 잘못 이해한 것이다. 유전적 분석은 현실적 계기의 구성을 말하고자 한 것이기 때문이다. 그러나 "주체적 지향"의 과정은 현실적이면서도, 본질적인 완성을 향한

---

40) John Cobb, *God and the World* (Philadelphia: Westminster, 1965), 42-66. 인간을 새로운 가능성으로 부르시며 만나시는 신을 캅스 자유를 주는 힘으로 본다(64). 또한 그 신은 존재의 기반이자 자연의 질서이기도 하다(65). 하나님의 창조 행위에 관한 그러한 진술은 화이트헤드 철학의 개념과 일치하는가? 이 진술들은 화이트헤드의 체계에 대한 근본적 영역을 수정한 것은 아닌가? *Process and Reality*에서 "신과 세계"에 대한 진술에 따르면, 신은 세계의 창조주가 아니다(346 [526]). 신은 창조주와 같은 피조물일 뿐이다 (348 [528]).

오고 있는 미래적인 것과 깊게 관련되어 있다. 이 본질적 완성은 그저 현실적 결정에 달려있지 않다. 그러한 결정만이 미래를 결정짓는 것은 아니기 때문이다. 미래의 완전한 완성에 대한 예기가 주체성의 구성에 있어서 보다 중요한 의미를 갖는다. 주체성의 구성은 현재적 결정을 통한 자기 창조로 규정되지 않고, 각 현실마다 드러나는 전체의 완성에 의존하고 있다.

이러한 개념은 분명히 원자론적 형이상학과는 다르다. 주체성은 현실적 계기의 임의성에 달려있는 것이 아니다. 우리는 유한한 존재의 독립성과 주체성이 최초 계기 안에서 표현된 것보다 복잡한 형태를 따라 확장해간다고 보아야 한다. 현실적 계기가 전개되는 장의 연합은 현실적 계기들로 구성된 최초의 관계망으로 환원할 수 없다. 오히려 장의 연합은 보다 높은 단계의 자연적 과정 속에서 증가하는 차이를 지닌 형태의 연합(현실적 계기로 구성되지만 비분할적인 것)과 더불어 있다는 것을 인지할 필요가 있다.

물질에 관한 이러한 관점은 다시 말하지만, 결코 원자론석이지 않다. 비분할적인 현실적 계기로 실재를 다 설명할 수 있다고 보지 않기 때문이다. 과정철학 내에도 원자론적 관점이 반영되어 있다고 볼 수 있다. 비록 과정철학이 형성의 과정을 관통하는 본질적 정체성에 관한 개념을 유지하고 있다 해도 말이다. 연합은 전체 과정을 포괄하며, 본질 개념의 근본적 목적을 과정적 관점과 연결한다. 바로 이 점에서 형성 과정의 "자기초월체"로서의 주체 개념으로 유전학적 과정을 제시한 화이트헤드의 분석이 중요하고 새로운 자극을 제공해 왔다. 물론 그러한 자극은 화이트헤드의 사상에 자리잡고 있는 원자론과 순간적인 현실적 계기의 제한으로부터 자유로워야만 결실을 맺을 것이다. 이러한 방식으로 이 주제에 대해 새롭게 사고함으로써, 우리는 이론적 맥락 안에서 불거진 난점으로부터 과정사상을 자유롭게 해줄 수 있다.

진보적 로고스 기독론
A Liberal Logos Christology

존 캅의 기독론 (The Christology of John Cobb)

지난 10년간 기독론 논의는 대부분 역사적 예수에 초점이 맞추어져 있었다. 역사적 예수 연구는 기독론을 예수의 인간 역사적 실재에 대한 설명으로 정당화하고자 한 것일 뿐 아니라 기독론 자체를 비판적으로 평가하기 위함이기도 했다. 초기 교회의 고전적인 로고스 기독론은 역사적 연구와 동떨어져 있었다. 왜냐하면 로고스 기독론은 예수를 하나님으로부터 온 것으로 해석한 반면에, 신적 로고스에 관한 주장들에 대해 의문을 제기하는 것을 허용하지 않았기 때문이다. 그러나 로고스 개념을 오직 하나님의 계시된 말씀이 위격화된 것으로 이해한 변증법적 신학이 제안하는 로고스 기독론에 대한 인격주의적(personalistic) 해석은 오늘날 좀처럼 수용되지 않는다. 왜

나하면 다분히 형이상학적인 세계 질서의 원리와 역사적 예수의 형태를 관련시킴으로써 예수의 보편 타당성을 보여주는 로고스 기독론의 고전적 기능은 오늘날 신학적으로 충분히 역할을 다하지 못할 것이 분명하기 때문이다. 1964년부터 필자는 예수라는 인물과 우주 질서를 관련시키는 시도에 대해 비판적인 견해를 나타냈다. 이제 우주 질서에 관한 문제는 자연과학자들이 자연법칙을 통해서 다루고 있다.[1] 나는 로고스 개념을 주로 계시 개념으로 여기는 태도를 수정하길 제안한다. 바로 여기서 기독론을 시작할 필요가 있다.[2] 이를 위해서, 우리는 그리스도를 창조의 중재자로 여겨야 한다. 그리스도가 창조의 중재자가 되어야만, 그리스도는 모든 것을 이끌어가는 실재인 하나님(all-determining reality of God)에게 참여함으로써 하나님과 함께 한다는 의미가 진정성을 갖게 된다.[3] 또한 그러할 때 예수의 보편 타당성 역시 합당하게 인정된다. 이와 같은 점이 새로운 로고스 기독론에 요청되는 바다. 이제 예수의 역사적 실재는 세계와의 관계 속에 있는 하나님과의 연속성 속에서 파악되어야 하는 것이다.

존 캅(John Cobb)은 그러한 로고스 기독론을 자신의 저서 『다원주의 시대의 그리스도』(Christ in a Pluralistic Age)에서 제시했다. 캅과 같은 자유주의 신학자가 그러한 시도를 했다는 것은 놀랍다. 보통 자유주의 신학은 로고스 기독론을 예수의 진실된 역사적 인간성에 관

---

1) Wolfhart Pannenberg, *Jesus-God and Man* (Philadelphia: Westminster Press, 1968), 166-167.
2) 위의 책, 168.
3) 위의 책, 168-169.

한 초기 교회 기독론의 예수의 신화(divinization)로 해석하기 때문이다. 그러나 캅은 예수의 완전한 인간성을 축소하지 않는다.[4] 예수의 인성을 옹호한 쇼넨베르크(Piet Schoonenberg)의 입장에 서 있는 캅 역시 예수의 인성을 중요하게 여겼다.(『다원주의 시대의 그리스도』, 271과 166-167을 비교) 캅은 하나님과의 관계 안에 있다는 것, 즉 "우리 각자와 마찬가지로 예수 안에 있는 하나님의 행위와 현존의 구체적 개별성"(『다원주의 시대의 그리스도』, 103-131)에 관한 탐구로 나아간다. 하나님과 예수 사이의 그러한 관계만이 예수의 권위를 보증해줄 수 있다. 초창기 논문에서 캅은 예수의 개별성을 인간론적으로 밝히는 데 만족했지만(『다원주의 시대의 그리스도』, 13), 점차 로고스 기독론의 형태에 관심을 가졌다.(『다원주의 시대의 그리스도』, 135와 138-139을 비교하라) 캅은 화이트헤드(Alfred North Whitehead)의 자연철학의 영향을 받아 그러한 접근을 했다. 캅은 화이트헤드 철학을 통해서 인간론적 해석만으로는 이해할 수 없는 능력을 가진 예수의 사역과 말씀의 보편적 의미를 설명할 수 있었다.

그러한 설명 속에 이미 예수 안에 현존하는 로고스 개념이 들어 있었다. 캅이 어떻게 로고스 개념을 "창조적 변혁의 능력"(『다원주의 시대의 그리스도』, 131)으로 신학적으로 정립했는가에 대해서는 명확하지 않다. 바로 그 점이 그가 초기 교회의 로고스 기독론을 공유한다는 데 있어서 문제가 된다. 캅은 기독교 예술과 기독교 신학의 역사

---

4) John B. Cobb, *Christ in a Pluralistic Age* (Louisville, Ky.: Westminster John Knox Press, 1976), 130ff.

속에서 "창조적 변혁"의 원리를 제시한 자신의 책 첫 장에서도 예수 안에 드러난 로고스나 메시아적 원리로서의 창조적 변혁 원리를 정당화하지 않았다. 물론 그는 현대 예술의 자기 이해와 현대 신학의 역사 안에서 그것이 미친 영향에 대한 "창조적 변혁" 원리의 중요성을 제시하긴 했다. 그러나 기독교 역사로부터 파생하여 기독교적 모티프를 담고 있는지에 관해서 그는 확신하지 않는다. 세속화 과정의 모호성을 고려하면, 창조적 변혁 원리는 기독교적 기원으로부터 분리되거나 전혀 다른 것으로 보이기도 한다. 그래서 캅은 다음과 같이 강조한다. "예술과 신학에서의 그리스도에 관한 진술은 그 자체로 완전할 수 없다. 그리스도는 끊임없이 예수와 결속되어 있다" (『다원주의 시대의 그리스도』, 62). 2장에서 그는 "창조적 변혁" 원리에 대해서 말한다. 창조적 변혁 원리는 예수 그리스도에게서 처음으로 완전하게 나타난다. 그러나 심지어 여기서도 "창조적 변혁" 원리로서의 로고스 개념을 예수에게 적용하기 위한 기초는 하나님의 입장에서 행하는 권위있는 인간이 가진 능력에 대한 예수의 자의식 안에서만 존재한다. "이는 어떤 특별한 방식으로 신적인 로고스가 예수와 함께 했다는 것을 말해준다."(『다원주의 시대의 그리스도』, 138) 이러한 관점은 이미 이전에 언급한 로고스 개념을 전제한다.

　여기서 우리는 캅이 사용한 로고스 개념에 관한 주장이 역사 해석적이라기보다는 철학적 근거에 바탕을 두고 있다는 것을 알 수 있다. 로고스 개념은 화이트헤드가 주창한 신, 즉 "원초적 본성(primordial nature)"의 우주론적 기능에 대한 다른 명칭일 뿐이다. 화이트헤드는 원초적 본성이 모든 사건에 가능성, 즉 "최초의 지향"(initial aim)을 부

여한다고 진술했다.(『다원주의 시대의 그리스도』, 225; 229와 76-77을 비교)
이런 식으로 창조적 변혁 개념이 성립되며, 새로운 것이 진입하고,
미래가 주어진다.(『다원주의 시대의 그리스도』, 70-71) 과거의 가능성도 그와
같이 파괴되지 않고 변혁되는 식으로 실현되는 것이다.(『다원주의 시대의 그리스
도』, 69) 캅은 그러한 신의 특성을 로고스라고 불렀으며, 그저 철학적
관점에서 예수의 존재의 완성이라는 것으로 신학적인 정당성을 마
련하고자 전통적인 기독교 용어를 사용했다. 그렇다면 예수라는 인
물을 오로지 화이트헤드 형이상학적 원리를 위한 도구로만 로고스
개념을 해석한다고 볼 수 있는가?

우리는 적어도 캅이 화이트헤드 철학과 기독교 신앙 사이의 내적
이며 중요한 관계를 사실의 차원으로 고려한다는 점을 염두에 두어
야 한다.(『다원주의 시대의 그리스도』, 229) 캅은 이 중요한 관계를 무엇
보다 신적 사랑 개념 안에서 발견한다.(『다원주의 시대의 그리스도』, 229,
248) 물론 화이트헤드는 『과정과 실재』에서 캅보다 일찍이 세계를 향
한 신적인 사랑을 언급했다.[5] 화이트헤드는 신이 유한한 과정을 통
해 독립적으로 실현되는 가치를 보존하는 것을 신의 사랑과 관련지
었다. 반면에 캅은 피조물의 자기 현실화를 위한 미래적 가능성("최
초 지향")의 신적 현존을 신의 사랑이라고 보았다. 캅은 이에 관해 화
이트헤드의 주요 저작보다는 신 개념에 관한 잘 알려지지 않은 화이

---

5) Alfred North Whitehead, *Process and Reality: An Essay in Cosmology,* corrected
edition, edited by David Ray Griffin and Donald W. Sherburne (New York: Free Press,
1978), 350; *Process and Reality: An Essay in Cosmology* (New York: Macmillan, 1929),
532.

트헤드의 저서를 언급한다. 『관념의 모험』에서 화이트헤드는 신의 원초적 본성을 "인간을 모험으로 이끌어가는 사랑"으로 진술했다.[6] 화이트헤드도 분명 신적 사랑을 언급했다. 비록 그것이 창조세계에 대한 신의 관계가 아니라 신의 무한성이 세계 과정에서 현실화되는 에로스적인 충동에 따른 것이긴 하지만 말이다.[7] 이는 성서에 나오는 용서하는 신의 사랑 개념과 같은 것이 아니다. 성서에서 제시되는 신의 사랑은 세계에 창조성을 부여한다. 그러나 화이트헤드는 창조 개념을 분명히 거부했다.[8] 화이트헤드가 말하는 신적 사랑은 한편으로는 신 자신의 중요한 실현에 속하는 것이며, 다른 한편으로는 유한한 과정으로 발생하는 가치를 보존하는데 초점이 맞춰져 있다.

미래에 관해서도 그러하다. 이 미래 개념은 캅에게 있어서는 "창조적 변혁"(『다원주의 시대의 그리스도』, 70-71)이라는 말로 표현된다. 기독론은 『신과 세계』(1969)에서 자세하게 논의되는데, 주로 미래에 완수될 피조물의 가능성을 향한 신적인 "이끌어 감"에 관한 것이다 (『신과 세계』, 42ff.). 신은 "아직 정해지지 않은 미래로 우리를 불러들이는(『신과 세계』, 55)" 존재(『신과 세계』, 63)이다. 캅은 이를 신적 사랑 개념과 관련지었다. 신은 "세계가 달성한 것을 넘어서 세계를 부르신다. 생명, 새로움, 의식, 자유를 긍정하고 반복하면서 말이다"

---

6) John B. Cobb, *God and the World* (Philadelphia: Westminster Press, 1969), 84. 보다 자세한 논의는 God and the World에서 이뤄진다. Alfred North Whitehead, *Adventures of Ideas* (New York: Macmillan Free Press, 1933), chaps. 19 and 20을 비교하라.

7) Whitehead, *Adventures of Ideas*, 226.

8) Whitehead, *Process and Reality*, 346 (526): "신은 세계를 창조한 것이 아니라, 세계를 구해낸다."

(『신과 세계』, 65). 이러한 사유는 분명히 인상적이며, 성서의 신과 상당히 유사하다. 그러나 화이트헤드에 대한 칩의 관점은 적절한가(『신과 세계』, 66)? 나는 그렇게 생각하지 않는다. 내가 보기에, 화이트헤드는 미래에 존재론적 입장을 부여하지 않았으며, 신에 대해서도 그러했다. 그는 심지어 사랑은 미래와 무관한 것이라 말하기도 했다.[9] 사랑과 희망의 상보적 관계는 화이트헤드에게 있어서 명확하게 드러나지 않는다. 『관념의 모험』에서 그가 모든 사건의 창조적 통합을 "예기"로 서술했고, 그러한 통합에 토대를 둔 미래를 통한 현재의 새로운 변화를 의식하고 있다 하더라도,[10] 현재적인 것을 위한 미래의 구성적 의미를 화이트헤드는 주장하지 않았다. 물론 우리는 이러한 점을 충분히 고려하지 않을 수도 있다. 그러나 화이트헤드가 현재적인 것을 미래적인 것보다 중요하게 여긴다는 사실을 분명히 언급하진 않았다. 만일 분명하게 밝혔다면, 현재 혹은 과거에 발생한 현실적 존재 개념부터 수정하는 것이 마땅했을 것이고 결국 자신이 마련해 놓은 전체 체계 역시 불가피하게 수정할 수밖에 없었을 것이다. 하지만 화이트헤드는 현재를 위한 미래의 구성적 의미를 면밀히 연구하지 않았기 때문에, 현실적이지 않고(실제적 존재) 무시간적이면서 추상적인 가능성(영원한 객체)으로 보이는 이론을 전개할 수밖에 없었다. 무시간적인 영원한 객체가 현재와 과거 사건에 대한

---

9) Whitehead, *Process and Reality*, 343 (521): "그것은 미래에 관심을 두지 않는다." 다른 관점을 보기 위해서 Cobb, *Christ in a Pluralistic Age*, 85ff.를 보라.
10) Whitehead, *Adventures of Ideas*, 268; 194-195를 비교하라. 화이트헤드는 미래를 예기하는 사건의 특성을 현재를 위한 미래의 구성적 의미에 대한 표현으로 보지 않았고, 현재적 사건이 이어질 미래에 부과하는 것으로 이해했다.

미래의 구성적 의미를 대체한다.

칸은 화이트헤드의 영향 속에서 어떻게 세계를 미래로 부르시는 신에 대한 관점을 정립하고, 세계가 신을 향한다고 주장했는가? 칸은 샤르뎅(Pierre Teilhard de Chardin)의 소위 희망의 신학의 관점에 따라 화이트헤드의 연구를 수용했다.[11] 그는 화이트헤드가 암시적으로 다룬 문제를 보다 명시적으로 드러냈다. 그러나 그는 그러한 설명이 화이트헤드 형이상학을 개정한 것과 다름없다는 사실을 무시했다. 물론 우리는 화이트헤드에게서 여러 점을 배울 수 있다. 그러나 그와 동시에 과정신학에서 여전히 위험한 화이트헤드식 스콜라주의를 극복할 수도 있다.

여기서 화이트헤드 철학의 형태에 대한 수정에 대해 더 논할 것은 아니다.[12] 칸이 화이트헤드의 영향을 받아 신학적으로 발전시킴과 동시에 그를 넘어섰다는 것을 지적하는 것으로도 충분할 것이다. 또한 칸은 어느 정도 화이트헤드의 진술을 협소하게 활용했다는 것도 지적해야 겠다.

그 첫 번째 문제는 서두에서도 밝힌 바, 예수의 역사적 특성에 토대를 두지 않은 "창조적 변혁"으로서의 로고스 개념에 관한 것이다. 칸은 "창조적 변혁"의 비전을 세계 내 새로운 우연성의 근원으로도

---

11) Cobb, God and the World, 3ff.와 비교하라. 칸 자신은 이렇게 말한다. "예수 그리스도와 관련하여 미래에 대한 강렬한 관심이 현대 신학에 팽배하다. 그러나 본회퍼(Bonhoeffer)와 화이트헤드만은 그렇지 않다. 또한 판넨베르크에게서도 사랑으로 조용하고 천천히 일하시는 신이나 고통 속에서 인간을 도우시는 신은 쉽게 찾아볼 수 없다."

12) 내가 적은 "Future and Unity", *Hope and the Future of Man*, ed. Ewert H. Cousins (Philadelphia: Fortress Press, 1972), 64, 72-73을 참고하라.

보았고, 또한 세계를 향한 신의 사랑의 표현으로도 보았다. 이는 샤르뎅이 개별성의 분리를 극복하고자 창조적 연합을 주창한 것과 비슷하다.13) 창조적 변혁(혹은 창조적 형식화)은 세계와 하나님의 관계의 역사성에 관한 성서적 이해와 전체 신적인 역사와 관련하여 결정되는 예수의 역사의 계시적 기능으로부터 전개될 수 있다. 그러나 화이트헤드 철학은 "창조적 변혁"에 관한 또 다른 개념을 제안하는데, 이는 화이트헤드가 말한 최초의 지향, 즉 신이 각 사건에 자기 구성을 분여해주는 것으로 표현된다. 이러한 최초의 지향은 미래적이라기보다는 이상적 가능성, 즉 "영원한 객체"이다. 그것은 무엇보다 실재 자신의 창조성을 통해서 자기를 구성하는 식으로 전개되는 잔존하는 실재의 변형이다(!). 다시 말해서 자기 구성의 과정으로 최초 지향을 포괄함으로써 주체적 지향(subjective aim)이 되는 것이다. 이러한 개념은 예수의 역사성에 근거를 두고 있지 않다. 그저 긍정적 유비(positive analogy)의 관점에 따라 적용한 것일 뿐이다.

이러한 적용을 통해서 캅의 기독론은 의미있는 이점을 획득한다. 화이트헤드 철학은 우리 세대가 만들어낸 자연 세계에 관한 철학적

---

13) 나는 "창조적 변혁"이라는 표현을 더 선호한다. 변혁은 역동성의 일부분을 가리킨다. 또한 변혁보다 선재하는 형상은 로고스의 작용에 의한 것으로, 형상과 변혁 사이의 관계를 결정하는 것은 중요하다. 캅은 그 부분에 있어서 기여했다. 그는 사건의 계속적인 전개에 있어서 과거 기여의 실현을 위한 조건으로서 새로운 사건의 창발을 알고 있었다(*Christ in a Pluralistic Age*, 70). 물론 모든 새로운 출현이 긍정적 작용을 하는 것은 아니다. "창조적 변혁"이나 "창조적 형식화" 개념은 로고스 개념과 정확하게 일치하는 것은 아니다. 왜냐하면 그것은 신의 창조적 행위를 통틀어 의미하는 것, 즉 성부, 성자, 성령 삼위의 활동을 말하는 것이기 때문이다. 따라서 창조적 변혁은 로고스 개념보다 더 포괄적이며, 로고스 개념은 거꾸로 창조적 형식화나 창조적 변혁의 일부로 규정할 수 있다(아래 각주 18번을 참고하라).

해석 중 하나이다. 물론 어떤 이들은 신학의 역사에서 자주 발견하는 것처럼 어떤 사조의 일방성을 무시하고 교조적으로 받아들인다. 캅은 "다양한 종교적 경험들 내에서 표현된 경험의 긍정적인 면을 찾고자 했지, 그것들을 부정하려고 하지" 않았다.(『다원주의 시대의 그리스도』, 117) 문제는 화이트헤드 철학에 대한 그의 접근이 항상 반대를 초래했다는 점이다. 물론 캅은 예수를 로고스 개념을 통해서 화이트헤드 철학과 연결함으로써, 역사적 예수의 보편적인 우주적 의미를 인상적으로 진술했다. 이는 모든 기독론의 목표이기도 하다. 그러나 화이트헤드 자연 철학을 역사적 예수에 관해 심사숙고하지 않고 대거 수용함으로써 캅은 이러한 목표를 너무 쉽게 이루고자 했다. 캅이 달성한 로고스 기독론의 우주적 전망의 순박성은 한편으로는 지나치게 고평가되었다. 또 다른 한편으로는 역사적 예수에 관한 측면이 제거되었다는 사실, 특히 임박한 미래에 하나님 나라가 가까이 왔다고 선포한 예수의 실재를 제거했다는 사실이 충분히 고려되지 않았다. 실제로 캅은 화이트헤드의 사상에서 이 점을 발견했다. 그의 철학이 예수의 임박한 기대에 속박되어 있는 세계의 종말 문제로부터 신학을 해방시켜 준 면이 있기 때문이다. 실제로 임박한 기대는 역사의 지속으로 인해 거짓된 것으로 판명되었다.(『다원주의 시대의 그리스도』, 225, 250) 그러나 단지 세계와 역사의 종말 관념을 믿는 현대 기독교인들만이 세계에 대한 비기독교인의 이해와 긴장을 유지하는 것은 아니다. 그와 달리, 그리스 철학의 고전적 체계와 관련하여 기독교 사상, 그리고 실재주의적 종말론에 대한 수용과 반복되지 않고 종말을 향해 나아가는 역사적 과정에 대한 개념은 기독교 사유가 고전시대의 철학적 유산을 "창조적 변혁"으로 성취하는데 기여했다.

화이트헤드의 철학적 기획을 따라 역사적 예수를 이해하는 캅의 가장 중요한 한계는 하나님 나라가 현재를 결정하는 신적인 미래의 역장으로서 도래하는 역동 안에 현존한다는 사실을 부정한다는 점이다.[14] 캅 자신은 이 역동이 2000년이 지난 지금 붕괴되었다고 본다. "우리는 모호성이 지배하는 세계 속에 새로운 질서와 새로운 날이 올 거라고 기대할 수 없다."(『다원주의 시대의 그리스도』, 225와 249ff.를 비교하라) 예수와 초기 기독교의 임박한 기대는 본래적 의미에서 성취되지 않았다는 것은 사실이다. 그러나 그와 관련해서 캅은 죽음의 세계 한복판에서도 신자들에게 이미 지금 구원의 미래가 현존한다는 믿음을 제공하는 예수의 부활을 보증함으로써 초기 기독교가 종말의 연기를 감내할 수 있었다는 점을 깊이 고려하지 않았다. 혹자는 예수의 임박한 기대가 그런 식으로 세계를 변화시키는 역동으로서의 하나님 미래에 관한 예수의 메시지의 근본적인 연속성을 유지하는 역사적 경험에 기초하여 변혁을 가져왔다고 말할 수도 있을 것이다. 캅은 그 의미를 발전시키고 해석하는 것 대신에, 예수의 메시지의 권위적 내용을 화이트헤드의 개념적 표준, 특히 천국의 통

14) 에너지 장 개념에 대한 나의 연구("The Doctrine of Spirit and the Task of a Theology of Nature," Theology 75 [1972]: 15)를 캅이 인용했다(『다원주의 시대의 그리스도』 253). 여기서 에너지 장 개념은 캅이 규정하는 것과 다르다. 캅은 에너지 장을 역사적 예수로부터 전개되는 생산능력 개념으로 본다(『다원주의 시대의 그리스도』 116-117). 그리고 미래에 영향을 주는 것으로 말한다(『다원주의 시대의 그리스도』 118). 그러나 에너지 장은 사건들의 작용이 아니다. 그와 반대로 사건들이야말로 장의 활동이다. 그런 점에서 역사적 예수가 아니라 기독교인의 현재 실존을 결정하는 힘의 장으로서 세계를 위해 부활하신 미래라 할 수 있는 부활하신 그리스도를 생각할 수 있다. 이는 바울이 의도한 것이기도 하다.

치 개념을 수용함으로써 형식화하고자 한다. 화이트헤드의 천국의 통치 개념이 신약성서의 영향을 많이 받았다는 캅의 견해에 동의할 수 있을지라도, 나는 그것이 신약성서에 "상응한다"(homologuous·『다원주의 시대의 그리스도』, 227)고 본 캅의 견해를 받아들일 수 없다. 캅 자신 또한 정반대의 내용을 발견했다. "신약성서에서 천국의 통치는 우리가 무엇을 하든지 도래한다. 화이트헤드에게 그것은 우리의 행동이 무엇이든 행동들을 보존하고 구원하는 것을 의미한다."(『다원주의 시대의 그리스도』, 227) 신약성서에서 미래적인 하나님 나라는 오시는 하나님의 왕권과 같다. 그 통치로부터 현재의 어떤 것도 예외일 수 없다. 하나님 나라는 변화하는 일시적 사건의 결과가 파멸에 이르지 않는다는 것을 보증해주는 것 이상의 의미가 있다. 캅은 두 개념 모두 인간의 결정이 중요하다는 점을 함의하고 있다는 것을 보여줌으로써 둘 사이의 대조를 해소해보고자 한다.(『다원주의 시대의 그리스도』, 227)[15] 그러나 중요한 점은 세계에 관한 여러 관점이 있다는 점이며, 따라서 핵심은 결정을 내리는 인간의 상황을 어떻게 이해하느냐에 관한 것이다. 신약성서에서는 미래를 주관하는 이스라엘의 하나님 왕권이 진술되고 있다. 오직 이 왕을 통해서만 인간은 구원을 희망할 수 있다. 그러나 화이트헤드의 신은 일방 혹은 다른 식

---

15) "두 가지 경우 모두, 우선적으로 기대하는 바는 보다 일반적인 고려사항으로부터 출현하는 행위들을 좋고 중요한 것으로 여긴다는 것이다"(『다원주의 시대의 그리스도』, 227). 예수는 기본적으로 창조된 의식으로부터 주장한 것이 아니라 정반대였다. 오직 하나님의 종말론적 미래의 빛에서 일상적 실재의 의미, 창조의 의미는 분명해졌다. 그러나 보다 포괄적인 관점에서 충분히 드러나는 그의 메시지는 오로지 기독교 전통의 맥락 안에서만 엄청난 타당성을 가질 수 있었다. 니체와 막스주의자는 이 중요한 한계를 이미 알고 있었다.

으로 인간의 경험과 행위를 보전한다. 여기에 하나님의 도래나 그의 미래에 대한 관심은 없다.

단지 화이트헤드 철학과 일치하는 점이 있다면 예수가 하나님의 주권적인 미래를 향해 있다는 점이다. 캅은 이 점을 자신의 해석에 주요한 점으로 활용한다. 다시 말해, 화이트헤드에 따르면 현실화를 위한 이상적 가능성을 담지한 암시적인 미래성이 모든 사건들에 현재한다는 것이다. 예수의 인격은 그런 점에서 일반적 현상에 대해 예외적인 것으로 진술된다. 대개 모든 사건은 담보하고 있는 이상적 가능성(최초 지향)을 자기 현실화의 객체(주체적 지향)로 만들어간다. 캅은 예수가 하나님으로부터 주어진 최초의 지향인 로고스를 왜곡하지 않고 주체적 지향으로 만들어갔다는 점을 예수의 독특성으로 본다.(『다원주의 시대의 그리스도』, 140ff.) "예수는 인간적 지향과 로고스의 자기 실현의 가능성 사이에서 갈등하지 않았다"(『다원주의 시대의 그리스도』, 139-140)는 것이다. 이런 맥락에서 예수의 "나"는 자신 안에 있는 로고스의 현존을 통해서 구성되거나 협력적으로 구성된다고 할 수도 있다.[16] 이는 또한 예수 안에 하나님과 충돌하는 "나"가 없다는 것, 즉 갈등이 없었다는 것을 가리킨다고 캅은 진술한다.(『다원주의 시대의 그리스도』, 140-142)

캅은 자신의 기독론("예수로서 그리스도") 두 번째 장에서 그 핵심을 제시한다. 그는 5장에서 예수의 말들을 언급하고, 6장에서 그 말씀

---

16) 협력적으로 구성된다는 것은, 캅에 의하면, 예수의 경우에도, 최초 지향 접근에는 인간의 자기 실현적 행위가 남아있다는 것을 가리킨다. 예수는 자유롭게 자신의 자아가 하나님을 통해 구성하도록 허용했다(『다원주의 시대의 그리스도』, 173).

의 효과를 진술한다.(6장) 그리고 예수 인격의 개별성이 말씀의 권위를 세운다는 내용도 언급한다.(『다원주의 시대의 그리스도』, 131ff.) 하지만 논의 과정 속에서 하나님 나라에 관한 예수의 메시지는 하나님에 대한 예수의 개인적 관계에 관한 문제로 국한되고 있다. 다시 말해, 인간을 위한 하나님 나라의 미래는 예수 인격을 위한 개별적인 자기 실현이라는 하나님께 주어진 이상적인 미래성으로 축약된다. 물론 캅은 예수의 자의식을 구성하는 존재의 이상에 관한 것도 언급한다. 밀란 마초베(Milan Machoveč)와 더불어 캅은 예수가 하나님 나라를 선포했을 뿐 아니라 "자신의 존재 안에 살아있는 미래를 현실화"했다고 진술한다.(『다원주의 시대의 그리스도』, 138) 그러나 그는 이 점을 보다 심화하지 않는다. 단지 형식적인 선에서만 언급할 뿐이며, 화이트헤드가 말한 주체적 지향 개념으로 나아간다. "예수는 자신을 향한 하나님의 목적으로 완전하게 연합했다."(『다원주의 시대의 그리스도』, 141) 하나님 나라와 예수의 연합은 로고스와의 연합으로서 특징화된다. "예수의 자아가 로고스로 구성되었기 때문이다."(『다원주의 시대의 그리스도』, 139) 그러나 마초베와 관련하여 진술된 예수의 선포와 예수의 관계에 관한 보다 정확한 분석은 첫째로, 예수의 자아를 구성한 하나님 나라 선포 사역은 예수 개인의 실존과 구별된 내용을 가진다는 점을 보여줘야 한다. 다시 말해서 전 세계와 관련된 하나님 나라를 나타내야 한다. 그리고 둘째로, 하나님 나라가 단지 로고스뿐 아니라 성부의 주권과도 관련된다는 것을 보여줘야 한다. 예수는 성부와 자신을 결코 동일시 하지 않았다. 하나님과 예수의 관계를 "'당신'(Thou)과 '나' 사이에 전혀 다름이 없다"(『다원주의 시대의 그리스도』, 140)고 보는 것은 잘못된 것이다. 예수는 자신이 성부와 다르다는 점을 분명히 나타냈다. "아버지 한 분 외에는 누구도 선하지 않다."(막 10:17-18) 복음서의 기독론에 있어서 중요하게 다뤄지는 점은, 예수는 자신을 향한 적대자들의 고소의 상황 속에서만 하나님과 자신을 동일시했다는 것이다. 오고있는 하나님의 통치로부터 자신을 구별한 것이 곧 예수와 하나님의 연합을 위한 요건이었다. 예수는 "아들로서" 아버지에게 복종했고, 오로지 그럴 때 연합을 이룰 수 있었던 것이다.[17]

애석하게도 캅은 기독론에 있어서 근본적일 수 있는 이 주제에 관해서는 언급하지 않았다. 그는 하나님과 예수의 관계가 우선적으로는 아버지와 아들의 관계이며, 그와 같이 구별된다는 점을 중요하게 다루지 않았다. 이러한 방식으로 예수는 인간성의 축소 없이 "아들"로서 하나님과 연합을 이룰 수 있었다. 캅이 로고스의 즉시적 관계성으로 하나님과 예수의 관계를 진술하면서, 예수의 역사성을 상실했고, 5세기 단성론과 네스토리우스주의의 딜레마 이래로 초기 교회의 로고스 기독론이 수반한 딜레마를 피할 수 없었다. 캅이 과정철학을 통해서 기독론 전통 전체를 관통하고 있는 딜레마를 극복하고자 한 것은 자기 기만적이었다. 이 딜레마는 캅 스스로 언급한 것처럼 단순히 "실재론자"의 사유에서 필연적인 것만은 아니다.(『다원주의 시대의 그리스도』, 167) 이 딜레마는 예수와 하나님의 연합을 아버지와 예수의 관계가 아니라 로고스와 예수의 관계로서 곧장 연결하

---

17) 이 점에 대해서는 Pannenberg, *Jesus-God and Man*, 334ff.을 보라.

고자 한 것에서 비롯되었다. 이처럼 캅은 네스토리우스의 기독론 모델을 차용했다. 로고스는 예수의 자아에 대해서 단지 "공동-구성적이라는"(co-constitutive, 『다원주의 시대의 그리스도』, 141) 점을 고려하는 것은 중요하다. 왜냐하면 예수는 "자유롭게 자신 안에 현존하는 하나님과 함께 자신의 자아를 구성하는 것을 선택"하기 때문이다.(『다원주의 시대의 그리스도』, 173) 그러한 자유로운 선택의 주체는 무엇일까? 인간 예수가 로고스와 연합해 있기 때문인가? 만일 그러하다면, 로고스와 예수의 연합은 선택을 통해서 이뤄진 것이라 할 수 없다. 만일 그와 달리 인간 예수가 로고스와 아직 연합되어 있지 않다고 했을 때는 어떠한가? 자유로운 선택의 주체는 누구인가? 인간 예수가 처음부터 로고스와 결합되어 있었던 것은 아니다. 이 딜레마는 예수의 아들 됨을 아버지와의 관계 속에 있는 예수의 전 인격적 자질로 이해할 때 극복된다.

또한 예수의 아버지로부터의 자기 구분은 삼위일체 교리의 기독론에 있어서도 중요하다. 캅은 보다 설명이 필요한 이 점을 주목하지 않았다. 물론 그는 로고스 개념을 도입함으로써 삼위일체 교리와 조화를 이루고자 했다.(『다원주의 시대의 그리스도』, 13) 예수가 로고스와 함께 하듯이, 성령은 하나님 나라의 미래와 함께 한다. 성령은 그리스도가 로고스의 현존이라는 점에서 다가오는 하나님 나라의 현존이다.(『다원주의 시대의 그리스도』, 261-262) 이러한 관점은 호소력이 있지만, 캅도 밝혔듯이 그 자체가 성령론을 완벽하게 제시하는 것은 아니다.(『다원주의 시대의 그리스도』, 263) 로고스와 성령을 구분하는 것은 화이트헤드가 신의 잠정적 본성과 결과적 본성을 구분한 것으로부터 제안된 것이다. 그러나 아버지로부터 아들을 구분하거나 세 위격 사이의 성서적인 관계를 제시하는 것은 화이트헤드의 신론으로는 가능하지 않다. 캅이 이에 대해 깊이 논의하지 않은 것은 어쩌면 당연하다. 화이트헤드 형이상학으로 기독교적 삼위일체 교리를 충분히 전개하기란 어려웠을 것이다. 그 중에서도 심각한 것은 예수의 출현과 같은 역사적 사실과 상응하는 아버지와 아들의 연합과 구분에 관한 연구가 미진하다는 점이다. 이는 앞에서도 언급했지만, 로고스와 연합한 예수의 실존구조, 즉 "당신"에 대한 "나"로서 하나님 앞에서 인격적으로 구분되지 않는 실존구조에 대한 사유 때문이다.(『다원주의 시대의 그리스도』, 140) 그리고 유사한 점이 삼위일체 교리의 발전에 관한 캅의 비판적 논평에서도 드러난다. 성부만이 위격으로 인정되고, 성자와 성령은 성부의 활동의 두 가지 형태라는 것이다.(『다원주의 시대의 그리스도』, 260) 그러한 군주론적 신관은 화이트헤드의 신관의 영향을 받은 것이다. 기독교적 삼위일체 신관은 화이트헤드의 신관으로는 설명되지 않는다. 하나님에 대한 삼위일체적 이해의 시작뿐 아니라 예수 자신의 신적 아들 됨 역시 아버지로부터 예수의 자기 구분에 기초해 있다.[18]

로고스의 육화로서 예수를 특별한 인물로 해석하는 것은 화이트헤드의 최초 지향 개념에 따른 것이다. 또한 그러한 캅의 해석은 예수의 인격을 그의 메시지에 표현된 것으로 국한하여 예수의 역사와

---

18) 아버지와 로고스를 구분하면서 "창조적 변혁" 개념을 다르게 이해할 수도 있다. 가령, 창조 행위 속에서 아들과 아버지가 협력한 것으로 말이다. 창조 시 아들과 로고스와 관련된 피조물 속으로 형상이 임재한 측면은 아닌지 살펴볼 수 이다.

구분한 제한된 기독론을 가져왔다. 메시지를 전하는 예수의 출현과 십자가(그의 부활)에서의 운명 사이의 관계는 캅의 기독론에서 논의 되지 않는다. 비록 『신과 세계』(1969)에서 캅이 화이트헤드에게서 세계의 고통에 신이 참여하는 것을 표현하는 것으로 십자가를 이 해했다고 밝히긴 했더라도 말이다. 기독론 전반에 암시되어있는 이 러한 사유는 하나님 나라가 가까이 왔다고 선언하기 위해서 하나님 이 아들에게 허락한 수난과 세계의 고통에 관해서는 보다 발전적으 로 논의되지 않았다. 그런 점에서 예수의 메시지와 구체적인 권위의 관계에 관해서 보다 정확하게 살펴볼 필요가 있다. 분명히, 캅은 주 석을 통해서 예수의 사랑 메시지가 하나님 나라의 도래에 대한 종 말론적 메시지에 근거하고 있다고 밝힌다.(『다원주의 시대의 그리스도』, 104) 그러나 정작 예수의 권위에 대해서는 특별히 언급하지 않는 다.[19] 아쉽게도 이 문제는 주석적으로 충분히 다뤄지지 않았다. 예 수의 권위에 관한 자의식은 그저 자신 안에 현존하는 신적 임재라 는 오래된 교리적 관점으로만 설명될 뿐이었다. 그러나 이 문제는 중요하다. 왜냐하면 예수의 메시지와 그의 십자가 수난을 연결해주 는 중요한 좌표가 될 수 있기 때문이다. 자신의 권위에 대한 예수의 주장은 그가 그 자신을 하나님으로 만들었다는 것으로 보이는 모호 한 면을 지닌다. 그런데 예수의 출현으로부터 나온 이 모호성을 캅 은 분석하지 않았다. 예수가 자신의 권위를 주장한 것과 깊은 관련 이 있는 전체 역사적 과정이 결국 예수의 실존 구조에 대한 설명으

---

19) Pannenberg, *Jesus-God and Man*, 61, 251-252를 비교하라.

로 대체되고 말았다.

칸이 예수의 권위 문제로 귀속한 예수 능력의 역사는 단지 개인의 구원 주제 안에서만 명시적으로 다루어졌다. 예수 능력의 역사는 바리새인과 대중에게 행한 예수의 비유에 처음 드러나는 칭의에 집중되었고(『다원주의 시대의 그리스도』, 170ff.), 그러한 점이 예수로부터 나오는 능력의 기술에 있어서 부각되었으며(6장, "Life in Christ"), 결국 예수의 권위에 관한 설명 안에서 다루어졌다.(『다원주의 시대의 그리스도』, 143-144) 이러한 점은 예수에 관한 내용을 비유에서 찾으려는 시도처럼 보인다.(『다원주의 시대의 그리스도』, 143) 실제로 칸은 칭의에 관한 주목할만한 관점을 제공한다. 대중과 바리새인들, 그리고 비유와 칭의에 관한 바울의 관점 사이의 비유사성, 칭의 신앙의 현재적 불충분성(『다원주의 시대의 그리스도』, 113-114)에 대한 변증법적 접근을 통해서 그는 이를 나타낸다.(『다원주의 시대의 그리스도』, 111) 그는 칭의 신앙의 불충분함이라는 경험에 대해 "역장"(field of force)에 관한 바울의 사유를 따라서 설명하고자 했다.(『다원주의 시대의 그리스도』, 116ff.) 이 역장 개념은 예수 그리스도로부터 나오는 것으로, 인간 안에 예수의 형상을 만들고 그의 의에 참여하게 하는 것이라고 칸은 진술했다.(『다원주의 시대의 그리스도』, 122-123) 그러나 이러한 설명은 통찰력이 있지만, 예수에 관한 주제를 단지 개인의 자기 이해의 차원에 한정하고, 역사적 예수의 영향으로 세워진 교회로 논의를 확장하지 않은 점은 수용하기 어렵다. 초기 교회 공동체가 예수의 가르침을 따라 예수로부터 나오는 "역장"을 경험했다는 점은 자주 언급되었다.(『다원주의 시대의 그리스도』, 128ff.) 그러나 그러한 역사적 고찰은 중시되지 않는다. 뒤이어 예수가 선포한 하나님 나라가 새로운 인간 공동체의 발흥과 연관하여 다시 언급되었다.(『다원주의 시대의 그리스도』, 222) 하지만 교회의 발흥과 그 역사의 관련성은 재차 주목받지 못했다. 캅은 믿음과 희망이 "예수로부터 나오는 역장을 표현하는"(『다원주의 시대의 그리스도』, 185) 공동체를 필요로 한다는 체계적인 요인을 강조한다. 그러나 그러한 관련을 맺고 있는 교회에 대해서는 더 이상 언급하지 않는다. 그 대신, 솔러리(Paolo Soleri)와 관련하여, 12장에서 캅은 인간이 더불어 살아가는 새로운 도시의 유토피아를 진술한다.

전 세계 역사에 결정적인 영향을 준 역사적 예수로부터 나온 교회를 주목하지 않는 것은 캅이 기독교적 개인주의 현상에 날카로운 비판을 하는 만큼이나 놀랍다. 그는 "완벽하게 개방되어 있는 공동체"를 향해 있는 예수의 부름이 "역사상 가장 강력하고 고립되어 있는 개인들"보다 사실상(de facto) 영향력이 컸다고 본다.(『다원주의 시대의 그리스도』, 110) 캅은 나를 우리로 전환함으로써 소외에 빠진 개인화(『다원주의 시대의 그리스도』, 184-185)를 (『다원주의 시대의 그리스도』, 215; 220와 비교)를 극복해야 한다고 진술한다.(『다원주의 시대의 그리스도』, 42)[20] 그러나 캅은 칭의 신앙에 기초한 개인의 종교적 독립성은

---

20) 자아를 벗어나려는 불교의 가르침에 대한 기독교적 평가를 내리면서(『다원주의 시대의 그리스도』, 205ff.) 캅은 개별성의 상실에 대해 반론을 제기하며 공동체와 관련하여(『다원주의 시대의 그리스도』, 213-214) 개별성의 확대(『다원주의 시대의 그리스도』, 219-220)를 주장하기도 했다. 그는 개인을 중시하는 기독교적 표현을 보존하고자 했다(『다원주의 시대의 그리스도』, 215). 그러나 문제는 개별성에 대한 개인의 책임에 대한 관심 뿐 아니라, 영원한 하나님 사랑 안에서 잃어버린 개인에게 수여된 하나님의 사랑에 관한 책임에 관한 것이기도 했다. 따라서 기독교에서 개인은 사회 조직보다 하위의 영역으로 여겨질 수 없다.

단지 개신교적 경건의 표현이며 개신교주의의 결과일 뿐이라는 사실을 자세히 살피지 않았다. 바리새인과 대중에게 전해진 비유에 근거를 두고 있는 자기 칭의를 극복하기 위한 계속된 노력으로서의 "기독교적 실존 구조"를 보여준다는 것이 기독교적 경건을 진술하는 것과 같은 것은 아니다. 도리어 그러한 접근은 개신교 경건주의자들에게만 특징적인 것일 수 있다. 그런데 이 개신교 경건주의자들이야말로 칼이 비판했던 개인주의적인 집단 유형이기도 하다. 그렇다면 무슨 이유로 칼은 개신교 경건주의를 기독교적 실존 구조로 이해하려 했는가? 심지어 그가 제시한 것이야말로 자신이 비판한 개인주의와 관련되어 있는 것은 아닌가? 그는 객관적인 역사현상학적 기독교의 발전보다는 자신이 속한 경건의 전통 안에서 실존 구조를 이해한 것은 아닐까? 개신교 경건에 있어서 문제가 되는 개인의 고립을 칼은 비판한 바 있다. 그러나 그것이 곧 대안으로서 불교에서 말하는 자아의 사라짐을 주장하는 것은 아니다. 그 비판은 지속적인 가톨릭 전통 위에 서 있는 기독교와 공동체적 삶에 근거하고 있다. 그러한 사유가 불교가 아닌 칼에게서 나왔다는 점은 흥미롭다. 칼은 종교개혁 때 교회의 연합이 부족했다는 점을 보다 명확히 보여줘야 했었다. 교회 연합은 개혁자들이 강조한 개인주의적 경건의 전제조건이기도 했다. 칼은 모든 기독교적 공동체의 새로운 형태를 위한 자신의 합당한 갈망을 보다 구체화했어야 했다. 그러나 그는 솔러리가 고안한 이상향적 도시 속에서 새로운 공동체에 대한 희망을 발견했다. 하지만 새로운 공동체는 우선적으로 인간 내면의 갱신이 있어야 가능하지 않을까? 특히 새로운 공동체가 비인격적으로 나아갈 때는 더욱 그러하지 않을까? 기독교 전통을 보면, 하나님 나라가 현재적으로 교회에 임하는 것은 성령 때문이 아닌가?(『다원주의 시대의 그리스도』, 261-262) 칸의 개인화된 개신교 경건주의에 대한 합당한 비판은 교회의 계속된 분리와 관련하여 참회를 가져오지 않았는가? 개인화된 경건주의에 대한 비판은 오늘날 신학과 교회의 참여가 단순히 수사를 넘어 사회까지도 변화할 수 있을만큼 근본적인 변화를 만들어내는 유일한 영역일 수 있다. 칸이 교회를 기독교적 희망의 대상이라고 명시하지 않은 이유는 교회가 기독교적 특성을 나타낼 정도로 로고스의 육화로서 그리스도와의 우주적 관련성에 상응하는 보편적 기준을 갖추지는 못했다고 보았기 때문일 것이다. 이러한 보편적 기준을 칸은 항상 자신의 저서에서 적용하고자 한다. 12장의 제목에 들어있는 "그리스도"라는 말도 그러한 경향을 보여준다. 더 이상 예술적 재현의 대상이 아닌 곳에서도, 예수 그리스도는 예술적 결과물을 결정짓는 "창조적 변혁"의 원리로서 작용한다.[21] 그리고 기독교 신학이 기독교 전통과 종교를 상대화하는 곳에서도 예수 그리스도는 기독교 영성에 진실한 것으로 유지된다. 문화적 전통이 끊어지는 것과 달리 문화적 다원주의는 기독교의 보편 타당성을 드러낼 수도 있다. 다시 말해, 인간이 처한 다원적 상황에 참여함

---

21) 이 과정에서 완전한 육화를 알 수 있는가 하는 것(『다원주의 시대의 그리스도』, 62)은 여전히 확신할 수 없다. 말로(Malraux)와 관련하여 기독교적 예술의 역사는 예수가 감춰지고 로고스(혹은 부활한 그리스도)로 가는 것을 드러낸다. 반면에 육화 개념은 로고스가 역사적 예수에게 들어가는 것을 특징화한다. 그리고 제목 "그리스도"에서 나타나는 일반성은 로고스의 일상적 임재를 가리키는 것이기도 하다(『다원주의 시대의 그리스도』, 63, 87을 비교해보라). 그러나 그러한 일반성은 어디까지나 "그리스도" 개념에 포함된 메시아적 의미를 포함하고 있어야 한다. 칸은 이러한 차별성에 대해 보다 진지하게 고찰했어야 했다.

으로써 그 보편 타당성을 기독교는 확증할 수 있다는 것이다. 필자는 칸의 견해에 동의한다. 그리고 또한 로고스 기독론에 관한 그의 설명은 긍정적인 기여를 한다고 본다. 실제로 기독교에서 로고스 개념의 본래적 기능은 예수 그리스도와 관련한 보편 타당성을 확보하고 고백의 진리를 분명하게 하기 위함이었다. 그와 마찬가지로 칸은 비평적 논의에 대해 "특별한 약속"(special pledge,『다원주의 시대의 그리스도』, 26-27)을 통해서 독립적인 확실성을 확보하고자(『다원주의 시대의 그리스도』, 238-239) 하는 시도에 반대한다. 심지어 기독교적 종말론도 칸은 보편주의를 지양하는 요소로 간주한다. 그러나 나는 이에 동의할 수 없다. 교회 없는 기독교는 단지 개인주의적 교착에 빠지거나 보수 혹은 급진적 종교로서 정체성을 가질 뿐이기 때문이다. 그러므로 교회는 다원주의적 요소를 수용해야 한다. 기독교적 고백의 전통과 현재 에큐메니칼 작업과 현 세대의 기독교의 기회들이 그에 해당한다. 하나님의 진리의 종말론적 미래와 비교하여 현재의 잠정성을 고려하는 에큐메니칼 교회는 다원성의 요소를 수용해왔다. 바로 이러한 점으로 인해서 여타 다른 기독교 교파와 인간의 문화와 관계를 맺을 수 있었다. 그 중에서도 불교와 그 정체성에 있어서 침해 없이 관계를 맺을 수 있었다. 오직 이러한 태도를 견지할 때, 교회는 "인류 연합의 상징과 도구"로 기능할 수 있다. 제2 바티칸 공의회와 웁살라에서의 세계교회협의회(1968)에서 천명했듯이 말이다.

새로운 교리를 갖춘 교회가 된다는 것은 그리스도를 전하기 위한 세계 내적인 희망의 중심적 객체가 된다는 것을 가리킨다. 칸은 희망이라는 주제를 3장과 기독론의 결론 부분에서 기술했다. 이 주제와 관련해서 기독론적으로 난해한 점은 그리스도의 재림과 재림할 주의 현재적 의미와 하나님의 은폐 안에서 메시아로 높여진 주의 의미에 관한 것이다. 하나님의 미래 안에서 오시는 그리스도의 현재적 일하심의 자리는 일차적으로는 교회이다.

그러므로 기독교적 희망은 그리스도의 영이 교회를 새롭게 하고, 교회와 연합한다는 점을 암시한다. 이는 캅이 하나님 나라와 죽은 자의 부활에서 초월적인 것으로 제시한 희망과 직접적으로 관련있다. 캅이 죽은 자의 부활과 하나님 나라에 대한 희망뿐 아니라 기독교적 희망의 내재적이고 초월적 형태를 서로 경쟁적인 것으로 여긴 점은 놀랍다.(『다원주의 시대의 그리스도』, 243-244) 교회의 연합과 구원을 가져오는 그리스도의 희망에 대해 캅은 다루지 않았지만, 그것은 죽은 자의 부활과 하나님 나라에 대한 희망과 밀접한 관련이 있다.

또한 그 두 가지 희망은 서로 충돌하지도 않는다. 부활과 하나님 나라에 대한 희망의 내적 관련성 안에서, 사회와 개인의 운명의 상호의존성이 확보된다.[22] 이 두 가지 측면의 연합이 정치적 논리가 아닌 방식으로 실현되기 때문에, 교회는 인간의 메시아적 미래의

---

22) 내가 쓴 "Future and Unity'" in Cousins (ed.), *Hope and the Future of Man*, 69ff.를 참고하라. 캅은 필자의 해석을 일방적으로 소개했다. 그는 하나님 나라의 희망과는 별개의 것으로 부활 희망을 진술했다(*Christ in a Pluralistic Age*, 239ff., 250ff.). 몸의 부활에 대한 나의 주장을 캅은 비판하고 있는데, 몸의 부활은 내가 보기에, 현재에 대한 신이 구성하는 미래의 의미의 문제로 캅이 화이트헤드의 영향을 받아 해석하는 것과 크게 충돌하지 않는다. 모든 실제적 사건이 신의 영원의 측면에 현존한다는 점이 충분히 고려된다면, 부활의 육체성은 창조적인 새로운 방식 안에서 시간적 사건에 대한 신의 기억을 구체화한 것으로 이해할 수 있다.

상징적 재현을 요청받는다. 기독교적 희망에 관한 그러한 내용들은 서로 경쟁적이지 않다. 따라서 화이트헤드가 "천국의 통치"를 특별하게 해석하고 솔러리가 미래적 도시의 유토피아를 주창함으로써 하나님 통치의 원형(prefiguration)인 교회를 대신하고자 한 것은 적절하다고 볼 수 없다.

현대 우주론 : 하나님과 죽은 자의 부활
God and the Resurrection of the Dead

티플러(Frank Tiper)가 제시한 물리 우주론에서의 오메가 포인트 이론은 다음 세 가지 내용을 전제하고 있다.[1] 그 첫 번째는 궁극의 인류원리(*final anthropic principle*)로 대변되기도 하는 인류원리이다. 인류원리에 따르면, 생명체와 지적 생명체는 우주의 성립을 위해 필수적이며, 출현 후에 사라지지 않으며 전체 우주를 다스리고 관장해간다.

두 번째 전제는 약 150억 년 전에 빅뱅으로 시작된 우주 팽창이 아무 제약 없이 계속되진 않을 거란 것이다. 중력의 영향으로 우주

---

1) Frank J. Tipler, *Die Physik der Unsterblichkeit. Moderne Kosmologie, Gott und die Auferstehung der Toten* (Gütersloh: Bertelsmann Verlag, 1994) [Original English edition, *The Physics of Immortality: Modern Cosmology, God, and the Resurrection of the Dead* (New York: Doubleday, 1994)]. 이후로 *Physics*로 표기한다.

는 수축의 국면에 들어갈 것이고 결국 대함몰(big crunch), 즉 우주 물질이 가장 작은 공간으로 수축하는 것으로 끝이 난다는 것이다. 이는 물질의 수축을 통해서 우주에서 발생한 "블랙홀"에도 비유할 수 있다. 우주 팽창은 계속해서 팽창하는 "개방된" 확장도 아니며, 팽창과 중력 사이에서 균형을 이루는 "납작한" 형태로 지속하는 것도 아니다. 우주 팽창은 결국 우주 붕괴로 끝나는 "닫힌 것"이란 것이 두 번째 전제이다. 또한 바로 이러한 점이 역사의 최종적 시점인 오메가 포인트를 설정할 수 있는 근거가 된다고 티플러는 주장한다.

티플러가 전제하는 세 번째 내용은, 우주에서 사용 가능한 에너지는 무한하다는 것이다. 따라서 종말은 "열 죽음"(death of heat), 즉 엔트로피의 최대치가 아니라 정보를 최대한 사용한다는 의미에서 영원한 삶에 가깝다고 할 수 있다. 티플러에게 있어서 생명이란 정보의 저장(*Physics* 163ff.)을 가리키기 때문이다. 오메가 포인트를 향하면서 생명체는 전체 우주 물질을 관통하고 그것을 지배한다. 하지만 오메가 포인트 그 자체는 정보를 최대치로 저장하는 지점이며, 그런 점에서 내재적이면서 초월적인 시공간에 속한다.(*Physics* 199) 이러한 점은 티플러가 언급한 바 다음과 같은 인격의 특징을 우리에게 제공한다: 편재(omnipresence), 전지(omniscience), 전능(omnipotence), 영원(eternity)이 그것이다.(*Physics*, 198ff.)

이러한 오메가 포인트의 특징들은 우주의 최종적 미래에 창조의 영역을 확보해준다. 따라서 우주 역사에 관한 티플러의 설명에 있어서 시간적 관점은 역행적이다.(reversed) 우주의 궁극적 미래로서 하나님은 우주의 창조주로서, 우주 역사 과정 안에서 그 자신과의 교제 속으로 피조물을 이끌어 가신다. 우리 자신 외부에 미래를 두고 있기 때문에 현재로부터 미래로 우리가 나아가는 동안, 그 자신이 절대적 미래인 하나님은 미래보다 앞서서 피조물을 이끌어가고 그들을 향해 오신다.

티플러는 오메가 포인트에 관한 자신의 진술이 성서에서 하나님에 관해 진술된 것에 상응한다고 확신한다. 성서의 하나님은 단순히 약속을 통해서 미래와 관련된 것이 아니다. 하나님 그 자신이 약속의 핵심을 이루는 미래 구원이라는 것이다. "나는 스스로 있는 자이니라"(출 3:14). 하나님은 장차 왕으로 통치하실 분이며, 은폐된 방식으로 창조세계의 주인으로 계시면서, 결국 최종적 미래에 자신의 신성과 통치 안에서 이 세계를 다스리고 있음이 확실하게 드러나게 하신다. 바로 이 하나님 통치의 미래가 예수가 전한 메시지의 핵심이며, 따라서 예수는 "당신의 나라가 임하시오며"(눅 11:2)라고 기도했다.

그러므로 티플러는 편재, 전지, 전능이라는 전통적인 기독교 신론의 근본적인 진술들을 완전한 정보의 자리로서 간주하는 궁극적 미래 개념과 밀접하게 관련지으면서 통합한다. 그럼으로써, 티플러는 인간 정신으로부터 모형화된 영으로서의 하나님 개념을 경계한다. 그는 "인간 정신과 유사한 영은 가장 저급한 정보의 과정을 나타낸 것"(Physics 200)이라고 보기 때문이다. 하나님의 전지는 인간 지식과는 비교가 되지 않을 정도로 무한하며, 하나님의 전능과 매우 밀접한 관련이 있는 것으로 티플러는 간주한다. 시공의 종말인 오메가 포인트는 시공의 모든 시점에 대해 내재적이면서 초월적이다.(Physics 299; 36-37을 비교) 전통적 신학에서 말하는 하나님 전능 개념 역시 그러하다. 하나님의 전능과 영원 개념 역시 내재와 초월의 연합 개념을 포함한다. 티플러는 하나님 영원을 보에티우스(Boethius)와 같이 모든 시간과 동떨어진, 그럼으로써 초월의 일면적인 것일 뿐인 무시간적인 것이 아니라, 현재 속에서는 인간에게 분리되어 있는 만물을 무제한적으로 소유하는 것으로 보았다.(*Physics* 202-203)

오메가 포인트의 하나님은 최대한의 정보를 갖고 계시기 때문에, 하나님의 인격(personhood) 개념은 티플러에게 어떤 어려움도 주지 않는다. 그는 인격을 의사소통 능력과 관련하여 이해하기 때문에 (*Physics* 46-47; 200과 비교하라), "얼굴"이나 "가면"을 가리키는 프로소폰(*prosopon*)이라는 그리스 단어를 사용하며, 하나님 안에 다양한 인격이 있다는 것에 관심을 가진다.(*Physics* 201) 이를 통해 우리는 삼위일체에 관한 기독교적 가르침을 티플러가 어느 정도 수용한다고도 볼 수 있다. 비록 그는 삼위일체에서 아들의 인격과 입장에 대하여 또 다른 견해를 갖고 있다 하더라도 말이다.

물론 삼위일체 교리에 관한 티플러의 생각은 기독론에 관한 그의 입장과 밀접한 관련이 있다. 우리는 이를 다시 살펴볼 것이다. 어쨌든 오메가 포인트에 관한 티플러의 진술과 기독교 신론 사이에는 상당히 일치하는 점이 있다.

이는 티플러가 종종 주장하듯이 신학이 물리학에 흡수되었다는 걸 의미하는가? 오메가 포인트 이론을 고려하여, 나는 물리학과 신학 사이에는 근사성(approximation)이 있다고 말하고 싶다. 오메가 포인트로 가까워지면서 지식이 무한정 늘어날 뿐 아니라 인류 원리와 닫혀 있는 전체로서의 우주 미래를 표방하는 오메가 포인트 이론은 우주의 절대적 미래로서의 하나님에 관한 관념을 불러 일으키기 때문이다. 관점은 오메가 포인트에 따라 바뀔 수 있다. 마지막이 처음이 될 수 있고, 최종 지점이 우주의 창조자일 수 있다. 하지만 이는 물리학보다는 신학적 주제에 가깝다. 티플러 역시 우주의 궁극적 미래로서의 오메가 포인트의 특징으로 죽은 자의 부활을 위한 종말론적 희망뿐 아니라 창조 개념을 도입하는 견해를 발전시켰다 하더라도 말이다.

기독교 신학이 우주를 "창조세계"라고 이해하는 것은, 하나님으로부터 우주를 생각하는 것이지, 우주로부터 하나님을 말하고자 하는 것이 아니다. 여기서 중요한 진술은, 하나님의 관점에서 보면 우주 존재는 "우연적"(contingent)이라는 것이다. 이는 우주의 존재와 본성이 하나님 편에서는 필연적인 것은 아니라는 걸 가리킨다. 우주는 다양할 수도 있고, 또한 단조로울 수도 있다. 그러나 하나님 개념은 하나님이 존재하지 않을 수는 없다는 전제를 가지고 있다. 하나님이 존재한다면, 하나님은 그 자신에게 필연적이지, 우주와 같이 우연적일 수 없다. 우주는 하나님의 자유로운 결정으로부터 비롯되었다. 그래서 우주는 하나님의 창조세계이다. 우주가 하나님과 같이 "필연적으로" 존재한다고 한다면, 우주는 처음부터 하나님과 영원한 상호의존관계를 맺고, 우주 존재는 하나님의 자유와 사랑의 결정으로부터 나온 것이 아니라 하나님 본질의 요건으로 작용할 것이다.

기독교 전통에 따르면, 오직 하나의 우주만이 있지, 휴 에버렛(Hugh Everett)이 1957년에 발표한 다중우주론을 수용할 수는 없다. 즉, 양자 역학에 관한 하나의 해석으로 다중 우주는 있을 수 없다.(*Physics* 214ff.) 나뿐 아니라 여러 물리학자들은 다중 우주 가설이 양자 이론에 따라 주어진 입자를 채우는 다양한 대안적 상태를 적절치 않게 존재론적으로 만드는 것이라 본다. 티플러는 자신의 책에서 자본 개념에 대해 쓴 하이에크(Friedrich von Hayek)를 통해서 다중우주론에 동감할 수 있었다고 밝혔다. 하이에크는 "사회가 소유한 부에 대한 옳은 정의"는 "가능한 방법으로 얻을 수 있는 대안적 수익을 모두 나열한 것"이라고 보았다.(*Physics* 219에서 재인용)

하지만 이는 항상 동일하게 실현되는 것이 아니라 단지 가능태적인(*possible*) 대안적 투자에 관한 것이다. 마찬가지로 양자 장 이론 역시 대안적 가능성과 관련되어 있는 것으로, 이는 동시적으로 모두 실현되는 것이라 할 수는 없다. 여러 대안적 가능성이 곧 실제적인 여러 세계에 근거라고 보기엔 무리가 있다.

기독교적 가르침에서, 우주의 독특성은 하나님의 창조적 사랑에 기원한다. 그 사랑이 여러 가능한 세계 중에서 지금 우리가 아는 이 하나의 우주를 창조한 것이다. 또한 기독교적으로, 하나님의 사랑을 창조의 동기로 보는 관점은 그러한 창조 행위의 종말론적 성취를 상정한다. 왜냐하면 기독교적 희망을 나타내는 죽은 자의 부활은 영원한 하나님이 창조세계가 죽음으로 끝나지 않도록 붙들고 있음을 암시하기 때문이다. 특별히 인간은 하나님과 영원한 사귐의 관계 안에 있도록 지음 받았다. 그러므로 하나님은 인간을 죽음으로부터 살리시고 그의 빛과 영광에 참여할 수 있도록 그들을 변화시킨다.

특별히 티플러는 죽은 자의 부활에 관한 주제에 대해 기독교 교리와 상당히 유사한 입장을 나타낸다. 컴퓨터 모의실험 모델에 따르면, 오메가 포인트에서의 무제한적 정보 저장은 하나님의 전능 개념과 결합하여 지금까지 해왔던 것을 동일하게 반복하고자 한다. 무제한적 정보 저장은 물질적 연속성이나 정체성을 과거의 육체성 (bodiliness)에 관련시키지 않는다. 그러나 기독교 교리는 그와 다르다. 심지어 현재 우리 몸의 물질적 구성요소는 끊임없이 유동(flux) 한다. 중요한 점은 토마스 아퀴나스가 오리게네스를 따라 강조한 것처럼, 영혼 안에서 프로그램화된(programmed) 육체적 실존의 형상 (form)이다.2) 그와 동시에 영원한 하나님과의 교제는 바울이 언급했듯이 지상의 몸의 변화를 가져온다. 죽을 것이 죽지 않을 것을 입는다.(고전 15:53) 영원한 생명에 참여할 때 그와 같은 일이 일어나며, 영원한 하나님의 생명에 참여함을 통한 우리 삶의 변화는 영원한 하나님의 현존 안에서는 존재할 수 없는 만물의 정결함을 위한 심판을 암시한다.

또한 티플러는 하나님의 타자적 사랑에서 죽은 자의 종말론적 부활을 위한 동기를 발견한다.(Physics 303-304) 즉, 그는 기독교 교리에서 보여주는 바와 같이, 죽은 자의 부활에 대한 물리적 필요성에 따른 "강제적인"(compellingly) 행위가 아니라 창조주(creator)로서 오메가 포인트의 본성과 관련하여 논의를 이끌어간다. 이러한 논의는 창조세계 자체가 하나님의 자유로운 사랑의 결과라는 견해로 강화된다. 하나님의 자유로운 사랑이 피조물의 존재를 가져온다는 것이

---

2) Thomas Aquinas, *Summa contra Gentiles*, II와 Wolfhart Pannenberg, *Systematische Theologie Band III* (Göttingen: Vandenhoeck & Ruprecht, 1993), 620-621 [English translation, *Systematic Theology*: Volume 3 (Grand Rapids: William B. Eerdmans, 1998), 575-576]을 비교하라.

다. 우주 창조와 부활에서 이뤄지는 종말론적 성취는 동일한 의도를 가진 하나님의 행동 안에서 연속성을 가진다.

티플러의 종말론에 관한 내 견해를 정리하면 다음과 같다. 우선, 죽은 자의 부활에 대한 기독교적 희망과 예수의 부활에 관한 신앙 사이에 연결점이 있다는 것을 밝힐 필요가 있다. 기독교인들에게, 십자가에 죽으시고 부활하신 예수와의 교제는 장차 있을 죽은 자의 부활에 참여한다는 것을 보증해준다. 그러나 티플러는 인스부르크 (Innsbruck)에서의 강연에서 이를 말하지 않았다. 다만 그는 "왜 나는 기독교인이 아닌가"(*Physics* 374ff.)라는 책에서 자신은 역사적인 이유로 예수의 부활을 믿을 수 없다고 밝혔다. 예수의 부활을 사실로 간주하지 않는 역사가와 주석가가 자연과학에 호소하는 것은 이해가 가질 않는다. 왜냐하면 자연과학은 그러한 사건(부활) 자체를 연구 대상으로 삼지 않기 때문이다. 그러나 티플러는 죽은 자의 종말론적 부활의 가능성에 대한 물리적 근거를 제시하고 있다. 그렇다면 새로운 관점으로부터 역사 내적인 사건의 가능성이 다시 논의되어야 하는가? 티플러는 우주 종말이 결국 현재의 삶과 연결되어 있지, 현재 삶과 대비되지 않는다고 진술했다. 그렇다면 초월적인 하나님의 임재를 통해서 종말론적으로 최종적인 것이 역사 한복판에 현존한다고도 볼 수 있지 않을까? 역사적 물음에 관해서, 많은 주석가들은 기독교의 부활 전통은 한갓 전설이 아니며, 기록된 내용이 비상식적이지 않는 한 분명히 역사성을 지닌다는 견해를 갖고 있다. 그러나 걸림돌은 물리적 관점에서는 불가능한 일처럼 보인다는 점이다. 바로 그러한 이유로, 우리는 역사적으로 일어나지 않을 법한 전통을 대안적으로 재구성할 과제를 가지고 있다. 티플러는 "인간 역사의 특정한 단계에서 인류의 출현이 마지막에 성취될 오메가 포인트에 필요한 것이었다면" 인류의 출현을 특별하게 보았을 거라고 생각한다.(*Physics* 380) 하지만 기독교적 가르침에 따르면, 신적인 영원한 빛이 소멸하는 불이 되지 않도록 하나님과의 사귐의 회복을 인간이 요청할 수 있다는 점에서 인간은 특별하다. 예수를 보내심 역시 바로 그러한 하나님과의 교제의 회복을 성취하기 위해 이뤄진 것이었다. 원시 기독교의 증언에 의하면, 자신의 인격 안에 구체화된 아버지의 "아들"로 예수의 사명은 부활로서 입증되었다.

기독교 가르침에 의하면, 부활하신 그리스도는 그의 승귀(exaltation)를 통해서 이미 온 우주에 대한 하나님의 통치에 참여하고 있기 때문에, 기독교인들은 부활을 희망하기 위해서 지적 생명체의 정보 연산 기계(computer)로의 발전을 통한 고달픈 방식을 필요로 하지 않는다. 십자가에서 죽으시고 부활하심으로써 하나님의 우주 통치에 이미 참여하고 있는 그리스도와의 사귐이야말로 그리스도인들이 죽은 자의 부활에서 장차 올 희망에 참여하는 근거가 되기 때문이다. 물론 이 과정은 티플러가 진술한 우주 안의 생명의 발전 가능성을 포함한다. 그러나 기독교 신학을 기독론적 전제를 배제한 채 티플러가 제시한 모델로 치환하는 것은 용납될 수 없다. 기독교 신학은 티플러의 모델을 단지 기독교 신학의 대상에 대한 이론 물리학자의 구성적 접근으로 간주할 뿐이다. 그럼에도 그러한 접근 또한 발전될 수 있다는 점은 충분히 인정해야 할 것이다.

INDEX

ㅇ

자연의 역사성

– 신학과 과학에 대한 판넨베르크의 기여 –
The Historicity of Nature : Essays on Science & Theology

초판 1쇄 인쇄 2023년 1월 10일 | **초판 1쇄 발행** 2023년 1월 17일
지은이 볼프하르트 판넨베르크 | **옮긴이** 전경보 **펴낸이** | 임용호 | **펴낸곳** 도서출판 종문화사
표지·본문디자인 Design siru | **영업 이사** 이동호 | **인쇄** 천일문화사 | **제본** 영글문화사
출판등록 1997년4월1일 제22-392 | **주소** 서울시 은평구 연서로 34길2 3층
TEL (02)735-6891 | FAX (02)735-6892 | E-mail jongmhs@naver.com
값 25,000원 ⓒ 2023, Jong Munhwasa printed in Korea
ISBN 979-11-87141-77-8 (93190) | 잘못된 책은 바꾸어 드립니다.